岐阜県大垣市赤坂方言の記述的研究

杉崎 好洋

表　　紙　木曽海道六拾九次之内赤坂
裏表紙　木曽路名所図会 赤坂

目　次

第1章　赤坂方言の記述的研究

第2章　赤坂地区方言の地域差

まえがき

　東京在住の高校同級生と久々に会った時、地元である岐阜県の大垣方言が話題になりました。東京生まれの奥さんや娘さんからは、「大垣弁は、中途半端な関西弁」、「アクセントが変、話し方がダサい」等など散々な言われ様で、その夜は自虐的な話で盛り上がりました。一般的にも、大垣方言は「中途半端な方言」「エセ関西弁」「名古屋弁と関西弁が混ざった汚いことば」など、マイナスイメージで表現されることが多いように思います。

　筆者も、名古屋市内の大学に入学したときに同様の体験をしました。そのことが大垣方言に興味を持つきっかけとなり、20代中頃から独学で大垣方言の研究を志すようになり、30代には「名古屋・方言研究会」の先生方に言語学の基礎や方言研究の心得などをご指導いただく機会を得ることができました。その頃、日本語学会では、大垣方言は、東西方言境界地帯に位置する重要な方言と言われていることを知りました。大垣方言を研究することは、地元にとって有益であるだけでなく、日本語方言の地理的・歴史的研究にとっても優れた意味があるとの思いをもち、今日まで研究を続けてきました。

　その当時から現在まで変わることのない「問い」は、次の4点です。

　① 大垣方言とは、どういう方言なのか？
　② 大垣方言は、周辺の方言とどう異なるのか？
　③ 大垣方言は、どのように形成されてきたのか？
　④ 大垣近辺に、どうして東西方言境界線があるのか？

　本書は、筆者のこれまでの研究成果をまとめたものです。本書は、4章構成です。以下では、先の4つの「問い」との関連、自身の研究史も交えながら、各章の紹介をします。

第1章　赤坂方言の記述的研究　→　①への答え

　筆者の地元である大垣市赤坂の伝統方言を記述し、「岐阜県大垣市赤坂方言の記述的研究」とのタイトルで発表したいくつかの論文をまとめたのが、第1章になります。1980年代後半に筆者の明治生れの祖父母から聞き取りをした資料や、1990年代に地元の赤坂・青墓老人クラブ連合会の皆さんにご協力いただいたアンケート結果をもとに記述したものです。

第2章　赤坂地区方言の地域差　→　①への答え

　明治期以降、旧中山道宿場町の赤坂を中心に、周辺の集落の合併を繰り返しながら、昭和29年（1954）に岐阜県不破郡赤坂町が成立しました。この区域は、昭和42年（1967）に大垣市に編入されています。現在の大垣市立赤坂中学校の学区に当たります。「赤坂地区」は、こ

の合併後の周辺域を含めた広義の赤坂を指し、「赤坂」は、狭義の赤坂であり、一集落としての「赤坂」を指します（詳細は「赤坂地区の地域差」参照）。赤坂地区における方言の地域差については、大垣の郷土誌『美濃民俗』に発表してきました。それらをまとめたのが第2章になります。

　祖父母の出身地である赤坂と青野は、同じ「赤坂地区」内にあり直線距離にして2.5kmしか離れていませんし、祖父母とも両地点のことばにほとんど違いがないと話していました。そのことから、当初、両者を含めて「赤坂方言」と捉えていました。

　方言の文献を読むようになると、「赤坂地区」内にアクセント型の地域差があることがわかりました。老人クラブ連合会の調査を通じて、文法についても地域差があることが明らかになったことから、「赤坂方言」の記述的研究と「赤坂地区内における方言の地域差」という地理学的研究を峻別するようにしました。記述的研究（語彙・音韻）ではその区別が曖昧となっていますが、手探りで郷土の方言研究を始めた当初の、筆者の認識不足によるものです。「赤坂方言」に青野の記述が含まれる箇所について、本書ではそのまま収録しました。

第3章　赤坂方言と三大方言の比較　→　②への答え

　赤坂方言が、東西に位置する二大方言、すなわち、京都方言や名古屋方言の間にあってどのような位置にあるのかを明らかにすることは、方言研究を始めたころからの課題の一つでした。徳島大学の科研報告書『大都市圏言語の影響による地域言語形成の研究』（2011）において、京都方言と名古屋方言に東京方言を加えた三大方言との比較対照を行い、赤坂方言の位置を確認しました。

第4章　大垣方言の形成史　→　③・④への答え

　故郷の赤坂方言、さらには赤坂を含む西美濃の中心である大垣の方言が、歴史的にどのように京都方言や名古屋方言の影響を受けて来たのかを、列島における歴史的な地域区分と方言境界線という視点から、前記報告書において考察しました。

　地理的・歴史的環境が下部構造とすれば、方言はその他の文化とともに上部構造に当たります。下部構造の考察なしには、上部構造である方言の歴史は解明し得ないと考えてきました。郷土の地理・歴史の概説を、方言本にしては詳細に記したのはそのためです。

　④については拙論「人類学、考古学は、日本語アクセント分布とどう関わるか（1〜3）」（杉崎2000、2003、2008）で考察してきました。2000年頃における、形質人類学や考古学の最新成果をもとに、日本人や日本語が形成される中でどのように東西日本境界線が形成されたのかを確認したものです。当時の関連諸学の最新成果は、境界線の形成は弥生期初頭にまでさかのぼり、先住系ヒト集団の縄文人と渡来系ヒト集団の弥生人との対立により発生したことを明らかにしています。2000年以後の20年間における分子人類学の進歩は目覚ましく、

当時の説が随分と更新されてはいます。しかし、境界線が形成された過程についての見解は、当時とあまり変わっていません。

　言語学の中だけでは東西方言境界線形成の本質は解明できないものと思っています。例えば、柳田（1994）の「東西方言の違いの生起に民族移動がかかわ（ったり）、二つのアクセントが別れた時期が（中略）約2000年前、さらにはもっと古い時期」とする説を否定し、「（二つのアクセントが）分離したのは鎌倉・江戸時代で、音便の定着に原因があった」とする説は、歴史的事実・科学的知見と整合性がない、古典的な「単一民族神話」に依拠するものと言えます。

　故郷の方言に興味を持って方言研究を始めてから、三十数年が経ちました。この間の研究により、当初の「問い」①〜④の答えを、ほぼ明らかにすることができました。これにより、大垣方言が、どうして「中途半端な方言」「エセ関西弁」と呼ばれるようになったのかの答えが見いだせたと考えています。

　本書の記述的研究が、次世代の大垣方言研究者の参考になれば幸いです。方言研究者には、全国の方言事象を比較対照する際に、大垣方言の基礎資料として活用していただければと願っています。

赤坂概説

1 赤坂の地理的環境

　岐阜県大垣市赤坂町は、濃尾平野の西北端、伊吹連峰の支脈が東方へ突き出た場所に位置する（図1）。金生山（標高217m）の麓から台地（段丘）が舌状に延びていて、南方へ緩やかに高度を下げている。台地上には独立丘陵のお勝山（標高53m）がある（図2）。

　台地の東側は低地（沖積平野）が広がり一部は大垣輪中に含まれる。台地のすぐ東側を流れる揖斐川支流の杭瀬川は、かつては揖斐川の本流であった。北端白鳥（現池田町）から二つに分かれ、草道島や池田の西端を北から南へ流れていたが、享禄3年（1530）の大洪水により現在の流路へ移動した。杭瀬川西側が旧不破郡、東側が旧安八郡であった。

図1　赤坂の位置

注）①不破関、②鈴鹿関、③愛発関　（カシミール3Dで作成）

2 赤坂の歴史的環境

2，1 近畿外縁部としての不破郡

　西美濃の中でも不破郡は、古代の中心である畿内に準じる近江に隣接し、関ケ原の狭隘を通じ

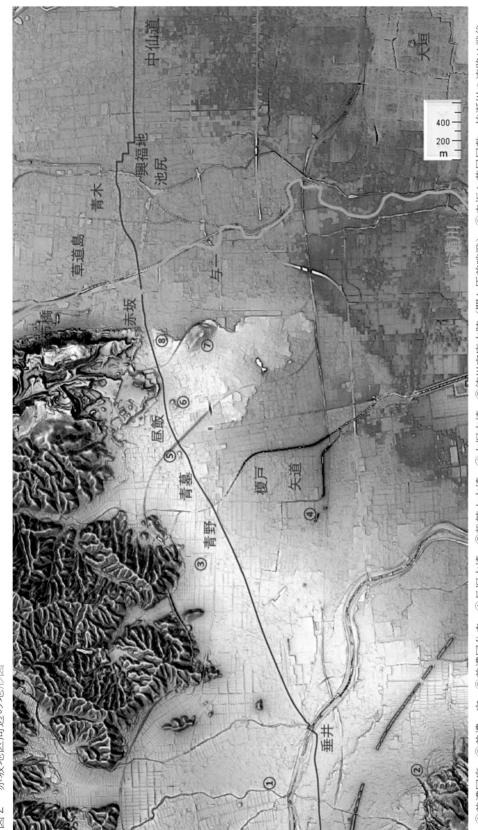

図2　赤坂地区周辺の地形図

①美濃国府、②美濃一宮、③美濃国分寺、④長塚古墳、⑤粉糠山古墳、⑥大塚古墳、⑦徳川家康本陣（関ヶ原前哨戦）、⑧赤坂お茶屋屋敷。杭瀬川の流路は戦後の改修以前のものである。（カシミール3Dで作成）

て早くから畿内の影響を受けてきた。特に垂井から赤坂にかけての台地上には、古代から近世に
かけての遺跡が集中している。古墳時代中期には、大塚古墳・遊塚古墳・花岡山古墳群（昼飯）、
粉糠山古墳（青墓）、長塚古墳（矢道）など、多くの古墳が造られた。奈良期になると美濃国分寺
が青野に置かれている（図2）。

　特に関ケ原付近は古くから東西交通の要衝として軍事上からも重要な位置を占めていた。東国
に対する京畿の守りとして、鈴鹿関や愛発関と並び、この地にも不破関が設けられている（図1）。
東西分け目の戦いとなった壬申の乱（672年）や関ケ原の役（1600年）がここで戦われたことは
よく知られている。

2．2　三郡境界線上の赤坂

　赤坂はもと不破、池田[1]、安八の三郡に属していた（図3）。不破・安八が律令期の郡制当初か
ら成立していたのに対して、池田は855年、安八から分割して成立している。

　記録をみると、「池田郡井頭郷」（1393年）、「池田不破両郡赤坂村」（1590）、「池田郡井土庄赤
坂村」（1618）、「池田郡赤坂」（1669）の記述がみられる。中仙道以北は池田郡、以南は不破郡で
あった。また、安八郡内の草島道西円寺の文書には「あかさかぢない西円寺」との記述があるこ
とから、草道島にも赤坂村の区域が及んでいたと考えられている（『赤坂町史』）。

　維新後、明治6年（1871）の壬申戸籍で「不破郡赤坂村」と記載されるようになり、明治11年
（1878）の郡区町村編制法以後は「不破郡赤坂村」と定まった

　明治34年（1901）に町制を施行して「不破郡赤坂町」となった。周辺区域を合併しつつ町域を
拡大したのち、昭和42年（1967）に大垣市に編入されて「大垣市赤坂町」となり、現在に至る。

図3　美濃西部の三郡

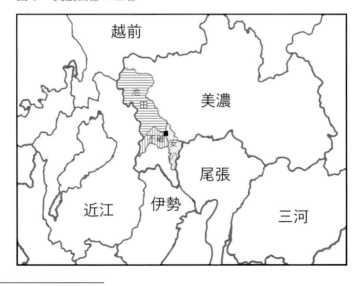

---

[1] 明治30年（1897）、池田郡と大野郡の一部が合併して揖斐郡が発足、池田郡は廃止された。

3　赤坂の交通

3．1　古代～中世

　古代より東西を結ぶ交通の要地として発展し、古代・中世の東山道の宿場町が青墓に置かれた。平安期末から鎌倉期にかけては傀儡が置かれた宿として発展し、後白河法皇との関係もよく知られている。赤坂を含む一帯は、駅家郷と称した

　赤坂は、杭瀬川の船渡場として平安期から文献に見られるようになり、当初は「杭瀬川駅」と称した。杭瀬川の水路としての歴史は古く、平治の乱（1159年）の際、源義朝が尾張に赴くのに市橋から舟で下ったとされている。

　　「逢坂の関を越えて、くひせ川といふ所に宿る」（『赤染衛門家集』999-1004年）
　　「美濃国杭瀬河にて宿を取る」（『源平盛衰記』1169年）

　南北朝から室町期にかけての戦乱で青墓宿が廃絶され各地の宿場町が疲弊していった。杭瀬川駅に代わって赤坂宿が登場するようになったのは室町期中頃のことである。

　　「行きつれぬ友さへ跡に残る夜をしばしやこゝに赤坂の里」（『富士紀行』1432年）
　　「おりに逢ふ秋の鞘のあか坂に袖ふりはへていそぐ旅人」（『覧富士記』1432年）

　赤坂から岐阜方面へは、現在の主要道（ＪＲ東海道線、名神高速道路）と異なり随分と北回りとなっているのは、地形図から見ても分かる通り、河川の氾濫域を避けて微高地に東山道が設けられたからである。

3．2　近世

　江戸期になると、幕府により五街道が整備された。そのうちの一つ、中仙道は西美濃においてはほぼ古代の東山道を踏襲するルートと考えられている。室町期から宿場町として発展してきた赤坂宿も、中仙道の宿場町と定められた。1604年には、将軍上洛時の宿泊施設であるお茶屋屋敷が赤坂に設けられており、家康が四回、秀忠が二回、宿泊している。また、赤坂宿から北へは谷汲への巡礼街道が、南へは養老街道が通じ、宿場町の東端からは大垣街道が通じていた。

　杭瀬川水運の拠点となった赤坂港は、幕府や関係諸藩の蔵米年貢米などの積み出しを始め、沿岸付近の村々からの特産品が送り出された。桑名を経て、伊勢・尾張・三河、さらには江戸や大坂まで運ばれた。

　江戸期は、このように東西を結ぶ中仙道と南北を結ぶ杭瀬川水運の結節点として栄えた。

3，3　現代

　明治22年（1889）の東海道線の鉄道開通により、宿場町として発展してきた赤坂は急激に衰退していった。代わって明治中期になると、金生山の石灰生産が盛んになり、赤坂は石灰鉱山の町に変容していった。石灰の輸送に杭瀬川水運が利用され、明治末期には全盛期を迎えた。揖斐川水運を利用して、地元の特産物を、杭瀬川や揖斐川の沿岸、桑名・四日市・名古屋まで輸送した

12

図4　美濃赤坂線と養老鉄道（大正9年）

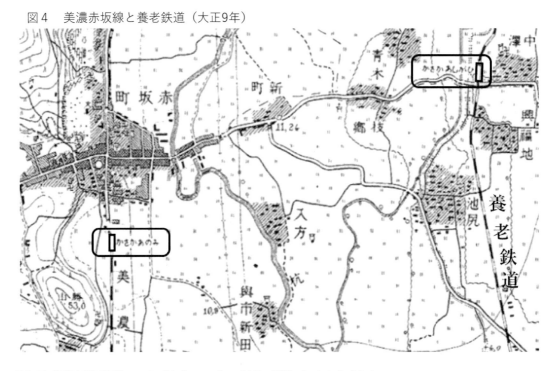

注）時系列地形図閲覧ソフト「今昔マップ3」（（C）谷謙二）より作成した。

のは江戸期と同様であった。

　赤坂からの石灰輸送が増大するにつれ、大垣駅や垂井駅での石灰の保管が困難になり、大垣から赤坂への鉄道の敷設の必要に迫られるようになった。大正8年（1919）に、赤坂と大垣を結ぶ美濃赤坂線が、同年には、桑名から大垣・揖斐を結ぶ養老鉄道が開通して美濃赤坂駅、東赤坂駅が開設された（図4）。以降、杭瀬川水運は急激に衰退し、やがてその役目を終えることとなった。

4　赤坂の領有

　以上の地理的・歴史的環境を鑑み、戦国期以降の赤坂の変遷を簡単に記しておきたい。

　戦国期に当域が初めて登場するのは、天文年間（1532-55）、美濃国守護の土岐頼芸の家臣として不破・安八両郡を領した飯沼長就により、池尻城が築城されたのが最初である。土岐氏、斎藤氏、織田信長の時代、池尻城は越前の朝倉氏や近江の浅井氏の押さえの城と考えられていた。

　1583年に羽柴秀吉が美濃を平定した以降は、池田氏が大垣に入り池尻城は池田輝政が城主となった。翌年、輝政が岐阜城に転封となり、池尻城は廃城されている。

　関ケ原の役（1600年）後は高須藩領、1628年に幕府領となるが、1635年に戸田氏が大垣に10万石で入封し、赤坂村も大垣藩の所領となった。以後、維新まで戸田氏の安定的な統治が続いた。

大垣方言の研究史

　大垣方言の研究史については、『美濃大垣方言辞典』（杉崎・植川2002）で紹介した。本書ではさらに、巻末に「西美濃方言文献目録」を収録した。ここでは大垣方言研究史の中でも代表的な書目・論文を簡単に紹介しておく。

1、大垣青年会（1902-03）「郷里方言集（1〜3）」、『大垣青年会誌』23・24・26

　明治17年（1893）、在京の大垣出身の書生によって大垣青年会が結成された。幹事会の宮井安吉（幕末か明治初年の生れ）ら8名が収集した「郷里方言集」が、大垣方言初の語彙集である。保科捨吉が大垣出身の母親（幕末生れ）の自然談話から多くの語彙を収集するなどして、800語が品詞別に収録されている。明治期の大垣方言を知る貴重な資料となっている。『大垣市史・分科志編』（1930）収録の「大垣方言」は、この「郷里方言集」を増補訂正したものである。

2、戸田直温（1963）「大垣藩家中のことば」、『大垣ものがたり』2

　大垣藩最後の家老であり最初の大垣町長である戸田鋭之助の長男（明治18年生）による、大垣方言の歴史的な解説。家中ことばと町人ことばの違い、それらのことばの成立事情について触れていて、士族の側から大垣方言を記録した貴重な資料である。続編として、1967年に発表された「大垣言葉の系統」（『美濃民俗』4）がある。

3、真野久（1976）「西美濃方言」（奥村三雄編『岐阜県方言の研究』）

　『岐阜県方言の研究』に所収されている論考で、大垣方言のアクセント・文法を体系的に記述した初めての記録である。大垣方言と西美濃各地との地域差についても詳しく解説されている。

4、久野眞（1995）「東西境界地帯の方言意識〜大垣」、『変容する日本の方言』

　平成7年(1995)、方言区画で重要な地点となっている全国14都市の方言意識調査が行われた。弘前・京都・鹿児島・那覇などの方言の「価値」が高い諸都市と並んで、「東西方言境界地帯」に位置する大垣も調査地点の一つに選ばれている。この調査結果は、大垣の人たちの大垣方言に対する関心の低さを示しているもので、「自分の方言が好き」は最下位、「自分の方言を何とも思わない」は第1位となっている。

5、杉崎好洋・植川千代（2002）『美濃大垣方言辞典』美濃民俗文化の会

　大正期の旧大垣市街林町で言語形成期を送った植川個人の言語体系のほか、植川が大正期に聞いた家族や家族と交流のあった各階層の人たち（明治初期生れ）のことばなど、約4000語が収録されている。

インフォーマント

　インフォーマントは以下のようである。赤坂方言の調査は、筆者が複数回に渡って行ったので、時系列に沿って記しておく。

　全員に対して、調査開始前にその目的を説明し、了解していただいた。また、調査結果の論文などでの公表の同意を得た。

1）第1次調査
　筆者の祖父母から赤坂方言の語彙・文法の聞き取りを行った。第1章9節の「語彙」のほか、音韻・文法全般の基礎資料を作成した。

　　　［方法］　面談調査
　　　［場所］　岐阜県大垣市赤坂町の筆者実家
　　　［日時］　1985〜89年（昭和61〜平成元）
　　　［話者］　杉崎善吉　1902年（明治35）〜 1992年（平成4）、赤坂
　　　　　　　　杉崎房ゑ　1909年（明治42）〜 1996年（平成8）、青野→昼飯→赤坂
　　　［項目］　語彙、文法全般

2）第2次調査
　祖母に祖母の幼馴染Bとのスナップ録音を依頼し、数時間の録音資料を得た。第1節10節の「談話資料」のほか、音韻の分析にも利用した。

　　　［場所］　岐阜県大垣市昼飯町のB宅
　　　［日時］　1987年（昭和63）3月
　　　［話者］　祖母　　　1909年（明治42）生れ、青野→昼飯→赤坂
　　　　　　　　女性B　　1912年（明治45）生れ、青野→昼飯
　　　［項目］　談話資料、音韻

3）第3次調査
　赤坂・青墓の老人クラブ連合会の会長を通じて、会員の皆さんにアンケート調査を依頼した。各班に1名、男女を問わず地元生抜きの方にアンケート用紙に記入いただき、筆者がまとめた。話者は、次のとおりである。

　　　［方法］　老人クラブ連合会を通じてのアンケート調査
　　　［日時］　1996年（平成8）
　　　［項目］　動詞

	集落	性別	生年
中部	赤坂	男	明治43年
		男	明治45年
		男	大正3年
		女	大正3年
		男	大正5年
		男	大正7年
		男	大正7年
		男	大正13年
東部	与一新田	女	大正3年
	草道島	男	大正15年
	枝郷	男	昭和4年
	池尻	女	大正3年

	集落	性別	生年
西部	青野	女	大正8年
		女	大正14年
	榎戸	男	大正12年
	矢道	男	大正13年
	青墓	男	明治45年
		男	大正5年
		男	大正9年
	昼飯	女	大正11年
		男	大正12年
		女	大正14年

4）第4次調査

　引き続き、老人クラブ連合会を通じてのアンケートを行った。インフォーマントは前回とほぼ同様であるが、資料を紛失したため各地域における人数・性別・生年は不明である。

　　　［方法］　老人クラブ連合会を通じてのアンケート調査
　　　［日時］　1997年（平成9）
　　　［項目］　形容詞、形容動詞

5）第5次調査

　老人クラブを通じての最終の調査である。インフォーマントは次のとおりである。資料を紛失したため、各地域の集落名は不明である。

　　　［方法］　老人クラブ連合会を通じてのアンケート調査
　　　［日時］　2000年（平成12）
　　　［項目］　待遇表現

	性別	生年
中部	男	大正3年
	男	大正5年
	男	大正9年
	男	大正13年
	男	大正13年
	女	昭和3年

	性別	生年
東部	男	大正8年
	男	大正11年
	男	大正12年
	男	大正13年
	男	昭和2年
	男	昭和4年

	性別	生年
西部	男	大正5年
	男	大正11年
	男	大正14年
	男	大正14年
	男	大正15年
	女	大正15年
	男	昭和3年
	男	昭和6年

6）第6次調査

　面談でアクセント調査を行った。

　　　　　[方法]　面談調査
　　　　　[場所]　岐阜県大垣市赤坂町、美濃赤坂駅前の喫茶サロン
　　　　　[日時]　2004年（平成16）
　　　　　[話者]　男性　1909年（大正5）生れ、赤坂
　　　　　[項目]　付属語アクセント、活用語アクセント

7）第7次調査

　大垣方言と比較するために、京都方言・名古屋方言の調査を行った。

　　　　　[方法]　京都市・名古屋市での面談調査
　　　　　[日時]　2015年（平成27）
　　　　　[項目]　自立語アクセント、付属語アクセント
　　　・京都　　　女性　1938年（昭和13）生れ、京都市上京区西陣
　　　・名古屋　女性　1936年（昭和11）生れ、名古屋市西区城西

8）第8次調査

　明治・大正期生れの話者の自立語アクセントのみが未調査であったので、補足として戦前生れの筆者の母親のアクセント体系を記述した。

　　　　　[方法]　面談調査
　　　　　[場所]　岐阜県大垣市赤坂町の筆者実家
　　　　　[日時]　2019年（令和元年）
　　　　　[話者]　筆者の母親　1936年（昭和11）、赤坂
　　　　　[項目]　自立語アクセント

9）第9次調査

　付属語アクセントの追加調査のため、名古屋・京都の追加調査を行った。東京については新たに調査を行った。

　　　　　[方法]　面談調査（名古屋）、電話調査（京都、東京）
　　　　　[日時]　2020年（令和2年）
　　　　　[項目]　付属語アクセント
　　　　　[話者]
　　　・京都　　　男性　1961年（昭和36）生れ、京都市下京区西七条
　　　・名古屋　女性　1936年（昭和11）生れ、名古屋市西区城西
　　　・東京　　　女性　1962年（昭和37）生れ、東京都保谷市（現・西東京市）

第 1 章　赤坂方言の記述的研究

明治末から大正期に赤坂に生まれた世代の伝統的な方言を、項目ごとに記述していく。

1．音韻

1．1　音素体系

1．1．1　音素

音素は母音音素/V/、半母音音素/S/、子音音素/C/、およびモーラ音素/M/からなり、音素は以下のようである。以下の記述は音韻表記を用いるが、一部は分かりやすいようにカナ表記も併用した。

母音音素　　　/ i，e，ε，a，o，u /
半母音音素　　/ w，j /
子音音素　　　/ h，k，g，ŋ，p，b，m，s，c，z，n，r，t，d /
モーラ音素　　/ Q，N，R /

モーラの構造は共通語と同様で、以下の通りである。

一般拍　　　　V，SV，CV，CSV
特殊拍　　　　Q，N，R

1．1．2　モーラ表

モーラ表を示すと、表1-1のようである。

赤坂方言のモーラ体系は共通語と比較して以下の特徴を持っている。

① /Cε/軸を有する。母音の数は、共通語の 5 個に対して赤坂方言は 6 個である。

② /sjε/〈シェァ〉、/zjε/〈ジェァ〉、/cjε/〈チェァ〉を有する。

③ /ca/〈ツァ〉、/co/〈ツォ〉を有する。ただし、所属語は限られている。

④ /sje/〈シェ〉、/zje/〈ジェ〉を有する。ただし、所属語は限られている。

1．2　母音音素

1．2．1　母音音素

母音音素は、/ i，e，ε，a，o，u/〈イ、エ、エァ、ア、オ、ウ〉の 6 母音を有する。以下、特徴的な音素をみてみる。

表1-1　モーラ表

i	e	ɛ	a	o	u	ja	ju	jo	—	jɛ	wa	wɛ
hi	he	hɛ	ha	ho	hu	hja	hju	hjo	—	—	—	—
ki	ke	kɛ	ka	ko	ku	kja	kju	kjo	—	—	—	—
gi	ge	gɛ	ga	go	gu	gja	gju	gjo	—	—	—	—
ŋi	ŋe	ŋɛ	ŋa	ŋo	ŋu	ŋja	ŋju	ŋjo	—	—	—	—
si	se	sɛ	sa	so	su	sja	sju	sjo	sje	sjɛ	—	—
zi	ze	zɛ	za	zo	zu	zja	zju	zjo	zje	zjɛ	—	—
ci	—	—	ca	co	cu	cja	cju	cjo	—	cjɛ	—	—
—	te	tɛ	ta	to	—	—	—	—	—	—	—	—
—	de	dɛ	da	do	—	—	—	—	—	—	—	—
ni	ne	nɛ	na	no	nu	nja	nju	njo	—	—	—	—
ri	re	rɛ	ra	ro	ru	rja	rju	rjo	—	—	—	—
pi	pe	pɛ	pa	po	pu	pja	pju	pjo	—	—	—	—
bi	be	bɛ	ba	bo	bu	bja	bju	bjo	—	—	—	—
mi	me	mɛ	ma	mo	mu	mja	mju	mjo	—	—	—	—

Q　　N　　R

（1）/ɛ/

　連母音/ai/〈アイ〉・/ae/〈アエ〉の融合が著しく、[æː〜ɛː〜 eː]と各段階の連母音がみられる。個人差・語彙差もあるが、概して[ɛː]が優勢である。くつろいだ場面だけでなく、改まった場面でも融合音が聞かれる。

　[ɛː]は伝統的な[eː]とだけでなく、連母音[ai, ae]とも音韻的対立を示している。また、尾張方言では長い音（2拍）でしか実現されないが、赤坂方言では短い音（1拍）でも実現される。したがって、赤坂方言では /ɛ/〈エァ〉を音素として取り立てることにする。

　最小対には以下のようなものがある。

> /kɛRsaN/ ［kɛːsaN］ （解散）
> /keRsaN/ ［keːsaN］ （計算）

> /kɛQta/ ［kɛtta］ （帰った）
> /keQta/ ［ketta］ （蹴った）

> /kurɛR/ ［kurɛː］ （暗い）
> /kureR/ ［kureː］ （黒い）

> /hɛQta/ ［hɛtta］ （入った）
> /heQta/ ［hetta］ （減った）

　各組のふたつの単語は前舌母音の広狭によって区別されている。

　/ɛ/は、単独あるいは/c/以外の子音音素や半母音音素と結合して拍を構成する。語例を示すと、以下の通りである。

/ ɛ /	…	/ ɛʀsacu /	エァーサツ	[ɛ:satsɯ]	（挨拶）
/ hɛ /	…	/ hɛʀru /	ヘァール	[hɛ:rɯ]	（入る）
/ kɛ /	…	/ kɛʀri /	ケァーリ	[kɛ:ri]	（帰り）
/ gɛ /	…	/ gɛʀziɴ /	ゲァージン	[gɛ:ʒiɴ]	（外人）
/ ŋɛ /	…	/ osoŋɛʀ /	オソゲァー	[osoŋɛ:]	（恐ろしい）
/ pɛ /	…	/ iǫpɛʀ /	イッペァー	[ippɛ:]	（いっぱい）
/ bɛ /	…	/ aɴbɛʀ /	アンベァー	[ambɛ:]	（塩梅）
/ mɛ /	…	/ mɛǫta /	メァッタ	[mɛtta]	（参った）
/ sɛ /	…	/ asɛʀ /	アセァー	[asɛ:]	（浅い）
/ zɛ /	…	/ zɛʀsjo /	ゼァーショ	[zɛ:ʃo]	（在所）
/ nɛ /	…	/ nɛʀ /	ネァー	[nɛ:]	（無い）
/ rɛ /	…	/ karɛʀ /	カレァー	[karɛ:]	（辛い）
/ tɛ /	…	/ mitɛʀ /	ミテァー	[mitɛ:]	（見たい）
/ dɛ /	…	/ dɛʀzi /	デァージ	[dɛ:ʒi]	（大事）
/ jɛ /	…	/ hajɛʀ /	ハヤェー	[hajɛ:]	（早い）
/ cjɛ /	…	/ ciǫcjɛʀ /	チッチェァー	[tʃittʃɛ:]	（小さい）
/ zjɛ /	…	/ doʀzjɛʀ /	ドージェァー	[do:ʒɛ:]	（どうだ）
/ sjɛ /	…	/ isjɛʀ /	イシェァー	[iʃɛ:]	（医者へ）
/ wɛ /	…	/ mawɛʀta /	マワェータ	[mawɛ:ta]	（回した）

（２）　/ u /

　共通語の / u / は唇の円めを伴わない [ɯ] で、西日本は唇の円めを伴う [u] であるとされる。赤坂方言の / u / は、左右の狭めが若干あり、共通語の [ɯ] よりやや唇の円めを伴うことから、やや西日本的かと思われる。

1．2．2　母音の無声化

　平山（1968）によると、大垣周辺は母音の無声化の目立たない地域とされてきた。赤坂方言では、たしかに共通語ほど母音の無声化が認められないが、まったく認められないわけではない。以下のような例がみられた。iは、無声化を表わす。

　　　ホシタラ[hoʃitara]（そうしたら）　　　　〜シタ　[-ʃita]　　　（〜した）

　　　シト　　[ʃito]　　（人）　　　　　　ユワシタ[jɯwaʃita]（おっしゃった）

　　　オハヨーゴザイマス[ohajo: gozaimasɯ]（おはようございます）

1．3　半母音音素

（１）　/ j /

　共通語では / j / は / a、o、u / の前だけに立つが、赤坂方言ではその他に / ɛ, e / の前にも立つ。共通語の / jai / が [jɛ:] / jɛʀ /〈イェァー〉となった結果、共通語にない / jɛ / を有する事となった。また、

共通語の /joi/ が [je:] /jeʀ/〈イェー〉となったが、/je/軸は/sje/と、/de/が口蓋化した/zje/が認められるだけである。語例を示すと以下のようである。

　　　　　/sje/　…　/omosjeʀ/　　オモシェー　　　　　　　[omoʃe:]　　（面白い）

　　　　　/zje/　…　/areʀzjekeʀ/　アレァージェケァー　[areːʒekeː]（無い筈が無い）

（2）　/w/

　　共通語では/w/は/a/の前だけに立つが、赤坂方言では/ɛ/の前にも立つ。共通語の/wai /が赤坂方言では[wɛ:] /wɛʀ/〈ウェァー〉となった結果、共通語にない/wɛ/を有する事となった。

1．4　子音音素

　/h, k, g, ŋ, p, b, m, s, c, z, n, r, t, d/の14子音を有する。以下、特徴的な音素をみてみる。

（1）　/h/

　/u/と結合すると音価は[ɸ]、/i, j/と結合すると[ç]、/a, e, ɛ/と結合すると[h]である。なお、/ho/は両唇にわずかながら摩擦がみられ、[ɸo]に近い[ho]である。

（2）　/g/・/ŋ/

　共通語では、一般にガ行子音は語頭に立つと破裂音[g]、語中では鼻音[ŋ]であるとされている（平山1968、中條1989、永田1987）。

　　　　　「学校」　/gaQkoʀ/　　　　　　　　　　　「小学校」　/sjoʀŋaQkoʀ/

　また、例外として、下接語がガ行音で始まる複合語で結合の度合いが強くないものは、語頭以外でも破裂音[g]と実現されることがある。

　　　　　「日本・銀行」　/niQpoŋgiɴkoʀ/　　　　「お・元気」　/ogeɴki/

　　　　　「十・五」　　　/zjuʀgo/　　　　　　　　「ゴロ・ゴロ」/gorogoro/

　平山（1968）によると、大垣市周辺は[g-, -ŋ-]であるとされているが、赤坂方言も同様である。また、上記のような複合語が破裂音[g]であるのも同様である。なお、ガ行音の終助詞は鼻音[ŋ]で、/ ŋana, ŋaja, ŋɛʀ /〈ガナ、ガヤ、ゲァー〉である。

（3）　/s/

　/i, j/と結合すると音価は[ʃ]、/e, ɛ, a, o u /と結合すると[s]である。

（4）　/c/

　/i, j/と結合すると音価は[tʃ]、/a, o u /と結合すると[ts]である。/ca、co/の拍は以下のように促音/Q/の後に見られるだけである。

　　　　　/otoQcaɴ/[otottsaɴ]（お父さん）　　　　　/goQcoʀ/ [gottso:]　（ご馳走）

（5）　/z/

　/i, j/と結合すると音価は[ʒ]、/e, ɛ, a, o, u /と結合すると[z]である。個人差もあるが、共通語のように語頭で破擦音[dʒ, dz]となることは稀である。

（6）　/r/

各母音と結合し、音価は弾き音[r]である。なお、本書では便宜上[r]で表記した。

1．5　モーラ音素

/ Q /, / N /, / R /は、それぞれ、促音〈ッ〉・撥音〈ン〉・長音〈ー〉を表わす。赤坂方言のモーラ音素についての特徴をみてみたい。

1．5．1　語頭の撥音/ N /

語頭に撥音/N/が立つ事があげられるが、以下の条件の時に生じる。

（1）　/umV/

/umV/環境において、語頭に/N/が認められる。これらは破裂のない[m]と発音される。

| /Nma/ | [mma] （馬） | /Nme/ | [mme] | （梅） |
| /NmɛR/ | [mmɛ:] （うまい） | /Nmareru/ | [mmareru] | （生れる） |

（2）/Nna/

共通語の指示詞「ソレ・ソンナ」に/N・Nna/が対応し、/N/が語頭に立つ例が認められる。なお、/N/は破裂のない[n]と発音される。

| /Nde/ | [nde] （それで） | /Nnara/ | [nnara] | （それなら） |
| /NnamoN/ | [nnamoN] （そんな物） | /Nnatoko/ | [nnatoko] | （そんな所） |

1．5．2　モーラ音素の連続について

共通語では、モーラ音素は連続する事は少なく、長音/ R /に促音/ Q /や撥音/ N /が後続した場合、例えば、擬声語、擬態語及び外来語「コーン」/koRN/、「バーン」/baRN/や、「通った」/toRQta/などが見られるだけである。

赤坂方言では、モーラ音素同士が連続する場合には、これを避けるため以下のように長音/ R /が脱落する例が見られる。以下の例は、いずれも、促音/ Q /・撥音/ N /の前の連母音が融合した後、短音化したものである。

/ R + Q / 　→　/ Q /

　/ kaeQteku / 　→　/ kɛRQteku / 　→　/ kɛQteku / 　（帰って行く）

　　　　　　　　　　《連母音融合》　　《長母音の短音化》

　/ haiQtekita / 　→　/ hɛRQtekita / 　→　/ hɛQtekita / （入って来た）

/ R + N / 　→　/ N /

　/ omaeNta / 　→　/ omɛRNta / 　→　/ omeNta / 　（お前たち）

　/ naiNjawa / 　→　/ nɛRNjawa / 　→　/ neNjawa / 　（無いんだよ）

　/ boRNta / 　→　/ boNta / 　　　　　　　　　（子供たち）

　/ eRNzjawa / 　→　/ eNzjawa / 　　　　　　　（いいんだよ）

２．アクセント

２．１　自立語アクセント

　赤坂方言の自立語アクセントは、真野（1966）・山口（1987）により名古屋・岐阜と同じ「東京内輪式」であることが明らかにされている。東京式アクセントでは「下降」だけが弁別的特徴として重要視されていることから、アクセント体系の記述は「アクセント核 "]" があるかないか、あるとしたらどこにあるか」とそれらの所属語を示すことになる。

　自立語アクセントについては、明治生れ世代を対象の調査を行っていなかったので、女性（赤坂、昭和11年）の調査結果を記した。

２．１．１　自立語アクセント

（１）名詞

　赤坂方言の名詞の弁別型体系は、n拍語には無核型⓪と有核型（①②・・・ⓝ）がn個あり、型の数はn+1である。簡略化して示すと表1-2のようになる。1は拍数、①はアクセントを表わす。

表1-2　名詞のアクセント体系

	1	2	3	4
⓪	○	○○	○○○	○○○○
①	○]	○]○	○]○○	○]○○○
②		○○]	○○]○	○○]○○
③			○○○]	○○○]○
④				○○○○]

　名詞各型における所属語は以下のとおりである。Ⅰは語群を、◎は語群が不明であることを表す。

　　　1／⓪　Ⅰ　蚊、血、子、
　　　　　　①　Ⅱ　火、名、葉、矢、　　　　　　　Ⅰ 柄、
　　　　　　　　Ⅲ　絵、世、木、根、　　　　　　　◎　気、巣、毛、歯、粉、
　　　2／⓪　Ⅰ　飴、牛、風、釜、桐、滝、鳥、端、布、誰、桑、
　　　　　　　　Ⅲ　皮、麻、雲、　　　　　　　　　Ⅱ　下（した）、
　　　　　　　　Ⅳ　上、何、　　　　　　　　　　　◎　いつ、どこ、
　　　　　　①　Ⅱ　門（かど）、蝉、　　　　　　　Ⅲ　靴、
　　　　　　　　Ⅳ　跡、今、絹、乳、海
　　　　　　　　Ⅴ　蜘蛛、声、雲、繭、赤、　　　　◎　牡蠣、隅、
　　　　　　②　Ⅱ　石、砂、殻、痣、岩、型、紙、下（しも）、旅、梨、村、

Ⅲ　山、　　　　　　　　　　　　　　◎　橋

3／⓪　魚、机、大人、燕、狐、裸、南、扉、扇、拳、簾、薬、盥

　　①　狸、涙、嵐、錦、畑、兜、鯨、病、世界、天気、高さ、二十歳、

　　②　心、畠、姿、柱、卵、火箸、匂い、一つ、五つ、

　　③　頭、男、形、麓、力、鼬、鏡、俵、袋、団扇、夕べ、小豆、恨み、

4／⓪　親犬、貝殻、手拭、夕方、曖昧、書き方、針金、かんざし、こおろぎ

　　①　椎茸、紋付、蝶々、たんぽぽ、

　　②　双六、兄嫁、手袋、歯磨き、畦道、生き物、お多福、そら豆、撫子

　　③　先生、大根、北風、果物、足跡、金持、梅干、みそ汁、唇、口笛、大麦

（2）五段動詞

　赤坂方言の五段動詞は、無核型⓪と核が後ろより二つめにくる型②の2種類があるだけである。弁別体系を簡略化して示すと表1-3のようである。

表1-3　五段動詞のアクセント体系

	2	3	4
⓪	○○	○○○	○○○○
⁻②	○]○	○○]○	○○○]○

2／⓪　Ⅰ　売る、買う、置く、押す、咲く、

　　⁻②　Ⅱ　書く、飲む、出す、掘る、食う

3／⓪　Ⅰ　遊ぶ、歌う、誘う

　　⁻②　Ⅱ　急ぐ、防ぐ、払う、余る、頼む、　　Ⅰ　荒らす、探す、

　　　　Ⅲ　歩く、作る、　　　　　　　　　　◎　続く、困る、倒す、

　　③　Ⅲ　入る

4／⓪　　働く

　　⁻②　　集まる

（3）一段動詞

　一段動詞は、4拍以上はすべて有核②となるので、弁別体系表は表1-4のようになる。

表1-4　一段動詞のアクセント体系

	2	3	4
⓪	○○	○○○	
⁻②	○]○	○○]○	○○○]○

2／⓪　Ⅰ　着る、似る、シル（する）

　　⁻②　Ⅰ　見る　　　　　　　　　　Ⅱ　来る、出る、

3／⓪　Ⅰ　開ける、変える、負ける、　Ⅱ　受ける　　◎　上げる

　　　②　Ⅱ　降りる、起きる、建てる、投げる、逃げる、

　4／②　　　知らせる、忘れる、重ねる、調べる、抱える

（４）形容詞

　形容詞は、拍数に関係なく有核型②の１種類があるだけである（表1-5）。

表1-5　形容詞のアクセント体系

	2	3	4
②	○]　○	○○]　○	○○○]　○

　2／②　　無い、酸い

　3／②　　赤い、浅い、薄い、遅い、青い、黒い、寒い、白い

　4／②　　怪しい、詳しい、悲しい、寂しい、小さい

（５）「イキール型」

　イキール、クダシール、オクリャースなどの動詞群は、後ろから２つ目の音節が長音であるため、アクセント核が１拍前にずれて後ろから３つ目に来る。

　4／③　　○○]○○　　　イキール、オリール

　4／③　　○○○]○○　　クダシール、オクリャース

２．１．２　特徴

　赤坂方言のアクセントの特徴として、広く岐阜・名古屋方言でみられる「遅動調」（山口1997）が挙げられる。東京式アクセントでは、アクセントの上昇は非弁別的特徴とされ、３拍以上の文節において第１拍以後に起こる。岐阜・名古屋方言では、第２拍以後に起こるものがある。山口は、この現象を「遅動調」と読んでいる。

　　名詞　　〈みそ汁が〉　　ミ[ソシ]ルガ　LHHLL　　→　ミソ[シ]ルガ　LLHLL

　　形容詞〈固かった〉　　カ[タカ]ッタ　LHHLL　　→　カタ[カ]ッタ　LLHLL

　　動詞　　〈食べられない〉タ[ベラレ]ヘンLHHHLL　→　タベラ[レ]ヘンLLLHLL

２．２　付属語アクセント

２．２．１　アクセント結合規則

　付属語は、「自立語との結合によって現れる結合アクセント型」と「自立語に対するアクセント上の支配力の程度を表わすアクセント結合形式」という二つの属性を持つ（佐藤1989）。したがって、付属語アクセントの記述は結合アクセント型とその所属語を示すことになる。

　結合規則の定義は、佐藤（1989）にほぼ準じるが、結合規則の名称や表記法は和田（1974）、田中（1988・93・96・2005）を参考に一部改めた。本論と佐藤（1989）・田中（1993）における

分類を比較すると表1-6のようである。田中の諸式のうち付属語が有核のものは（有）、無核のものは（無）で表した。佐藤論文や本書が「結合アクセント型」と「アクセント結合形式」の違いより分類しているのに対し、田中論文は「式（前の語からの音の相対的高低関係上の続き方）」の違いにより分類している。本書では、自立語と付属語の結合規則を3形式7種に規定した。まとめると表1-7のようになる。

表1-6　諸論文における付属語アクセントの分類方式の比較

本書		佐藤（1989）	田中（1993）
付属語支配型	無核型	支配型	支配式(無)、独立式(無)
	有核型		支配型(有)
	共下型	―	共下式
自立語支配型	不完全支配型	不完全支配型	従接式(有)、独立式(有)
			下接式
	融合型	融合型	声調式(有)
	従属型	従属型	下接式(無)、声調式(無)
独立型		―	独立型（有）

表1-7　自立語と付属語の結合規則

付属語の型		自立語	無　核 ○○＋	有　核 ○]○＋
付属語支配	無　核	-▷▷^	○○▷▷	
	有　核	-▷]▷	○○○]▷	
	共　下	-]⊖▷▷	○]○▷▷	
自立語支配	不完全支配	-▷〗▷	○○○]▷	○]○▷▷
	融　合	-▷"▷	○○○▷	○○○]▷
	従　属	-▷▷	○○○▷	○]○▷▷
独立		-＃▷]▷	○○○]▷	○]○○]▷

（1）付属語支配型

　付属語支配型は、自立語のアクセントに関わりなく、付属語のアクセントが実現するものである。自立語はまったくアクセント的影響を及ぼさない。付属語のアクセント型により、さらに次の3種に分けられる。

　　①無核型

　無核の付属語が接続し、結合語も無核となるものである。従属型（後述）と区別するため、「-▷▷^」と表記する。

　　〈例〉　ウル　＋　-テマウ^　→　ウッテマウ　　〈売ってもらう〉

　　　　　カ]ク　＋　-テマウ^　→　ケァーテマウ　〈書いてもらう〉

　　②有核型

有核の付属語が接続し、結合語も有核となるものである。「-▷]▷」と表記する。

〈例〉　ウル　　＋　-テァ]ー　→　ウリテァ]ー　〈売りたい〉

　　　　カ]ク　　＋　-テァ]ー　→　カキテァ]ー　〈書きたい〉

③共下型

その付属語の1拍前から下がるものである。田中論文の「共下式」にあたる。「-]⊖▷▷」と表記する。

〈例〉　キル　　＋　-]⊖ヘン　→　キ]ーヘン　〈着ない〉

　　　　デ]ル　　＋　-]⊖ヘン　→　デ]ーヘン　〈出ない〉

（2）自立語支配型

自立語支配型は、自立語のアクセントが実現するものである。付属語が結合語アクセントにどのような影響を及ぼすかにより、さらに次の3種に分けられる。

①不完全支配型

自立語が有核である場合には付属語のアクセントは実現しないが、自立語が無核のとき付属語のアクセントが実現するもので、「-▷〗▷」と表記する。

〈例〉　ウル　　＋　-ケァ〗ー　→　ウルケァ]ー　〈売るかい〉

　　　　カ]ク　　＋　-ケァ〗ー　→　カ]クケァー　〈書くかい〉

②融合型

不完全支配型とは反対に、自立語が有核である場合には付属語のアクセントが実現するが、自立語が無核のとき結合語も無核となる。田中論文の「声調式」にあたる。「-▷"▷」と表記する。赤坂方言ではみられない。

〈例〉　ワラウ　　＋　-セ"ル　→　ワラワセル　〈笑わせる〉（東京方言）

　　　　タベ]ル　　＋　-セ"ル　→　タベサセ]ル　〈食べさせる〉（東京方言）

③従属型

自立語のアクセントが結合語のアクセントとなるもので、付属語はまったくアクセント的影響を及ぼさない。「-▷▷」と表記する。京都方言のハル（尊敬）は、助詞ガ・トなどと同様、自立語の声調をそのまま継承している。

〈例〉　ウル　　＋　-ト　　　→　ウルト　　　　　〈売ると〉

　　　　カ]ク　　＋　-ト　　　→　カ]クト　　　　　〈書くと〉

　　　　ウル　　＋　-ハル　　→　ウラハル　　　　〈売りなさる〉（京都方言）

　　　　カ[ク　　＋　-ハル　　→　カカハ[ル　　　　〈書きなさる〉（京都方言）

（3）独立型

自立語と付属語がそれぞれ独立し、互いに影響が及ばない。「-#▷▷」と表記する。

〈例〉　ウル　　＋　-#ゼ]ー　→　ウルゼ]ー　　　〈売るぞ〉

　　　　カ]ク　　＋　-#ゼ]ー　→　カ]クゼ]ー　　　〈書くぞ〉

　　　　ア]カイ　＋　-#ラ]シー　→　ア]カイ-ラ]シー　〈赤いらしい〉（京都方言）

２．２．２　付属語アクセント

　赤坂方言の付属語アクセントを、名詞接続、動詞接続、文接続（p 49参照）の順にみていきたい。アクセント型、品詞により分類した。

（１）名詞接続の付属語アクセント

　名詞語幹に接続する付属語、およびアクセント型は表1-8のとおりである。〈～です〉は-デ』スと-デスの２つの型が見られた。-デスは女性に多い。

表1-8　赤坂方言における名詞接続の付属語アクセント

ア型		品詞	語　例〈共通語〉
付属支配型		接尾語	-マ]ルケ〈～まみれ〉、-ダ]ラケ〈～だらけ〉
		副助詞	-グ]レァー〈～位〉
自立支配型	不完全	接尾語	-ジャ』ッタ・-ヤ]ッタ〈～だった〉、-ミ』テァーナ・-ンテァ』ーナ〈～みたいな〉
			-』ンタ・-ンタ』ー・-ラ』ー〈～達〉、-ナ』ラ〈～なら〉、-デ』ス〈～です〉
		副助詞	-カ』ッテ・-カ』テ〈～だって〉、　-デ』モ〈～でも〉、-セァ』ー〈～さえ〉
			-ヨ』カ〈～より〉、-ホ』カ〈～しか〉
	従属	接尾語	-ジャ・-ヤ〈～だ〉、　-デス〈～です〉
		格助詞	-ガ～-ン〈～が〉、-オ～-ン〈～を〉、-ニ～-ン〈～に〉、-イ～〈～へ〉
			-カラ〈～から〉
		並助詞	-ヤ〈～や〉
		副助詞	-ワ〈～は〉、-モ〈～も〉、-バッカ]〈～ばかり〉

（２）動詞接続の付属語アクセント

　動詞の各活用形に接続する付属語、およびアクセント型は表1-9のとおりである。

　赤坂方言では、語形は同じであるが〈無核型〉と〈有核型〉のアクセント対立を示す、以下のような付属語もみられる。

　　-テマウ^　（～してもらう）　：　-テ』マウ（～してしまう）

　　　ウッテマウ　（売ってもらう）　：　ウッテ]マウ　（売ってしまう）

　　　ケァーテマウ（書いてもらう）　：　ケァ]ーテマウ（書いてしまう）

　　-タル^　（～してやる）　：　-タ]ル（～してある）

　　　ウッタル　（売ってやる）　：　ウッタ]ル　（売ってある）

　　　ケァータル（書いてやる）　：　ケァータ]ル（書いてある）

　未然形接続の-ン〈～ない〉は、活用形によりアクセント型が異なる。志向形接続の終助詞は、性別により使用する語形が異なる。

　　［男性語］　イコ]ー　＋　-#ケァー　→　イコ]ッ-#ケァー　　LHL-HH

　　［女性語］　イコ]ー　＋　-#ケァ]ー　→　イコ]ー-#ケァ]ー　　LHL-HL

（３）文接続の付属語アクセント

　文に接続する付属語、およびアクセント型は表1-10とおりである。

表1-9　赤坂方言における動詞接続の付属語アクセント

ア型		活用型	品詞	語　例〈共通語〉
付属語支配	有核	未然	助動1	-セ]ル〈〜せる〉、-レ]ル〈〜れる〉、-ッセ]ル・-ッシ]ル・ッス]ル、
				-ッシャ]ル、-]ンス、-ハ]ル〈〜なさる〉、-ラカ]ス〈過失で〜する〉
			助動2	-]ン〈〜ない〉、-]ンカ〈〜ないか〉、-]イデ、-]ズニ〈〜ないで〉
				-]ナ〈〜なければ〉、-ナ]ン-〈なかっタ〉
		連用	助動1	-ナサ]ル、-ンサ]ル、-ャ]ース、-]ール〈〜なさる〉
				-クサ]ル、-サラ]ス、-ヤ]ガル、-ヨ]ル〈〜しやがる〉
				-ソ]ージャ・-ソ]ーヤ〈〜そうだ〉、-カラカ]ス〈〜まくる〉
				-タガ]ル〈〜たがる〉、-テァ]ー〈〜た〉
			接助詞	-ナ]ガラ〈〜ながら〉
		志向	助動2	-メァ]ー〈〜よう〉
		完了	助動1	-タ]ル〈〜てある〉、-ト]ル〈〜ている〉、-トリャ]ース、-トイデンサ]ル、
				-トイデ]ル-〈〜ていらっしゃる〉、
				-テケ]ツカル、-テシャ]ガル〈〜ていやがる〉
				-トクリャ]ース・-トクジャ]ース、-テ]ール〈〜て下さる〉
	無核	未然	助動2	-ン^〈〜ない〉
		連用	助動1	-マス^〈〜ます〉
		完了	助動1	-タゲル^〈〜てあげる〉、-タル^〈〜てやる〉、-テマウ^〈〜してもらう〉
				-テク^〈〜て行く〉
	共下	打消	助動2	-]⊖セン・-]⊖ヘン〈〜ない〉
自立語支配	不完全	完了	助動1	-テ』マウ〈〜てしまう〉
		終止	助動2	-ジャ』ワ・-ヤ』ワ〈〜した方がいい〉
			終助詞	-]』ナ〈〜な〉
		命令	終助詞	-]』ノ〈〜よ〉
	従属	完了	助動2	-タ〈〜た〉、-テ〈〜て〉
独立		志向	終助詞	-#ヨ]ー〈〜よ〉、-#ケァ]ー〈〜かい、女性語〉
				-#ケァー・-#ケァ・-#ケ〈〜かい、男性語〉

表1-10　赤坂方言における文接続の付属語アクセント

ア型		品詞	語　例〈共通語〉
付属	無核	助動3	-ゲナ^〈〜そうだ〉
	有核		-ラシ]ー〈〜らしい〉
自立語支配	不完全	助動3	-ミ』ティージャ・-ミ』ティーヤ〈〜みたいだ〉、-]シャン〈〜かしら〉
			-ヨ]ージャ・-ヨ]ージャ〈〜ようだ〉、-ジャ]ロ・-ヤ]ロ〈〜だろう〉
			-デスジャ]ロ・-デスヤ]ロ・-デッシャ]ロ〈〜でしょう〉
		接助詞	-ト』セァーガ〈〜と〉、-]デ〈〜から〉、-ケ』ドモ〈〜けれど〉
			-タ』ラ〈〜とか〉、-]ユーテ・-チュ]ーテ〈〜と〉
		終助詞	-ケァ』ー、-カ』ナン〈〜かい〉、-モ』ン〈〜もの〉、-ワェ』ー〈〜よ〉
			-ゲァ』ー、-ガ』ヤ、-ガ』ナ〈〜じゃないか〉、-]テ〈〜よ〉
	従属	助動3	-ヤロ〈〜やろ、問いかけ文〉
			-デスジャロ・-デスヤロ・-デッシャロ〈〜でしょう、問いかけ文〉
		終助詞	-カ〈〜か〉、-ワ〈〜よ〉、-ゼ〈〜ぜ〉、-ゾ〈〜ぞ〉
独立		終助詞	-#ゼ]ー〈〜よ〉、-#ナ]ー・-#ナ]ン〈〜なあ〉

-ジャロ・-ヤロ〈〜だろう〉と-デスジャロ・-デスヤロー・-デッシャロ〈〜でしよう〉は不完全支配型であるが、問いかけ文では従属型となり、文末に上昇のイントネーションを伴う。

　　　　イク-ヤ]ロ　→　イクヤロ♪　　（問いかけ文）

　　　　カ]ク-ヤロ　→　カ]クヤロ♪　　（問いかけ文）

【参照】旧大垣市街方言林町との差異

　旧市街林町が無核型（-ヨカ、-ホカ、-ンカ]、-ンス^、-ソージャ^）であるのに対し、赤坂方言は有核型（-ヨ〗カ、-ホ〗カ、-ン]カ、-]ンス、-ソ]ージャ）という差異がみられた。-テケツカ]ル（旧市街）と-テケ]ツカル（赤坂）のように、アクセント核の位置が違う例もみられた。

２．３　活用語アクセント

　自立語と付属語がそれぞれの型・形式を有し両者の結合によって結合語アクセントが決定されることを述べてきた。しかし、結合語である動詞の活用形は、動詞の種類（活用タイプ・音便の種類・拍数・アクセント型）により、アクセント型や付属語の結合形式が異なる。赤坂方言の動詞・形容詞の活用形のアクセントを、簡略化してまとめると表1-11のようになる。

表1-11　赤坂方言の活用形のアクセント

ア	活用		拍数	語例	終止	命令	完了	未然	連用	志向	打消	仮定
無核	一段		2	着る	0	0	0	0	0	0	-2	-2
			2	する	0	0	0	0	0	0	-2	-2
	五段	その他	2	売る	0	0	0	0	0	0	-1	-2
			3	歌う	0	0	0	0	0	0	-2	-2
			4	始まる	0	0	0	0	0	0	-2	-2
		イ音便	2	咲く	0	0	-2	0	0	0	-2	-2
			3	続く	0	0	-2	-1	0	0	-2	-3
			4	働く	0	0	-2	0	0	0	-2	-3
有核	一段		2	見る	-2	-2	0	-1	0	0	-2	-2
			2	来る	-2	-2	0	-1	0	0	-2	-2
			3	受ける	-2	-2	-2	-1	0	0	-2	-2
			4	並べる	-2	-2	-2	-1	0	0	-2	-2
	五段		2	書く	-2	-2	-2	-1	0	0	-2	-2
			3	頼む	-2	-2	-2	-1	0	0	-2	-2
			4	集まる	-2	-2	-2	-1	0	0	-2	-2
	形容詞		2	酸い	-2	/	-2	-2	0	0	/	-2
			3	赤い	-2	/	-2	-2	0	0	/	-2
			4	少ない	-2	/	-2	-2	0	0	/	-2

表1-11より、赤坂方言の活用形アクセントについて次のことが言える。

　a，命令形、完了形、未然形におけるアクセント型は、終止形と並行している。

　b，完了形接続の-ンは付属語支配型に属するが、実際は終止形のアクセント型と並行していて、自立語アクセントが支配しているということになる。ただし、無核型の２拍一段動詞では無核化するなど、例外が認められる。

　c，イ音便五段動詞については、完了形、未然形、仮定形に型の揺れが認められた。

　d，連用形、志向形、打消形、仮定形のアクセント型は、ほぼ一定である。打消形・連用形については、接続する付属語の支配が強いことに起因する。志向形・仮定形についても、融合する前のイコ]ー、イケ]バの付属語"-]ー"、"-]バ"の支配が強いことに起因すると考えられる。

　e，形容詞は、有核型動詞と本質的に同一である（推量形は志向形に含める）。

3　動詞

３．１　動詞の構造

　赤坂方言の動詞の構造についてみてみたい。

　動詞のkaku〈書く〉はkak-e・kak-oのように活用する。これらの活用形を形態素の連続と考えると、kak-という不変化部分の「語基」と-e・-oという変化部分の「語幹尾」とに分析される。語基は辞書的意味を有し、語幹尾は文法的意味を有する。語基は動詞の種類により、kak-〈書く〉やne-〈寝る〉のように一つのものやtat-〜tac-〈立つ〉やko-〜ki-〜ku-〈来る〉のように複数の異形態を持つものもある。tat-〜tac-やko-〜ki-〜ku-はそれぞれ一つの形態素{taT-}・{kU-}に該当すると考えられる。

　また、kak-e・kak-oのように語基と語幹尾の連続したものを「語幹」とする。語幹は種々の付属部分が接続し動詞を構成する。

　以下、語基と語幹尾を分類し、「どういう語基と語幹尾とによって語幹は構成されるか」と「どういう語幹と付属部分によって動詞は構成されるか」とを見ていきたい。なお、//とアクセントは省略する。

３．２　動詞

３．２．１　基本語基

　赤坂方言の動詞には２種類の語基がある。〈取る〉を例とすると、基本語基tor-と完了語基toQ-である。２つの語基のうち基本語基は種々の語幹尾がついて語幹を形成する。また、基本語基に派生形成辞are〜rare〈られる〉、as〜sas〈させる〉などが接続し、kak-are-ru〈書かれる〉、kak-as-u〈書かせる〉といった派生動詞を形成する。

　動詞は基本語基の構造によって、まず次の２種類に分けられる。基本語基の末尾が子音音素で

終っている子音型動詞（以下、C型動詞と記す）と、基本語基の末尾が母音音素で終っている母音型動詞（以下、V型動詞と記す）である。これは伝統的な文法でいう活用タイプにあたるものである。C型動詞はいわゆる五段活用動詞（および、ナ行変格活用動詞）、V型動詞は一段活用動詞およびサ行、カ行変格活用動詞に対応する。

　C型動詞とV型動詞は、語基の末尾音によって、さらに以下のように分かれる。代表的な語形と方言的語形の動詞を挙げておく。

（1）　C型動詞

　1種　語基末がkで、カ行五段活用にあたるもの。

　　　　　kak-u〈書く〉、nak-u〈泣く〉、toQcuk-u〈届く〉

　2種　語基末がŋで、ガ行五段活用にあたるもの。

　　　　　kaŋ-u〈嗅ぐ〉　isoŋ-u〈急ぐ〉、isuŋ-u〈ゆすぐ〉

　3種　語基末がbで、バ行五段活用にあたるもの。

　　　　　tob-u〈飛ぶ〉、asub-u〈遊ぶ〉、ob-u〈おんぶする〉

　4種　語基末がmで、マ行五段活用にあたるもの。

　　　　　nom-u〈飲む〉、jom-u〈読む〉、hasakam-u〈はさむ〉

　5種　語基末が t 〜 c に交替して、タ行五段活用にあたるもの。

　　　　　kac-u〈勝つ〉、tac-u〈立つ〉、buc-u〈叩く〉

　6種　語基末がrで、ラ行五段活用にあたるもの。

　　　　　tor-u〈取る〉、hokar-u〈捨てる)、or-u〈いる〉

　7種　語基末がnで、ナ行五段活用にあたるもの。

　　　　　sin-u・sin-uru〈死ぬ〉の一語。

　8種　語基末がsで、サ行五段活用にあたるもの。

　　　　　sas-u〈差す〉、kijas-u〈消す〉、kajas-u〈倒す〉

　9種　語基末がw〜φ（ゼロ形態）に交替して、ハ行五段活用にあたるもの。

　　　　　a-u〈会う〉、o-u〈追う〉、ju-R〈言う〉

（2）　V型動詞

　1種　語基末が i で、上一段活用にあたるもの。

　　　　　mi-ru〈見る〉、oki-ru〈起きる〉、kari-ru〈借りる〉

　2種　語基末が e で、下一段活用にあたるもの。

　　　　　de-ru〈出る〉、kae-ru〈変える〉、cukune-ru〈積む〉

　3種　語基末が e 〜 i 〜 u 〜 φ に交替して、サ行変格活用にあたるもの。

　　　　　si-ru〈する〉の一語。

　4種　語基末が o 〜 i 〜 u に交替して、カ行変格活用にあたるもの。

　　　　　ku-ru〈来る〉の一語。

32

3.2.2　語幹尾

　基本語基は種々の語幹尾と結合して語幹を形成する。これは伝統的な文法における活用形にあたる。[　]のなかの異形態のうち、～の前者はC型動詞の基本語基に、後者はV型動詞の基本語基に付くことを示す。以下、各語幹の用法と付属部分の接続をみてみる。

（1）未然形語幹　［語幹尾　-a～-φ］

　そのままでは使用されず、職能は共通語とほぼ同様である。未然形語幹に接続する付属部分は以下のようである。

　1）助動詞 N（否定）、naN（否定・完了）、na（否定・仮定）が接続する。

| kak-a-N | 〈書かない〉 | mi-φ-N | 〈見ない〉 |
| kak-a-naN-da | 〈書かなかった） | mi-φ-na kaN | 〈見なければいけない〉 |

　2）助動詞 i（否定・中止法）が接続する。なお、この場合にはC型動詞の語幹尾-aやV型動詞の語基末尾音-eと連母音融合を起こす。

　　　・カケァーデモ（kak-ɛR-demo）エー　　　　　　〈書かなくてもいい〉
　　　・テッテァーモ　セーデ（se-R-de）　　　　　　〈手伝いもせずに〉
　　　・アレァージェケァー（ar-ɛR-zje kɛR）　　　　〈ない訳がない〉

（2）打消形語幹［語幹尾　-a～-φ（-R）］

　V型動詞は語幹の長さにより、2種類の語幹尾がある。基本語幹が2モーラ以上のV型動詞は-φ、1モーラのV型動詞は-Rである。

　そのままでは使用せず、助動詞 seN・heN（否定）が接続する。

| kak-a-seN・kak-a-heN | 〈書かない〉 | oki-φ-seN・oki-φ-heN | 〈起きない〉 |
| mi-R-seN・mi-R-heN | 〈見ない〉 | se-R-seN・se-R-heN | 〈しない〉 |

（3）連用形語幹　［語幹尾　-i～-φ］

　職能は共通語とほぼ同様である。そのままでは中止形として使用される。以下の付属部分が接続する。なお、語基末音の前の母音が a の9種動詞の連用形は-iと融合し-ɛRなる。

　1）他の動詞〈出す、始める、直す、終わる…〉が接続し、複合動詞を形成する。

| kak-i-das-u | 〈書き出す〉 | mi-φ-naos-u | 〈見直す〉 |

　2）助動詞-tɛR（希望）、-soR（将然）などが接続する。

　　　ɛR-tɛR　　　　〈会いたい〉
　　　・アメン　フリソーナ（hur-i-soR-na）ナー　　　　〈雨が降りそうだなー〉

　3）助詞 ŋatera〈がてら〉、moꝈte・naŋara〈ながら〉、mo〈も〉、sɛR〈さえ〉、wa〈は〉などが接続する。

　　　・イキセァーシャ（ik-i sɛR sja）エーワ　　　　〈行けばいいよ〉
　　　・ミワ（mi-φ-wa）セナンダ　　　　〈見はしなかった〉

赤坂方言では ik-i〈行きな〉といった「連用形命令法」が使用されるが、これは敬語派生動詞 ik-iR-ru〈行きなさる〉（後述）の命令形とする。

　V型 1 種動詞 mi-ru〈見る〉、ki-ru〈着る〉やV型 3 種詞 si-ru〈する〉など、語幹が 1 モーラの
Ci-ru型動詞には命令形や敬語派生動詞の命令形の他に連用形命令法がある。つまり、敬語派生動
詞の命令形も含めると 3 種類の命令法があるわけである。なお、他の動詞の連用形命令法は、必
ず終助詞を伴い、連用形語幹の末尾音が長音化する。比較すると、表1-12のようである。miiのア
クセントはLHであり、長音形miʀ-jaはHLLであり、アクセント核の位置が異なる。

表1-12　動詞の命令法

	C	V 1 -₁ₘ	V 1 -₂ₘ	V 2	V 3	V 4
	書く	見る	起きる	出る	する	来る
命令形	kake	mijo	okijo	dejo	sijo	koi
連用形	kaki	mi	(okiʀ)	(deʀ)	si	ki
派生動詞命令形		mii	okii	dei	sii	

（4）終止形語幹　［語幹尾　-u～-ru］

　共通語の終止形および連体形にあたる。連体形は終止形と形式的な差はないので終止形に含め
る。そのままで文を終止させたり体言を修飾したりする。

　なお、C型 7 種動詞は語幹尾が-u・-uruである。sin-uruはいわゆるナ行変格活用の残存と思わ
れる。sin-uとsin-uruは自由変異の関係にあり、ひとつの形態素{sinU}と考える。

　　　・シヌル(sin-uru)メァーニ ヨー テァーソー シトコザッタワ

　　　　　　　　　　　　　　　〈死ぬ前によく体操をしていらっしゃったよ〉

終止形語幹に接続する付属部分は以下のようである。

　1）ナ行以外の終助詞 jo、wa〈よ〉、ŋaja・ŋana・ŋεʀ〈じゃないか〉、zo・zeʀ〈ぜ〉、ka〈か〉、
kεʀ〈かい〉などが接続する。

　　　・ソコニ アルガナ(ar-u ŋana)　　　　　　　　〈そこにあるじゃないか〉

　　　・オメァーモ イクケァー(ik-u kεʀ)　　　　　　〈お前も行くかい〉

　2）助詞 tosεʀŋa〈と〉、de〈から〉、cjuʀte・juʀte〈と〉、jori〈より〉などが接続する。

　　　・イクユーテ(ik-u juʀte) ユートッタ ゼー　　　〈「行く」と言っていたぞ〉

　　　・ココ イクトセァーガ(ik-u tosεʀŋa) ツクゼー　〈ここ行くと着くよ〉

　3）助動詞 zja・ja（疑問・勧告）や助動詞 zja-ro・ja-ro（推量）などが接続する。

　　　・ドー シルジャ(si-ru-zja)　　　　　　　　　〈どうするの?〉

　　　・アヤマットクジャワ（ajamaꞯ-tok-u-zja wa）　〈謝っておいた方がいいよ〉

　　　・アシタワ ハレルジャロナ（hare-ru-zjaro na）　〈明日は晴れるだろうな〉

　4）体言が接続する。ただし語頭が n のものは除く。

　　　・チョード デルトコヤ(de-ru toko ja)　　　　　〈ちょうど出る所だよ〉

C型 6 種動詞とV型動詞は終止形語幹の文末音がruであるが（以下、ru型動詞とする）、接続す
る付属部分の語頭音により以下のような音声的同化がみられる。

5）語頭がt、d、zの語が接続する場合。

ru型動詞の文末音ruは、t、d、zの前では促音Qもわずかに見られるが、ほとんどの場合は流音[1]である。例えば、助動詞zja〈だ〉、助詞to〈と〉・de〈から〉、体言toki〈時〉・toko〈所〉、終助詞ze〈ゼ〉・zo〈ゾ〉など接続した時である。通時論的には/ru/＞[1]＞/Q/ という促音化過程の途中段階とみられる。しかし、音韻論的には/ru/と解釈され、終止形語幹と同形と考える。用例は、以下のようである。なお、<u>ru</u>は[1]である事を示す。

- ソコニ アルジャロ(ar-<u>ru</u> zjaro)ガナ　　[alʒaro]　　　〈そこにあるじゃないか〉
- ナコト シルト(si-<u>ru</u> to) アカンゼー　[ʃilto]　　　　〈そんな事をするといけないよ〉
- オソー クルデ(ku-<u>ru</u> de)ジャワ　　　[kɯlde]　　　　〈遅く来るからだよ〉

6）語頭がnの語が接続する場合。

ru型動詞の文末音ruは、nの前では撥音Nである。例えば、終止形語幹にna（禁止）、終助詞na・naN〈な〉、no〈の〉などが接続した場合である。その結果、ru型動詞の終止形語幹は以下のようになる。

```
C型6種〈取るな〉　　　tor-u　＋　na　→　toN-na
V型　　　〈見るな〉　　　mi-ru　＋　na　→　miN-na
```

- ドレ トンノ(to-N no)　　　　　　　　　　〈どれを取るの？〉
- カッテニ ミンナヨ(mi-N-na jo)　　　　　　〈勝手に見るなよ〉

このように文末音が撥音化した形式を終止形語幹の異形態と考えると、ru型動詞の終止形語幹{toRU}〈取る〉、{miRU}〈見る〉の異形態はそれぞれとるtoru〜toN、miru〜miNということになる。

（5）命令形語幹　[語幹尾　-e〜-jo]

V型1・2・3種動詞の語幹尾は-jo、V型4種動詞の語幹尾は-iである。それだけで命令を表わす。終助詞jo、no・noN〈ヨ〉などが接続する。

- ハヨ シヨヨ(si-jo jo)　　　　　　　　　　〈早くしろよ〉
- ジブンデ ヤレノン(jar-e noN)　　　　　　〈自分でやれよ〉

（6）志向形語幹　[語幹尾　-o〜-j(-φ)]

V型1・2・3種動詞の語幹尾は-jo、V型4種動詞の語幹尾は-φである。そのままで勧誘・意志を表わす。なお、共通語のようなkak-oR・mi-joRといった形式はそのままで使用されない。志向形語幹には以下のような付属部分が接続する。

```
kak-o　〈書こう〉　　　　　　mi-jo　〈見よう〉
```

- モドッテコ(modoQ-te ko)　　　　　　　　〈戻って来よう〉

1）助動詞mɛR1（勧誘）、終助詞ni〈よ〉、kaja〈かい〉などが接続し、勧誘を表わす。mɛR1は終助詞ka・kɛRを伴うことが多い。。

- ハヨ イコメァーカ(ik-o-mɛR1 ka)　　　　　〈早く行こうよ〉
- マー ケァーロニ(kɛRr-o ni)　　　　　　　〈もう帰ろうよ〉

２）終助詞 ka〈か〉、kɛR〈かい〉、i・ina（強調）が接続し、反語を表わす。

　　　・ナコト　アコケァーナ(ak-o kɛRna)　　　　　　　〈そんなこと、駄目だよ〉

　　　・ナモン　ナニン　アロイナ(ar-o ina)　　　　　　〈そんな事、ある訳ない〉

　また、以下のような付属部分が接続すると、志向形語幹に促音Qや長音Rを伴う。

３）カ行の終助詞 kai・kɛR・kjaR・kɛ・ke〈かい〉が接続し、勧誘を表わす。この場合、語幹
　　尾には必ず促音Qを伴う。この形式は男性的表現である。

　　　・カコッケァー(kak-oQ kɛR)　　　　　　　　　　〈書こうよ（男性語）〉

　　　・カコッケ(kak-oQ ke)　　　　　　　　　　　　〈書こうよ（男性語）〉

４）終助詞 ja〈よ〉、kɛR〈かい〉などが接続し、勧誘を表わす。この場合、語幹の後ろに長音
　　Rを伴う。後者は女性的表現である。

　　　・カコーヤ(kak-oR ja)　　　　　　　　　　　　〈書こうよ〉

　　　・カコーケァー(kak-oR kɛR)　　　　　　　　　　〈書こうよ（女性語）〉

５）そのまま、あるいは助動詞 sjaN・hjaN〈かしら〉が接続して、不確定なことを自問自答す
　　る。この場合のＶ型３種動詞の基本語基は異形態 s-で、志向形語幹は s-joRとなる。

　　　・イツ　イコー(ik-oR)ナー　　　　　　　　　　　〈いつ行こうなー〉

　　　・ドー　ショー(s-joR)シャン　　　　　　　　　　〈どうしようかしら〉

　このように志向形語幹に促音Qや長音Rを伴う形式を志向形語幹の異形態を考えると、志向
形語幹{kakO}〈書こう〉、{sIJO}〈しよう〉の異形態はそれぞれ kako〜kakoQ〜kakoR、sijo〜
sijoQ〜sijoR〜sjoRということになる。

（７）仮定形語幹　［語幹尾　-ja(R)〜-(r)ja(R)］

　そのままで仮定条件を表わす。共通語と同じ kak-e-ba、mi-re-baも使用されるが、話しことば
では以下のような表現が多く使用される。仮定形語幹は大変個人差が大きく、各種動詞の語幹尾
は-ja・-jaR、Ｖ型１・２・３種動詞の語幹尾は-ja・-rjaとかなりの揺れがある。

　　　kak-jaR・kak-ja　　　　　　　　　〈書けば〉

　　　mi-ja・mir-ja（mi-jaR・mir-jaR）　　　〈見れば〉

　　　sur-jaR・si-jaR（sir-jaR・si-ja）　　　　〈すれば〉

　　　ko-ja・ko-jaR　　　　　　　　　　〈来れば〉

　また、C型７種動詞の仮定形語幹は sin-jaR・sin-urjaR（sin-ure-ba）である。sin-urjaR（sin-ure-
ba）は終止形 sin-uruと同様にナ行変格活用の残存と思われる。

（８）已然形

　Ｖ型３種動詞では、係り助詞 koso〈こそ〉を受けると已然形 su-reが使用される。伝統的な文法
でいう「係り結びの法則」の残存と思われる。なお、他種の動詞ではみられない。

　　　・イキコソスレ(su-re)　ナンニモ　カッテコナンダ

　　　　　　　　　　　〈行きこそしたが、何も買って来なかった〉

3．2．3　完了語基

　完了語基は、助動詞 ta〜da（過去）、助詞 te〜de〈て〉、tari〜dari〈たり〉、takaQ〜dakaQ〈も〉などが接続する。また派生形成辞 tor〜dor〈ている〉、temaw₂〜demaw₂〈てしまう〉などが接続し、派生動詞を形成する。

maQ-ta　　　〈待った〉　　　　　　　mi-takaQ-te　〈見ても〉

maQ-tor-u　〈待っている〉　　　　　mi-tema₂-u　　〈見てしまう〉

　完了語基は語基と語幹尾とに分けることができず、そのままで完了形語幹を形成する。伝統的な文法でいう音便形にあたる。

　以下、C型動詞とV型動詞の完了語基をみていきたい。

（１）C型動詞

共通語にみられる３種の音便形のほか、ウ音便も認められる。

１）イ音便　i

　〈行く〉を除いた１種動詞、２種動詞、大部分の８種動詞は完了語基末音が i である。なお、完了語基末音の直前の母音が a の場合は完了語基末音が i と融合して εR となる。

１種　　　〈動いた〉　inok-u　　　→　　inoi-ta

　　　　　〈書いた〉　kak-u　　　→　　kεR-ta

２種　　　〈漕いだ〉　koŋ-u　　　→　　koi-da

８種　　　〈直した〉　naos-u　　　→　　naoi-ta

２）促音便　Q

　５種、６種、９種動詞および１種動詞の〈行く〉の完了語基末音は促音 Q である。

５種　　　〈勝った〉　kac-u　　　→　　kaQ-ta

６種　　　〈蹴った〉　ker--u　　　→　　keQ-ta

９種　　　〈買った〉　ka-u　　　→　　kaQ-ta

（１種）　〈行った〉　ik-u　　　→　　iQ-ta

　語基末音rの前に長母音を含む６種動詞（以下、CεRr-u型動詞と記す）の完了語基はCεQ-である。CεRr-u型動詞にはhεRr-u〈人る〉、kεRr-u〈帰る〉、mεRr-u〈参る〉の３語がある。

（６種）　　〈帰った〉　kεRr-u　　　→　　kεQ-ta

・ケァッテコ（kεQ-tek-o）メァーケァーナ　　　　　〈帰って行こうよ〉

・フロ　ヘァッテッタ（hεQ-teQ-ta）ケァー　　　　〈風呂へ入って来たかい〉

　〈出す〉はC型８種動詞に属するが、慣用句〈精出して（一生懸命）〉では、dεR-teではなくCεr-u型動詞のようにdeQ-teとなる。

・セーデッテ（deQ-te）ヤリンケァーナ　　　　　　〈一生懸命やりなさいよ〉

３）撥音便　N

３種、４種、７種動詞の完了語基末音は撥音Nである。

３種　　〈飛んだ〉　tob-u　　　→　　toN-da

> 4 種　〈飲んだ〉　nom-u　　　　　　→　　noN-da
> 7 種　〈死んだ〉　sin-u・sin-uru　　→　　siN-da

4 ）非音便形　si

　8 種動詞の大部分はイ音便を起こすが、例外として〈貸す〉〈増す〉〈消す〉〈押す〉のような語幹が 2 モーラの語の一部は非音便形である。

> （ 8 種）　〈貸した〉　kas-u　　　　　　→　　kasi-ta

　共通語の〈消す〉〈押す〉は、通常kijas-u、osike-uが使用され、kes-u、os-uの使用は少ない。

5 ）ウ音便　uR〜oR

　赤坂方言の 9 種動詞は通常、促音便である。しかし、個人により一部の 9 種動詞にウ音便がみられる。どのような語形にウ音便が表われるかを調べたのが表1-13である。○は使用、・は不使用、△は併用であることを示す。

表1-13　ウ音便の使用状況

語基末	動詞	明治43・男	明治45・男	大正 3・男	大正 3・女	大正 5・男	大正 7・男	大正 7・男	大正13・男
aw-	会う	△	·	·	·	·	·	·	△
	使う	·	·	·	·	·	·	·	·
	違う	·	○	·	·	·	·	·	·
	しまう	·	·	·	·	·	△	·	·
	歌う	·	○	·	·	·	△	·	·
	習う	·	·	·	·	·	·	·	·
	失う	·	·	·	·	·	△	·	·
	払う	·	·	·	·	·	·	·	·
	もらう	·	·	·	·	·	△	·	·
	買う	·	○	·	·	·	△	·	·
ow-	誘う	·	·	·	·	·	·	·	·
	思う	·	·	·	·	·	·	·	·
	酔う	·	○	·	·	·	△	○	△
uw-	言う	△	○	△	·	·	·	·	○
	食う	·	·	·	·	·	·	·	·
	縫う	·	·	·	·	·	·	·	·

　個人差がかなり大きいが、〈言う〉〈酔う〉等がウ音便を多く使用する傾向にある。また、 9 種動詞におけるウ音便の使用率は16％、促音便の使用率は94％（複数回答）となっていて、一部では促音便・ウ音便が併用されている。このことは、赤坂方言が「促音便を使用する東日本方言」と「ウ音便を使用する西日本」の過渡的な地域であることを示している。

　一個人が促音便・ウ音便を併用している例として、以下のような会話が聞かれた。

> ・オチャ　コーテ(koR-te)　ビール　コーテ　ツマムモン　カッテキタ(kaQ-te-ki-ta)
> 　　　　　　〈お茶を買って、ビールを買って、つまむものを買ってきた〉

　なお、9種動詞のウ音便形は語基末の前の母音により、以下の2種類に分けられる。語基末が aw-・ow- の動詞の完了語幹は oR-、語基末が uw- の動詞の完了語幹は uR- である。

　　　　（9種）　〈酔った〉　jo-u　　　→　　joʀ-ta
　　　　（9種）　〈言った〉　ju-ʀ　　　→　　juʀ-ta

（2）V型動詞

　V型動詞も同様に完了語基末音によって、以下のように分かれる。共通語とほぼ同様であるが、例外として〈落ちる〉だけ促音便である。

　　　1）i　　1種　〈見た〉　mi-ru　　→　　mi-ta
　　　　　　　3種　〈した〉　si-ru　　→　　si-ta
　　　　　　　4種　〈来た〉　ku-ru　　→　　ki-ta
　　　2）e　　2種　〈出た〉　de-ta　　→　　de-ta
　　　3）Q　（1種）〈落ちた〉 oci-ru　 →　　oQ-ta

（3）混合型

　語彙的な問題であるが、赤坂方言の〈飽きる〉〈足りる〉の活用について述べておきたい。共通語の〈飽きる〉〈足りる〉はV型動詞（aki-ru、tari-ru）であるが、関西方言ではC型動詞（ak-u、tar-u）とされる。赤坂方言では、以下のようにV型動詞とC型動詞の混合型である。なお、未然形語幹もここに記しておく。

　　　〈飽きる〉　ak-u・aki-ru（C・V）　　→　　εʀ-ta（C）、aki-φ-ɴ（V）
　　　〈足りる〉　tar-u（C）　　　　　　　　→　　tari-ta（V）、tar-a-ɴ（C）

　以上、赤坂方言の動詞の活用をみてきたが、主なものを活用表にすると表1-14のようである。已然形についてはV型3種動詞以外にみられないので、活用表より除いた。

4　形容詞

4．1　形容詞の構造

　形容詞の構造をみてみると、動詞と同様に語基と語幹尾とに分析される。hikui〈低い〉を例に取ると、hiku- という不変化部分の語基と、-i・-kaQ という変化部分の語幹尾とに分かれる。語基は、形容詞の種類により、taka-〜takε-〜tako-〈高い〉や、e-〜jo-〈良い〉のように複数の異形態を持つものもあるが、これらはそれぞれ一つの形態素 {takA}・{JO} に該当すると考えられる。

表1-14　動詞活用表

分類	動詞	語基	未然形 a~φ	打消形 a~φ(ʀ)	連用形 i~φ	終止形 u~ru	命令形 e~jo(i)	志向形 o~jo	仮定形 jaʀ~(r)jaʀ	完了語基
C1	書く	kak-	kaka	kaka	kaki	kaku	kake	kako	kakjaʀ	kɛʀ
	行く	ik-	ika	ika	iki	iku	ike	iko	ikjaʀ	iQ
C2	嗅ぐ	kanj-	kanja	kanja	kanji	kanju	kanje	kanjo	kanjaʀ	kɛʀ
	飛ぶ	tob-	toba	toba	tobi	tobu	tobe	tobo	tobjaʀ	toɴ
C3	飲む	nom-	noma	noma	nomi	nomu	nome	nomo	nomjaʀ	noɴ
C4	立つ	tat-~tac-	tata	tata	taci	tacu	tate	tato	tacjaʀ	taQ
C5	取る	tor-	tora	tora	tori	toru	tore	toro	torjaʀ	toQ
C6	帰る	kɛʀr-	kɛʀra	kɛʀra	kɛʀri	kɛʀru	kɛʀre	kɛʀro	kɛʀrjaʀ	kɛQ
C7	死ぬ	sin-	sina	sina	sini	sinu(ru)	sine	sino	sin(ur)jaʀ	siɴ
C8	出す	das-	dasa	dasa	dasi	dasu	dase	daso	dasjaʀ	dɛʀ
C9	貸す	kas-	kasa	kasa	kasi	kasu	kase	kaso	kasjaʀ	kasi
	会う	aw-~a-	awa	awa	ɛʀ	au	ae	ao	ajaʀ	aQ~oʀ
	言う	juw-~ju-	juwa	juwa	jui	juʀ	jue	juo	jujaʀ	juʀ
V1	見る	mi-	mi	miʀ	mi	miru	mijo	mijo	mi(r)jaʀ	mi
V2	落ちる	oci-	oci	oci	oci	ociru	ocijo	ocijo	oci(r)jaʀ	oQ
V3	出る	de-	de	deʀ	de	deru	dejo	dejo	de(r)jaʀ	de
	しる	si-~se-~su-	se	seʀ	sini	siru	sijo	sijo	sijaʀ	siɴ
		~s-						sjo	surjaʀ	
V4	来る	ki-~ko-~ku-	ko	koʀ	ki	kuru	koi	ko	kojaʀ	ki

4．2　形容詞

4．2．1　語基

　語基は種々の語幹尾がついて語幹を形成する。また、語基に派生形成辞が接続して、 hosi-ŋaru〈欲しがる〉といった動詞や hiku-sa〈低さ〉といった名詞を形成する。

　形容詞の語基を分類すると、規則変化をするもの（以下、A型形容詞と記す）と特殊な活用をするもの（以下、B型形容詞と記す）に分けられる。また、A型形容詞は、語基の尾末音によりさらに以下のように分かれる。代表的な語形と方言的語形の形容詞を挙げておく。

（1）　A型形容詞

　　1種　語基末尾　a〜ε〜o

　　　　　takε-ʀ〈高い〉、katε-ʀ〈固い〉、erε-ʀ〈疲れた〉

　　2種　語基末尾　i（ʀ）

　　　　　oʀki-ʀ〈大きい〉、uresi-ʀ〈嬉しい〉、sewasi-ʀ〈忙しい〉

　　3種　語基末尾　u〜u・i

　　　　　hiku-i〈低い〉、oʀcjaku-i〈横着な〉、sabi-ʀ〈寒い〉、wari-ʀ〈悪い〉

　　4種　語基末尾　o〜o・e

　　　　　ko-i〈濃い〉、koʀto-i〈地味な〉、hose-ʀ〈細い〉、nukute-ʀ〈暖かい〉

（2）　B型形容詞

　　　1種　　e-ʀ〈良い〉の一語。語基が e〜jo と交替する。

　　　2種　　nε-ʀ〈ない〉の一語。語基が na-〜nε-〜no- と交替する。

　いわゆる「シク活用」は、A型2種形容詞に含まれる。

4．2．2　語幹尾

　語基は種々の語幹尾と結合して動詞に準じた活用形語幹を形成する。以下、各語幹の用法と付属部分の接続をみてみる。

（1）様態形語幹　［語幹尾-φ（-ʀ）〜-sa］

　A型形容詞は語幹の長さにより、語幹尾に違いがある。語基が1モーラのA型形容詞の語幹尾は-φ・-ʀ、語基が2モーラ以上のA型形容詞は-φである。B型形容詞の語幹尾は-saである。

　助動詞 soʀna（様態）に接続する。

　　　・コーソーナ(ko-ʀ-soʀ-na) オチャジャナ　　　　　　　　〈濃さそうなお茶だね〉

　　　・ヨサソーヤワ(jo-sa-soʀ-ja wa)　　　　　　　　　　　〈良さそうだよ〉

　単独で感嘆文に使用する。なお、この用法はB型形容詞では使用されない。

　　　・オー　サブ(sabu-φ)　　　　　　　　　　　　　　　〈おぉ、寒い！〉

　また、様態形には-kariという異形態がみられる。この-kariは助動詞 saʀna（様態）の他、joQ-ta（過去の習慣・反復）にも接続し、以下の様に使用される。

jo-kari-soʀna　　〈良さそうだ〉　　　　jo-kari-joQ-ta　　〈良かったものだ〉

　しかし、jo〈良い〉や一部の語基に接続するだけであるし、使用者も少ないことから、古い赤坂方言の残存と考えられる。

（2）連用形語幹　［語幹尾　-ʀ（-φ）］

　語幹尾は-ʀ（-φ）である。語基をみると他の語幹と形式の異なるものがある。A型1種形容詞では語基末音がo（以下、o形と記す）、A型2種形容詞では語基末音がju（以下、ju形と記す）となるものである。takoʀ〈高く〉、oʀkjuʀ〈大きい〉などは、連用形語幹だけに現れる異形態と考えられる。なお、2種〈大きい〉では oʀkjuʀ・oʀkiʀの2種類が使用される。

　動詞si-ru〈する〉・nar-u〈なる〉、形合詞nɛ-ʀ〈ない〉、助詞te〈て〉・temo〈ても〉などが接続する。しかし、接続語により連用形語幹の形式に違いがみられる。〈する〉が接続する場合（以下、〈する〉接続と記す）では、語幹尾が-ʀの形式（以下、長音形とする）が主流であるが、-φの形式（以下、短音形と記す）もわずかにみられる。

　それに対し、〈なる、ない、て〉接続では、短音形がかなりの割合で使用される。特に〈ない〉接続にその傾向が強い。また、A型1種〈高い〉の連用形語幹でtakoとは別にtakaという形式（以下、a形とする）が使用されることがあげられる。これは、〈する〉接続ではまったくみられなかった形式である。連用形語幹の異形態を示すと以下のようである。

　　　A型1種〈高く〉　　　tako-ʀ　　　　　　（tako-φ・taka-φ）
　　　　2種〈大きく〉　　oʀkju-ʀ・oʀki-ʀ　　（oʀki-φ）
　　　　3種〈薄く〉　　　usu-ʀ　　　　　　　（usu-φ）
　　　　4種〈細く〉　　　hoso-ʀ　　　　　　（hoso-φ）

【参照】異形態の分布状況

　4種の形容詞に〈する〉〈なる〉〈ない〉〈て〉が接続する時、どのような異形態が現れるかを調査した（被調査者8名・複数回答）。連用形語幹の末尾を比較すると、図1-1〜1-4のようである。全般に、伝統的なʀや短音化したφが広く使用されている。4モーラ語で語末がi-ʀの〈大きい〉〈嬉しい〉では、連用形に古い形式のjuʀがみられる。〈嬉しい〉では、短音化したjuもわずかにみられる。〈高い〉では、新しい形式のa もみられた。それぞれの形式は以下のように変化したと考えられる。。

　　　〈高く〉　　tako-ʀ　　＞ tako-φ → taka-φ
　　　〈薄く〉　　usu-ʀ　　＞ usu-φ
　　　〈大きく〉　oʀkju-ʀ　＞ oʀkju-φ ＞ oʀki-φ
　　　〈嬉しく〉　uresju-ʀ　＞ uresju-φ
　　　　　　　　　　　　　＞ uresi-ʀ ＞ uresi-φ

図1-1 〈する〉接続

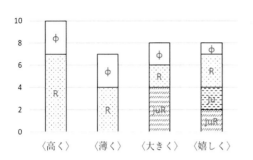

図1-2 〈なる〉接続

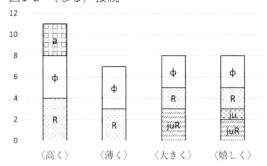

図1-3 〈ない〉接続

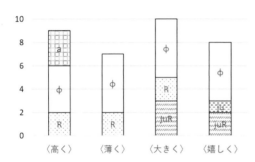

図1-4 〈て〉接続

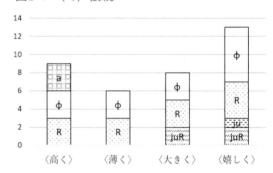

　次に接続からみていきたい。〈する〉接続では長音形-Rであったが、〈なる、ない、て〉接続ではかなりの割合で短音形-φがみられる。このような差は、接続語・付属部分との結びつきの強さによるものと考えられる。つまり、〈する〉は語幹との結びつきが弱いのに対し、〈なる、ない、て〉は語幹との結びつきが強いため、語幹と接続語が「融合化」し、短音化が進んだと言える。

　A型3種形容詞〈悪い〉の連用形語幹waruRは、動詞nar-u〈なる〉が接続すると音声的同化がみられ、異形態waNとなる。この音声的同化は他の形容詞ではみられない。

　　　A型3種　waru-R　＋　nar-u　→　waN-nar-u〈悪くなる〉

　　　・トケー　ワンナッテマッタ(waN-naQ-temaQ-ta)　　〈時計が壊れてしまった〉

（3）終止形語幹　[語幹尾　-R〜-i・-R]

　共通語の終止形および連体形にあたるのは、動詞の場合と同様である。赤坂方言では、形容詞の終止形語幹において連母音融合を起こす。しかし、同時に連母音融合を起こさない形容詞も別に存在し、やや複雑になっている。A型1種・B型2種形容詞は、必す、連母音融合を起こす。語幹の末尾は…εRであるから、語基末音はε、語幹尾-Rということになる。また、takε〈高い〉、nε〈ない〉は終止形語幹だけに表われる異形態ということになる。

　　　A型1種　　　takε-R　〈高い〉

　　　B型2種　　　nε-R　〈ない〉

A型2種・B型1種形容詞の語幹尾も-Rと考える。

　　　A型2種　　　uresi-R　〈うれしい〉

　　　　B型１種　　　　e-ʀ 〈良い〉

　A型３・４種形容詞は、連母音融合を起こす形容詞と起こさない形容詞がある[2]。A型３種形容詞を例にとってみてみる。〈低い〉は連母音融合を起こさず hiku-i であるが、〈寒い〉は連母音融合を起こさない場合と起こす場合があり、sabu-i・sabi-ʀ である。したがって、A型３種形容詞の語基末音は u〜u・i、語幹尾は -i〜-i・-ʀ ということになる。A型４種形容詞についても同様で、語基末音は o〜o・e、語幹尾は３種形容詞と同じく -i〜-i・-ʀ である。

　　　　A型３種　　　　hiku-i 〈低い〉、sabu-i・sabi-ʀ 〈寒い〉

　　　　　　４種　　　　acuko-i 〈厚い〉、hoso-i・hose-ʀ 〈細い〉

　助動詞 desu（ていねい）、soʀna（伝聞）、rasiʀ（推定）、zjaro・jaro（推量）、助詞 to 〈と〉、終助詞・助詞（動詞の終止形に接続するものと同じ）、体言などが接続する。

　　　　・ホセーコト（hose-ʀ koto）アラヘンガナ　　　　　　　〈細くないじゃないか〉

　　　　・タケァーケァーノ（takɛ-ʀ kɛʀno）　　　　　　　　　〈高いかい〉

（４）仮定形語幹　［語幹尾　-kera・-kerja〜-kera・-ke]

　単独で仮定を表わす。B型２種以外の形容詞の語幹尾は -kera・-kerja である。

　　　　・サブケラ（sabu-kera）キナ　アカンニ　　　　　　　〈寒ければ、着ないといけないよ〉

　　　　・オマハンセァー　ヨケリャ（jo-kerja）エーワ　　　　〈あなたさえ良ければ、いいよ〉

　B型２種形容詞の語幹尾は -kera・-ke で、助動詞 na（否定・仮定）が接続する。つまり、B型２種形容詞の仮定形語幹には２種類あり、na-kera-na・na-ke-na 〈なければ〉という形式が使用されるわけである。なお、na-kera という形式もわずかにみられる。

　　　　・ナケラナ（na-kera-na）　/　ナケナ（na-ke-na）ションネァーニ

　　　　　　　　　　　　　　　　　　　　　　　　　　　　　〈なければ、仕方が無いよ〉

（５）推量形語幹　［語幹尾　-karo]

　単独、または助動詞 mɛʀ₁（推量）が接続して推量を表わす。終助詞 naʀ 〈なー〉、te 〈よ〉などが接続する。しかし、推量形語幹の使用は、他の活用形語幹と比較すると少ない。

　　　　・コンデ　ヨカロメァーカ（jokaro mɛʀ₁ ka）　　　　〈これで良いだろう〉

　　　　・ンナコト　ナカロテ（Nna-karo nakaro te）　　　　〈そんな事はないだろうよ〉

　推量形語幹の代用表現として「終止形語幹＋zjaro・jaro」も多く使用される。この表現（e-ʀ-jaro）は、推量形語幹による推量表現（jo-karo）と比較すると婉曲的である。

（６）完了形語幹　［語幹尾　-kaQ]

　助動詞 ta（過去）、助詞 tari 〈たり〉が接続する。

　　　　・ユンベワ　サブカッタワ（sabu-kaQ-ta wa）　　　　〈昨晩は寒かったよ〉

──────────────────

[2] ai 連母音が必ず融合するのに対し、ui・oi 連母音が融合するのは、音声環境が限られていることによる。oi 連母音は、t、d、r、s、z の後ろで多く融合を起こす。ui 連母音は、t、r、z の後ろで多く融合を起こす。

仮定表現の代用として「完了形語幹＋tara〈たら〉」もわすかに使用される。

・ナカッタラ(na-kaQ-tara)ションネァーニ　　　〈なければ、仕方が無いよ〉

以上、赤坂方言の形容詞の活用をみてきたが、主なものを示すと表1-15のようである。

5　形容動詞・名詞

5．1　形容動詞・名詞の構造

　従来の学校文法では、名詞に接続する「〜だ」は「断定の助動詞」とされ、「〜だ・〜だった・〜だろう」は「断定の助動詞」の活用形と考えられてきた。しかし、最近では「名詞は名詞述語の語幹であり、従来考えられてきた断定の助動詞は名詞述語の語尾である」との説（清瀬1988、金子1996、城田1998）がみられる。ここでは後者の説に従い赤坂方言の名詞を記述していくことにする。

　形容動詞の語基は体言的性格を持ち、名詞とほぼ同じ活用をする。しかし、「連体形語幹＋na」では体言に接続したり、文を終結するなど、若干、名詞と活用が異なる。

5．2　形容動詞・名詞

5．1．1　語基

　語基の型は１種類があるだけで、動詞・形容詞に比べると単純である。助動詞desu（丁寧・断定）、rasi-R（推定）や終助詞ka・kɛR（疑問）が接続する。以下、例文は上が形容動詞、下が名詞である。

sizuka-rasi-R　〈静からしい〉　　　sizuka kɛR　〈静かかい？〉
hana-rasi-R　〈花らしい〉　　　hana kɛR　〈花かい？〉

5．1．2　語幹尾

（1）連用形語幹　[語幹尾　-ni〜-N]

　語幹尾は-niであるが、語頭がn音のnar-u〈なる〉が接続する時は異形態-Nである。動詞si-ru〈する〉、mi-ru〈見る〉、nar-u〈なる〉などが接続する。

sizuka-N nar-u　〈静かになる〉　　　sizuka-ni si-te　〈静かにして〉
hana-N nar-u　〈花になる〉　　　hana-ni si-te　〈花にして〉

（2）中止形語幹　[語幹尾　-de]

　単独で中止法として使用される。

sizuka-de eR　〈静かで良い〉　　　hana-de eR　〈花で良い〉

形容詞 nɛ-ʀ〈ない〉が接続した表現は会話では使用しない。否定表現は「終止形語幹＋〈ない〉」を使用する。

（3）終止形語幹　［語幹尾　-zja・-ja］

そのままで文を終止する。語幹尾は、-zja・-jaの2種類があるが、どちらを使用するかは個人差が大きく、自由変異の関係にあると考えられる。

形容動詞の終止形語幹による終止（以下、ヤ終止とする）は、連体形語幹による終止（後述）と比較すると、男性的・断定的・ぞんざいで、「自己および親近者を表現するのに使用する」との意見（男性・大正11年）が聞かれた。

終助詞 wa〈よ〉、naʀ〈な〉、ŋana・ŋɛʀ〈じゃないか〉、zo〈ぞ〉や助詞 tosɛʀŋa〈と〉などが接続する。疑問の終助詞 ka・kɛʀ〈か〉は、終止形語幹に直接接続しない。

　　　・キョーワ　シズカジャワ(sizuka-zja wa)　　　　　〈今日は静かだよ〉
　　　・オマハンノ　スキナハナジャガナ(hana-zja ŋana)　〈あなたの好きな花じゃないか〉

形容詞 nɛ-ʀ〈ない〉や ar-a-heɴ〈ない〉が接続し、否定表現を表わす。しかし、語基が ja-〈嫌だ〉の場合は、語幹尾は-zjaに限られる。

　　　sizuka-ja nɛ-ʀ　／　sizuka-ja ar-a-heɴ　　　　〈静かではない〉
　　　hana-ja nɛ-ʀ　／　hana-ja ar-a-heɴ　　　　　　〈花ではない〉

（4）連体形語幹

体言に接続する。連体形語幹だけは、形容動詞と名詞とでは異なる。

1）形容動詞　［語幹尾-na（-ɴ）］

語幹尾は-naであるが、語基によっては-ɴも使用される。

　　　・シズカナ(sizuka-na)／シズカン(sizuka-ɴ)　トコジャナ　　〈静かなところだな〉

oɴnazi〈同じ〉では、連体形語幹はoɴnazi-φ・oɴnazi-naの2種類がある。

　　　・オンナジ(oɴnazi-φ)／オンナジナ(oɴnazi-na)ヤツ　クレンンカ

　　　　　　　　　　　　　　　　　　　　　　　　　〈同じものをくれないか〉

そのままで文を終止する。いわゆる「連体形終止」（以下、ナ終止とする）である。ナ終止の場合の語尾は-naで、-ɴは使用されない。

ナ終止は、詠嘆表現に多く使用され、女性的・丁寧であり、「聞き手に対して使用する表現」との意見が聞かれた。ナ終止は、ヤ終止と形式・意味・接続する語が異なるので、別の語幹とした。

終助詞 wa〈よ〉、na〈な〉などが接続する。

　　　・オーサナ(oʀsa-na)　　　　　　　　　　　　　〈大袈裟な！〉
　　　・キョーワ　シズカナナー(sizuka-na naʀ)　　　　〈今日は静かだなー〉

他に疑問の文終助詞 ka、kɛʀ〈か〉接続する。したがって、疑問文には以下の2種類の形式があることになる。前者がナ終止で丁寧、後者がヤ終止でぞんざいである。

　　　・マメナケァー(mame-na kɛʀ)／マメケァー(mame kɛʀ)　　〈元気かい？〉

　ナ終止の特徴として、ヤ終止とは別に仮定形・推量形・完了形を有することがあげられる。語幹尾-naは、語幹尾-zja・-jaより語基との結び付きが強いといえる。しかし、ヤ終止とナ終止に意味の区別があるのに対し、両者から派生した他の活用形（以下、それぞれヤ系・ナ系とする）には、意味の区別がまったくみられない。どちらの形式を使用するかは、個人・語彙・活用の差が大きいし、混用されている。両者のこれらの活用形は、それぞれ自由変異の関係にあるといえる。

　２）名詞　［語幹尾　-no〜-N］

　名詞連体形語幹尾としてだけでなく、所有格を表わす格助詞という二重の解釈もできる。語末がn音の語に接続したり改まった場面には-noが、それ以外の場合には-Nが使用される。

　　　・ニワノ(niwa-no)　/　ニワン(niwa-N)ナカニ　ハナン　サイトル

　　　　　　　　　　　　　　　　　　　　　　　　〈庭の中に花が咲いている〉

　形容動詞のようなナ終止はないので、以下、仮定形語幹や推量形語幹についても、名詞はヤ系の１種類だけである。

（５）仮定形語幹　［語幹尾　-nara / -nanara］

　語幹尾はヤ系の-naraとナ系の-nanaraの２種類がある。しかし、意味の区別はない。単独で仮定条件を表わす。

　　　・シズカナラ(sizuka-nara) /シズカナナラ(sizuka-nanara)　エーワナー〈静かなら良いなー〉

　　　・ハナナラ(hana-nara)　エーワナー　　　　　　　　　　　　　〈花なら良いなー〉

（６）推量形語幹　［語幹尾-zjaro・-jaro /-nazjaro・-najaro ］

　単独で推量表現を表わす。推量形語幹も仮定形語幹と同様に、ヤ・ナ両系統の形式を有する。それぞれの形式に-zjaが接続する場合と-jaが接続する場合があるので以下のように計４種類があることになる。しかし、仮定形語幹と比較すると、ナ系の使用は少ない。

　　　ヤ系　sizuka-zjaro・sizuka-jaro　　　　　〈静かだろう〉

　　　ナ系　sizuka-nazjaro・sizuka-najaro　　　　〈静かだろう〉

（７）完了形語幹　［語幹尾　-zjaQ・-jaQ / -nazjaQ・-najaQ］

　形容動詞の語幹尾が４種類あるのは推量形語幹と同様である。しかし、仮定形語幹と比較すると、ナ系の使用は少ない。

　助動詞 ta（過去）、tara（過去・仮定）、助詞 temo〈ても〉などが接続する。

　　　・ユンベワ　シズカヤッタ(sizuka-jaQ-ta)　　　　〈昨晩は静かだった〉

「完了形語幹+ tara」で仮定表現を表わすが、多くはない。

　　　・シズカ(ナ)ヤッタラ(sizuka(na) -jaQ-tara)　エーワナー　　　　〈静かなら良いなー〉

　　　・ハナヤッタラ(hana-jaQ-tara)　エーワナー　　　　　　　　　〈花なら良いなー〉

　以上、赤坂方言の形容動詞・名詞の活用を見てきたが、主なものを活用表にすると表1-16のようである。

表1-15　形容詞活用表

| | 語幹 | | 様態形 | 連用形 | 終止形 | 仮定形 | 推量形 | 完了形 |
	語基	語幹尾	φ~sa	R	R~i	kera~ke	karo	kaQ
A1	高い	taka-~kako-~takε-	taka	takoʀ	takεʀ	takakera	takakaro	takakaQ
A2	大きい	oʀki-~oʀkju-	oʀki	oʀkjuʀ	oʀkiʀ	oʀkikera	oʀkikaro	oʀkikaQ
	嬉しい	uresi-~uresju-	uresi	uresjuʀ	uresiʀ	uresikera	uresikaro	uresikaQ
A3	低い	hiku-	hiku	hikuʀ	hikui	hikukera	hikukaro	hikukaQ
	寒い	sabu-~sabi-	sabu	sabuʀ	sabiʀ	sabukera	sabukaro	sabukaQ
A4	濃い	ko-	ko(ʀ)	koʀ	koi	kokera	kokaro	kokaQ
	細い	hoso-~hose-	hoso	hosoʀ	hoseʀ	hosokera	hosokaro	hosokaQ
B1	良い	jo-~e-	josa	joʀ	eʀ	jokera	jokaro	jokaQ
B2	無い	na-~no-~nε-	nasa	noʀ	nεʀ	nake(ra)	nakaro	nakaQ

表1-16　形容動詞・名詞の活用表

		語基	語幹尾		連用形 ni・N	中止形 de	終止形 zja・ja	連体形 na(N)	仮定形 (na)nara	推量形 (na)zjaro・jaro	完了形 (na)zjaQ・jaQ
形容動詞	ヤ系	静か	sizuka-		sizukani	sizukade	sizukazja	sizukana	sizuknara	sizukazjaro	sizukazjaQ
								sizukana	sizukananara	sizukanazjaro	sizukanazjaQ
	ナ系				sizukaN	…	sizukaja	suzukaN	…	sizukajaro	sizukajaQ
					…	…	…	…	…	sizukanajaro	sizukanajaQ
名詞		花	hana-		hanani	hanade	hanazja	hanano	hananara	hanazjaro	hanazjaQ
					hanaN	…	hanaja	hanaN	…	hanajaro	hanajaQ

48

6 助動詞

６．１ 助動詞の分類と構造

　赤坂方言の助動詞は現れる位置により次の3つに分類できる[3]。ここでは、まず、それぞれの助動詞の構造・意味などを簡単にみていきたい。

６．１．１ 助動詞第一類（派生形成接尾辞）

　助動詞第一類は、動詞の語基に接尾して、全体で別の新しい動詞の語基を形成する成分である。この成分は「派生形成接尾辞」と呼ばれるものであり、新しくできた「派生動詞」も動詞と同様に整然と活用している。

　派生動詞 kakareru〈書かれる〉は図1-5のような構造をしている。もとの語基 kak-（第一次語基）に派生形成接尾辞-are-接尾し、新しい語基 kakare-を形成する。これを「第二次語基」とする。さらに第二次語基に語幹尾-ruが接尾して、派生動詞 kakareruが形成される。このように、派生形成接尾辞は（第一次）語基と語幹尾の間に位置している。この派生動詞 kakareruも動詞と同様、kak-are-ta・kak-are-joと活用する。

　派生形成接尾辞には、動詞の基本語基に接尾するものと完了語基に接尾するものとがある。前者はヴォイス・待遇表現などを表わす。後者はアスペクト・授受表現などを表わし、共通語の補助動詞にあたるものである。また、派生動詞を形成するものの他に、「派生形容詞」「派生形容動詞」を形成するものもあるが、これらも形容詞・形容動詞と同様に活用している。

図1-5　助動詞第一類の構造

６．１．２ 助動詞第二類（語尾助辞）

　助動詞二類は、活用形語幹に接尾して「語」を形成する成分で、「語尾助辞」とでも呼べるものである。kak-a-N〈書かない〉の構造をみると図1-6のようである。語尾助辞-Nは、語幹kak-aの後ろに現われる。その意味では助詞と同じである。

　語尾助辞には「語基にあたる部分がなく、全体の姿を変える。従ってこれらはこれ以上分析せず、一つの形態素より成り立っていると解釈する。従って助動詞第二類の活用表というのは、同

---

[3]　「第一類・第二類」は、ほぼ、丹羽（1982）にしたがった。「第三類」は城田（1998）を参照して新しく設定した。

図1-6　助動詞第二類の構造

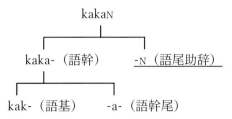

じ語幹に接尾する助詞の群を整理して並べたようなものである（丹羽1982、p375）」。語尾助辞は否定表現・テンスなどを表わす。

６．１．３　助動詞第三類（文尾助辞）

　助動詞第三類は、語を活用させるのではなく、文を活用させる成分で「文尾助辞」[4]と呼べるものである。第一・二類が語基・語幹に接続するのに対し、第三類は以下のように動詞文・形容動詞文・形容詞文・名詞文を受ける。つまり、「語の水準にあるのではなく、一段上の文の水準に存在する文論上の補助語（城田1998、p5）」で、モダリティーを表わす。

$$
\left.\begin{array}{lll}
\text{動詞文} & \text{kak-u} & 〈書く〉 \\
\text{形容詞文} & \text{hiku-i} & 〈低い〉 \\
\text{形容動詞文} & \text{mame-na} & 〈元気な〉 \\
\text{名詞文} & \text{hana-ja} & 〈花だ〉
\end{array}\right\} + \; [\text{文尾助辞　zjaro 〈だろう〉}]
$$

　第一・二類は自由度が低く「付属形式」なのに対し、第三類は自由度が高く「語」の一種で「付属語」になる。

６．２　助動詞

６．２．１　助動詞第一類
（１）派生動詞
　１）動詞の基本語基に接尾するもの
　以下の接尾辞のうち母音音素で始まる語形はC型動詞の基本語基に、子音音素で始まる語形はV型動詞の基本語基に接尾する（ただし、「強調」の助動詞を除く）。なお、本書では前者の語形を代表形として示すことにする。
　① -as-〜-sas-
　「使役」を表わす。C型動詞の語基 kak-には-as-が接尾し、V型動詞の語基 mi-には-sas-が接尾する。この-as-〜-sas-は一つの形態素{-Sas-}に該当すると考えられる。C型5種動詞 tac-u〈立つ〉、9種動詞 o-u〈追う〉ではそれぞれ tat-・ow-に接尾する。（以下、母音音素 a ではじまる接尾辞が接尾する場合も同様）。V型4種 ku-ru〈来る〉では ko-に接尾する。V型3種 si-ru〈する〉は sas-uが使用される。

---

[4]　城田（1998、p13）の用語。

② -ase-〜-sase

「使役」を表わす。-as-・-ase-は自由変異の関係にある。-as-より-ase-が多く使用されるが、ku-ruは-sas-と-sase-が同じくらい使用される。

kak-ase-ru・(kak-as-u)〈書かせる〉　　mi-sase-ru・(mi-sas-u)〈見させる〉

ko-sas-u・ko-sase-ru　〈来させる〉　　sas-u・sase-ru　　　〈させる〉

③ -are₁-〜-rare₁-

「受身」を表わす。「可能」の-are-と同型なので、それぞれ -are₁-（受身）、are₂-（可能）のように区別することにする。ku-ruはko-・ki-に接尾する。si-ruはsare₁-ruが使用される。

kak-are₁-ru　　　　〈書かれる〉　　mi-rare₁-ru　　　　〈見られる〉

ko-rare₁-ru・ki-rare₁-ru〈来られる〉　　sare₁-ru　　　　〈される〉

④ -are₂-〜-rare₂-

「可能」を表わす。ku-ruはko-・ki-に接尾する。si-ruではsi-が接尾するが、補充形 deki-ru〈出来る〉も使用される。なお、異形態 -ere-（kak-ere-ru）もわずかにみられる[5]。

⑤ -e-〜-re-

「可能」を表わす。ku-ruはko-に、si-ruはsi-に接尾する。-are₂-・-e-は自由変異の関係にあるが、終止形では-e-の使用が多い。

kak-e-ru・kak-are₂-ru・(kak-ere-ru)　〈書ける〉

mi-re-ru・mi-rare₂-ru　　　　　　　〈見られる〉

ko-re-ru・ko-rare₂-ru・ki-rare₂-ru　〈来られる〉

si-re-ru・si-rare₂-ru・deki-ru　　　〈出来る〉

それに対し、打消形では-are₂-（kak-are₂-seN）が多く使用される。

可能表現にはjoᴿ kak-uという形式もあるが、これは主に動作主の能力による可能（能力可能）を表わすのに対し、kak-are₂-u・kak-e-ruは動作主以外の客観的条件による可能（条件可能）を表わすことが多い。

・ジカンガ ノーテ イカレン(ik-are₂-N)　　〈時間がなくて行けない〉　… 条件可能

・ホンナトーイトコ ヨーイカン(joᴿ ika-N)〈そんな遠い所へ行けない〉… 能力可能

⑥ -akas-〜-rakas-〜-akas-

自動詞を他動詞化して「強調」を表わす。用法については後述することにして、まず、接続関係からみていきたい。

-akas-〜-rakas-〜-akas-は、一部の例外を除いて「有対自動詞」[6]の語基に接尾する。これらの多くは、語基末にr音を含み（以下、r型動詞とする）、対応する他動詞の語基末が"as-"である。種々のタイプの自他対応関係にある動詞との接続関係を示すと表1-17のようである。

表1-17より、ほとんどの派生動詞が5モーラであることがわかる。また、接続関係は次の3

---

[5] この語形は大正13年（1924）以降生れの話者に若干みられただけで、それ以前の生れの話者にはまったくみられなかった。したがって、明治・大正期生れの代表的な語形とはしないことにする。

[6] 早津（1987）・青木（1998）等にしたがい、対応する他動詞を持つ自動詞を「有対自動詞」、対応する他動詞を持たない自動詞を「無対自動詞」と呼ぶ。

表1-17　動詞語基と接尾辞-akas-の接続関係

動詞の種類			自動詞		対応する他動詞		語基末	接尾辞
r型	C型6種		her-u	〈減る〉	heras-u	〈減らす〉	r	-akas-
			nokor-u	〈残る〉	nokos-u	〈残す〉		
			mawar-u	〈回る〉	mawas-u	〈回す〉		
			sasar-u	〈刺さる〉	sas-u	〈刺す〉		
			atar-u	〈当たる〉	ater-u	〈当てる〉		
	V型（2種）		nure-ru	〈濡れる〉	nuras-u	〈濡らす〉	e → φ	
			taore-ru	〈倒れる〉	taos-u	〈倒す〉		
			tore-ru	〈取れる〉	tor-u	〈取る〉		
その他	C型	その他	3M〜	asub-u	〈遊ぶ〉	asubas-u	〈遊ばす〉	b
			hukuram-u	〈膨らむ〉	hukuramas-u	〈膨らます〉	m	
			wara-u	〈笑う〉	………		φ → w	
			maciŋa-u	〈間違う〉	maciŋae-ru	〈間違える〉	φ → r	
		2M	sin-u	〈死ぬ〉	………		n	(-ar)akas-
			tob-u	〈飛ぶ〉	tobas-u	〈飛ばす〉	b	-arakas-
		1,2,5種	nak-u	〈泣く〉	nakas-u	〈泣かす〉	k	
			cuk-u	〈付く〉	cuke-ru	〈付ける〉		
			isoŋ-u	〈急ぐ〉	isoŋas-u	〈急がす〉	ŋ	
			tac-u	〈立つ〉	tatas-u	〈立たす〉	c → t	
	V型	2種	koŋe-ru	〈焦げる〉	koŋas-u	〈焦がす〉	e → φ	
			moe-ru	〈燃える〉	mojas-u	〈燃やす〉		
			nuke-ru	〈抜ける〉	nuk-u	〈抜く〉		
		1種 有	nobi-ru	〈延びる〉	nobas-u	〈伸ばす〉	i → φ	
		1種 無	sinabi-ru	〈萎びる〉	………		i	-rakas-
			………		cibi-ru	〈ちびる〉		

注1）語例のアンダーライン部分は、自動詞の語基と他動詞の語基の共通部分を表わす。
　2）「M」は動詞終止形語幹のモーラを示す。「有」は有対自動詞を、「無」は無対自動詞を表わす。
　3）「語基末」は、接尾辞が接尾する語基の末尾音、およびその変化を表わす。
　4）自他の対応が「e-ru : jas-u」の〈燃える〉型は規則対応とはいえないが、「e-ru : as-u」の〈焦げる〉
　　型に準じているので表1-17に含めた。

つの規則に整理される。

　　ａ，Ｖ型動詞の語基に接尾する場合は語基末の母音（ ｉ・ｅ ）が消去される。

　　ｂ，ｒ型動詞、および終止形語幹が3モーラのＣ型動詞には-akas-が接尾する。その他の動詞に
　　　　は-arakas-が接尾する。

　　ｃ，ただし、Ｃ型１・２・５種動詞は終止形語幹のモーラに関係なく-arakas-が接尾する。

　規則bは派生動詞をなるべく５モーラにし、語尾を-(r)akas-にするもの、規則ｃは同一音や類
似音の連続を避けるもので、いずれも語調を整えるものといえる。規則ｃについては次のよう
な説明ができる。Ｃ型１・２・５種動詞の派生動詞は、規則ｂにしたがうと「…kakasu、…ŋakasu、
…takasu」になり、同一音・類似音（破裂音）が連続することになる。そこで、これを回避する
ために、語基と-akas-の間にraが挿入されたものと考えられる[7]。

　規則ａ〜ｃが適応できない場合もみられるが、数は少なく語彙的なもの[8]と考えられる。他動
詞との語基の違いが大きい「有対自動詞」oci-ru〈落ちる〉・de-ru〈出る〉、および「無対他動詞」
は他動詞が語基になる。

　　　　otos-u〈落とす〉　　　→　　　　oto-rakas-u
　　　　das-u　〈出す〉　　　→　　　　das-arakas-u

　Ｖ型１種動詞を語基とする派生動詞は、表1-17の語例の他にhotobi-ru〈潤びる〉、 kabi-ru〈か
びる〉等があるだけである。対応する他動詞の語尾が"as-"の〈延びる〉以外では、語基末音 i は
消去されない。また、〈死ぬ〉だけは sin-akas-u・sin-arakas-uの２つの形式がみられる。

　次に、意味・用法をみていきたい。意味には次の２つがある。

　「意図の強調」を表わす。動作主の意図性が強調された表現[9]であり、「うまく〜する、きちん
と〜する」という意味がある。他動詞と比較すると次のようである。

　　　・ゾーキン　ヌレァーテキテ(nur-ɛʀ-teki-te)　　　　　〈雑巾を濡らして来て〉
　　　・ゾーキン　ヌラケァーテキテ(nur-akɛʀ-teki-te)　　　〈雑巾をうまく濡らして来て〉

　特に「マイナス評価」を持たないことから命令表現・依頼表現・勧誘表現にも使用される。表
1-17の各動詞の中でこの用法が使用されるのは、ｒ動詞の大部分と終止形語幹が３モーラ以上
のＣ型動詞である。すなわち、"akas"という音の連続が「意図の強調」を表わすわけである。一
部の話者の間では-arakas-が接尾する動詞もこの意味で使用されているが、「マイナス評価」を
伴わない語に限られる。

　　　・フロノミズ　モット　フヤラケァーテ(huj-arakɛʀ-te)　〈風呂の水をもっと増やして〉

---

[7] 坂倉（1946、p12）は「かす」の成立に関し、「一種の音韻的規約があったらしい事はこれが大部分『ラ』
　（或は『ハ』）にのみ接していることからも窺ばれる。（中略）『かす』の接続困難な場合には『みのがらか
　す』（略）の如き構成を生んでいる」としている。また、青木（1998、p4）は「カ行に続くものが見られな
　い（ことは）『〜カス』という音になるのを回避したためとも考えられる（下略）」としている。

[8] 〈潤びる〉には hotoborakas-u や５モーラの hotobokas-u・hotobakas-u という語形もある。「無対他動詞」
　の damas-u〈騙す〉は、damakas-u・damakurakas-u が使用されている。また、名詞 jomeri〈嫁入り〉から
　派生した jomerakas-u〈嫁にやる〉という語形もある。

[9] 青木（1998、p3）は、「カス型動詞（本書では「意図の強調」を表わす akas-）の本質は〈動作主をより
　強く表出させた表現〉である」としている。

　　　　・タマオ　コッチー　コロガラケァーテ(koroŋ-arakɛR-te)〈玉をこっちへ転がして〉

「無意図の強調」[10]を表わす。動作主の意図に反して無意識に好ましくない結果を生じるとき
に使用され、主に過失を表わす。他動詞 war-u〈割る〉は「意図的」なのに対し、派生動詞 war-
akas-uは「無意識」であるという違いがある。

　　　　・タマゴン　ワッタ(waQ-ta)　　　　　　　　　　　　〈卵を（意図して）割った〉
　　　　・タマゴン　ワラケァータ(war-akɛR-ta)　　　　　　　〈卵を（過失で）割った〉

この派生動詞は「マイナス評価」を持つものであるから、命令表現・依頼表現・勧誘表現は使
用されない。表1-17の各動詞の中でこの用法が使用されるのは、ｒ型動詞と-arakas-が接尾する
動詞である。すなわち、"rakas"という音の連続が「無意図の強調」を表わすわけである[11]。

　これより、ｒ型動詞では同一形式で「意図の強調」と「無意図の強調」という相反する意味を
担うということになる。どちらの意味で使用されるかは文脈で区別されるわけである。

　　　　・ゾーキン　ヌラケァーテキテ(nur-akɛR-teki-te)　　　〈うまく雑巾を濡らして来て〉
　　　　・フク　ヌラケァーテマッタ(nur-akɛR-temaQ-ta)　　　〈服を（過失で）濡らしてしまった〉

　２つの用法とも-akas-が接尾し「強調」を表わすという共通点がある。そこで本論では-akas-
〜-rakas-〜-akas-（以下、代表形を-akas-とする）を一つの形態素と考えることにする。

　ただし、語それ自体に「マイナス評価」を伴うｒ型動詞は「無意図の強調」を表わす表現に限
られる。

　　　　・アカラカサン(akar-akas-a-N)ヨーニナ　　　　　　　〈（過失で）こぼさないようにね〉
　　　　・ワンナラカスナヨ(waN-nar-akas-u na jo)　　　　　　〈（過失で）壊すなよ〉

⑦　-ikarakas-〜-karakas-

　「徹底（〜しまくる）」を表わす。「意図して〜しまくる」場合と、「意図しないで〜しまくる」
場合とでは、意味がそれぞれ-akas-の「意図の強調」と「無意図の強調」に対応している。

　「意図」の場合はマイナス評価を持たない。

　　　　・キョーワ　ノミカラカソカ(nom-ikarakas-o ka)　　　〈今日は飲みまくろうか〉

　「無意図」の場合はマイナス評価を持ち、〈本当はそうするつもりはなかったのだが、必要以
上・予想以上に〜してしまう〉という意味を表わす。-akas-が動作主の意図に反して行われる「一
瞬・一度の行為」について言及しているのに対し、-ikarakas-は話し手の意図に反して行われる
「継続した時間における行為・度重なる行為」について言及している。

　　　　・シミ　ツカラケァーテマッテ（cuk-arakɛR-temaQ-te）アカンゲァー

　　　　　　　　　〈（あなたの不注意で）しみを付けてしまって、ダメじゃないか〉

---

[10] 山田（1976）は名古屋方言における「-らかす（本書では「無意図の強調」を表わす arakas-)」の意義特
徴としてこのように認めているが、赤坂方言についても同様である。通時的にみると、「意図の強調」を表
わす akas-が中世に確立したのに対し（青木 1998、p3)、「無意図の強調」を表わす arakas-は「（近世に）
統一的にマイナス方向の意味へと変化していった（略）流れ（青木 1998、p15)」の中で成立した可能性が
考えられる。

[11] Ｃ型９種動詞〈間違う〉は規則 b にしたがうと「maciŋawakasu」となるはずであるが、その語自体に
「マイナス評価」を伴うので、「無意図の強調」を表わす他の…rakas-の類推より「maciŋarakasu」となった
のであろうか。

54

・シミ ツケカラケァーテマッテ(cuk-e-karakɛR-temaQ-te) アカンゲァー

〈(私の予想より多く＝何か所も)しみを付けてしまって、ダメじゃないか〉

話し手自身の行為や自然現象について言及している場合も同様である。

・キンノーワ アスビカラケァーテマッタワ(asub-ikarakɛR-temaQ-ta wa)

〈昨日は(必要以上に)に遊びまくったよ〉

・アメン フリカラカスナー(hur-ikarakas-u naR)

〈(私の予想よりたくさん)雨が降るなー〉

C型5・9種動詞(tac-u・o-u)は、tat-・ac-に接尾する(以下、母音音素 i ではじまる接尾辞が接尾する場合も同様)。ku-ruはki-に接尾する。

-akas-は自動詞に接尾するのに対し、-ikarakas-は自動詞・他動詞に接尾する。〈濡れる・濡らす〉を例に-akas-と-ikarakas-の関係を示すと右のようになる[12]。

〈自動詞〉	:	〈他動詞〉
nure-ru	:	nuras-u
…	:	nur-akas-u
nure-karakas-u	:	nuras-ikarakas-u

⑧ -aNtok-〜-Ntok-

「否定・予備態(〜しないでおく)」を表わす。

・マー イカントクワ(ik-aNtok-u wa)　　　〈もう行かないでおくよ〉
・コンバンワ テレビ ミントコ(mi-Ntok-o)　〈今晩はテレビを見ないでおこう〉

ik-a-N-to ok-uという形式も使用されるが、-aNtok-uは「固定」した表現なので一つの助動詞と考える。

⑨ -imas-〜-mas-

〈丁寧(〜ます)〉を表わす。推量表現は、終止形-imas-uあるいはその異形態-imaQs-にjaro(推量)が接続する。

・イキマスヤロ(ik-imas-u-jaro)・イキマッシャロ(ik-imaQs-jaro)〈行くでしょう〉

否定過去表現では、以下の2つがある。

・イキマセンデシタ(ik-imase-N-des-i-ta)・イキマセナンダ(ik-imase-naN-da)

〈行きませんでした〉

2)動詞の完了語基に接続するもの

以下、dで始まる語形はC型2・3・4・7種動詞(語基末音ŋ・b・m・b)の完了語基に、tで始まる語形はその他の動詞の完了語基に接尾する。なお、本論ではtで始まる語形を代表形として示すことにする。

① -tar₁-〜-dar₁-

「供与態(〜てやる)」を表わし、同等以下に対して使用する。「結果態」の-tar-と同形であるので、それぞれ、-tar₁-(供与態)、-tar₂-(結果態)として区別する。kak-u〈書く〉の完了語基kɛRには-tar₁-が、jom-u〈読む〉の完了語基joN-には -dar₁-が接尾する。

---

[12] 類似した表現として、宮崎県に「ケ-クリカエス」(亀山1980)、「ケリ-クリカヤス・ネ-クリカヤス」(河辺1981)という形式がみられる。-ikarakas-(徹底)は、宮崎県でみられるような-ikurikaes-〜ikurikajas〈繰り返す〉が原形であろう。当域では、-akas-(強調)との類推から、-ikarakas-が発生した可能性が考えられる。

　　　　kεʀ-tar$_1$-u　　　〈書いてやる〉　　　　　joN-dar$_1$-u　　〈読んでやる〉

② -taŋer-〜-daŋer-

「供与態（〜てあげる）」を表わす。-tar$_1$-より敬意がある表現である。

③ -temaw$_1$-〜-demaw$_1$-

「自主的受納態（〜てもらう）」を表わす。

④ -temaw$_2$-〜-demaw$_2$-

「完了態（〜てしまう）」を表わす。-temaw$_1$-と同形だが、アクセントで区別される。-temaw$_1$-が無核であるのに対し、-temaw$_2$-はアクセント核がある。

　　　　iQ-tema$_1$-u　　　（LLHHH）　　〈行ってもらう〉　…　自主的受納態

　　　　iQ-te]ma$_2$-u　　　（LLHLL）　　〈行ってしまう〉　…　完了態

⑤ -tor-〜-dor-

「継続・結果態（〜ている）」を表わす。赤坂方言では、西日本にみられるような継続態（〜しつつある）と結果態（〜してしまっている）の区別はない。

　　　・イマ　ケァートル(kεʀ-tor-u)トコヤ　　　〈今書いているところだ〉　…　継続態

　　　・トックニ　ケァートルワ(kεʀ-tor-u wa)　〈とっくに書いているよ〉　…　結果態

「アメン　フリヨル(hur-ijor-u)」のように接尾辞-ijor-（軽蔑）も使用されるが、これは継続態を表わすものではなく「（私が望まないのに）雨が降りやがる」という意味を表わすものである。

⑥ -tar$_2$-〜-dar$_2$-

「結果態（〜てある）」を表わす。-tar$_1$-と同形だが、アクセントで区別される。-tar$_1$-が無核であるのに対し、-tar$_2$-は有核である。

　　　　iQ-tar$_1$-u　　　（LLHH）　　〈行ってやる〉　…　結果態

　　　　iQ-ta]r$_2$-u　　　（LLHL）　　〈行ってある〉　…　供与態

⑦ -tok-〜-dok-

「予備態（〜て置く）」を表わす。

　　　・チャット　ヤットイテーヨー(jaQ-toi-teʀ joʀ)　　　〈急いでやっておいてね〉

⑧ -tek-〜-dek-

「離遠態（〜て行く）」を表わす。ik-u〈行く〉と同じ活用をする。

⑨ -teku-〜-deku-

「接近態（〜て来る）」を表わす。ku-ru〈来る〉と同じ活用をするが完了形は-teQ-である。これは-tek-の完了形と同じ形式であるがアクセントで区別される。-tek-の完了形は無核であるのに対し、-teku-の完了形は有核である。

　　　　moQ-teQ-ta　　　（LLHHH）　　〈持って行った〉　…　離遠態

　　　　moQ-te]Q-ta　　　（LLHLL）　　〈持って来た〉　…　接近態

ただし、moQ-teQ-teではどちらも有核で、〈持って行って〉〈持って来て〉という2つの意味を表わすことになる。

【補足】補助動詞

　以上の派生形成接尾辞の他に、共通語の補助動詞にあたる動詞がある。これは接続助- te〜-deを伴い、派生形成接尾辞とほぼ同様の働きをする。

◎　（-te〜-de）kure-ru

「他主的受納（〜てくれる）を表わす。意味・用法は共通語と同様である。
　３）形容詞・形容動詞の語基に接続するもの
　◎ -ŋar-
　上記の接尾辞と異なり、形容詞・形容動詞および派生形容詞-ita-（願望）の語基に接尾する。第三者の「感情」を表わす。

kenaru-ŋar-u　〈羨ましがる〉　　　　　ik-ita-ŋar-u　〈行きたがる〉

（２）派生形容詞
　動詞の基本語基に接尾し、派生形容詞を形成する。次の一語があるだけである。
　◎ -ita-〜-ta-
　「願望（〜したい）」を表わす。主に話し手・聞き手の願望を表わす。

kak-itɛ-R　　　〈書きたい〉　　　　mi-tɛ-R　　　〈見たい〉

第三者の願望を表わす場合には-ita-ŋar-u〈〜したがる〉を使用する。
（３）派生形容動詞
　派生動詞・派生形容詞と異なり、動詞の基本語基の他、形容詞の様態形語幹・形容動詞の語基にも接尾し、派生形容動詞を形成する。次の一語があるだけである。
　◎ isoR-〜-soR-
　「様態（〜そうだ）」を表わす。C型動詞の語基には-isoR-naが、その他には-sor-naが接尾する。

kak-isoR-na　〈書きそうだ〉　　　　mi-soR-na　　　〈見そうだ〉
mame-soR-na　〈元気そうだ〉　　　　taka-soR-na　〈高そうだ〉

６．２．２　助動詞第二類

（１）不変化型
　① -zja
　動詞の終止形に接続し、「疑問」と「勧告」の２つの用法がある。
　疑問詞（いつ、どこ、誰、なぜ…）を伴い「疑問」表わす。-zjaが接続する疑問文は、接続しないものや終助詞no・naが接続したものに比べると強調された表現である。用法は終助詞に近いといえる。

イツ イクナ(ik-u na)　⇒　イツ イク(ik-u)　⇒　イツ イクジャ(ik-u-zja)
　〈いつ行くの？〉　　　　　〈いつ行く？〉　　　　〈いつ行くんだ？〉

　終助詞waを伴い「勧告（〜した方がいいよ）」を表わす。「ik-u-zja wa」は、「iQ-tara」（提案）より強い表現であるが、「ik-i」（命令）ほど押し付けがましくない。

ハヨ イッタラ(iQ-tara)　⇒　ハヨ イクジャワ(ik-u-zja wa)　⇒　ハヨ イキ(ik-i)
　〈早く行ったら〉　　　　　〈早く行く方がいいよ〉　　　　〈早く行きな〉

　これら２つの用法におけるzjaは終止形があるだけで、名詞語尾のzjaとは区別することにする。また、接続が同じなのでこれらをまとめて１つの助動詞とする。２つの用法の共通点は「強調」といえるかもしれない。
　② -ja
　-zja（強調）と自由変異の関係にある。

・イツ イクヤ(ik-u-ja)　　　　　　　　　〈いつ行くんだ〉

　　　　・ハヨ　イクヤワ(ik-u-ja wa)　　　　　　　　　　　　　〈早く行く方がいいよ〉

③ -N

「打消（ない）」を表わす。動詞の未然形に接続する。終止形-Nの他に、以下のような活用形がある。

連用形1　-i-（-R-）は接続助詞de・zjeに接続する。

　　　　kak-ε-R-de ka　/　kak-ε-R-zje kεR　　　　　　　　〈書かないわけがない（反語）〉

連用形2　-Nは接続助詞de・toに接続する。

　　　　kak-ε-R-demo　/　kak-a-N-demo　　　　　　　　〈書かなくても〉

連用形3　-zu$_1$は接続助詞niに、-su$_1$は接続助詞toに接続する。su$_1$は-Nより古い表現である。

　　　　kak-a-N-to　/　kak-a-su$_1$-to　　〈書かないで〉　　　　　kak-a-zu$_1$-ni　　〈書かずに〉

nar-u〈なる〉に接続するときは、-N-joR-ni〈～ないように〉で代用される。

　　　　・カカンヨーニ（kak-a-N-joR-ni）ナッタ　　　　　　　〈書かないようになった〉

仮定形　-na・-njaはそのままで仮定条件を表わす。-naが多く使用されるが、-njaもわすかに使用される。-njaは-naより古い形式と考えられる。

　　　　・アメセァー　フラナ(hur-a-na)　エーガ　　　　　　〈雨さえ降らなければいいのだが〉

次のような当為表現に使用される場合には、異形態-Nも使用される。

　　　　kak-a-na nar-a-N　/　kak-a-N nar-a-N　/　kak-a-N naN　〈書かなければならない〉

動詞の未然形語幹の他に、形容詞〈ない〉の仮定形にも接続する。

　　　　nake-na・nakera-na　　　〈なければ〉

完了形　-naN-はdaに接続し完了を表わす。

　　　　kak-a-naN-da　　　　　〈書かなかった〉

④ -heN

「打消（ない）」を表わす。動詞の打消形に接続する。-heNは-Nと同じく否定辞であるが、次のような違いがある。第一に、-Nを用いた否定表現が直接的・ぞんさいに聞こえるのが、-heNを用いた否定表現は間接的・婉曲的である。例えば、〈一緒に行こう〉という勧誘を断わる場合、ik-a-N〈行かない〉は ik-a-heNより「一言のもとに断わる、強すぎる印象を相手に与えがちになる」[13]。

男性（明治35年）はmi-ja-seN・mi-R-seN〈見ない〉の2つの形式を使用するが、mi-ja-seNは、mi-R-seN ka〈見ないか〉という質問に対して、「行かない」と強調して答える時に使用するとしている。つまり、以下の順序で強調する程度が増加しているということになる。

　　　　mi-R-seN　⇒　mi-ja-seN　⇒　mi-N

第二に、-Nが自己の行動について使用されるのに対し、-Nは話し手・第三者の行動について使用されることが多い。

> joR ik-a-N　　〈（私は）行けない〉　　　　　sir-a-N　　〈（私は）知らない〉
> joR ik-a-heN　〈（彼は）行けない〉　　　　　sir-a-heN　〈（彼は）知らない〉

---

[13] 山本（1981）は大阪方言における「ン」と「ヘン」の違いについてこう述べているが、赤坂方言についても同様である。。

しかし、一部の慣用表現では-Nと-heNとを置き換えることができない。ar-a-heN〈ない〉は-heN専用、sum-a-N〈すまない〉・nar-a-N〈いけない〉、N-ka〈～ないか〉などは-N専用である。

・イクコト　ナラン(nar-a-N)　　　　　　　　〈行ってはいけない〉
・トランカ(tor-a-N-ka)　　　　　　　　　　〈取らないか〉

⑤ -seN・-hiN・-siN

「打消形」は-heNが主流であるが、同じ意味・用法で-seN・-hiN・-siNという変種がある。-seNは-heNより古い形式である。-hiNはC型動詞に接続する。-siNはV型動詞に接続するが、-heN・-seNに比べると使用は少ない。

kak-a-heN・kak-a-seN・kak-a-hiN　　　　　　　　　　　　〈書かない〉
mi-R-heN・mi-ja-heN・mi-R-seN・mi-ja-seN・(mi-R-siN・mi-ja-siN)　〈見ない〉

⑥ -ta～-da

「完了・過去（た）」を表わす。用法は共通語と同様である。動詞の完了語基、形容詞・形容動詞・名詞の完了形に接続する。

keR-ta　　　　〈書いた〉　　　　　　taka-kaQ-ta　　　　〈高かった〉
mame-zjaQ-ta　〈元気だった〉　　　　kodomo-jaQ-ta　　　〈子供だった〉

⑦ -meR1

「勧誘」と「推量」の２つの用法がある。通常、終助詞kaを伴って使用されるが、話者によりkaを伴わない表現もみられる。

動詞の志向形に接続し「勧誘」を表わす。動詞の志向形による表現kak-o〈書こう〉に比べると婉曲的である。

kak-o-meR1-ka　/　kako-meR1　　　　　〈書こう〉

助動詞第三類zjaro・jaro（推量）、形容詞・形容動詞の推量形に接続し「推量」を表わす。推量の助動詞や推量形を用いた推量表現は確実性が高いのに対し、-meR1が接続した表現は確実性が低い。-meR2と異なり否定の意味はない。

ar-u-zjaro　　　　　　　　〈あるだろう〉　　　　…　確実性が大
ar-u-zjaro-meR1-ka　　　　〈あるのではないだろうか〉　…　確実性が小

しかし、「勧誘」の意味が志向形に、「推量」の意味が推量形にあることを考えると、この２つの用法の共通点は「婉曲性」にあるといえる。したがって、これらを１つの助動詞-meR1とする。

⑧ -meR2

「否定推量（ないだろう）」を表わす。動詞の終止形に接続する。接続・意味が-meR1と異なるので、-meR2として区別する。第三類zjaro・jaroを用いた推量表現に比べると使用は少ない。

・ナコト　アルメァー(ar-u-meR2)　　　　　　〈そんな事はないだろう〉
・ナコト　アラヘンジャロ(ar-a-heN zjaro)　　〈そんな事はないだろう〉

⑨ -su2・-zu2

「意志」を表わす。動詞の未然形に接続し、接続助詞toとともに使用される。

・イカスト(ik-a-su2-to)オモウ　　　　　　〈行こうと思う〉

「反語」を表わす。動詞の未然形に接続し、終助詞ka伴って使用される。-su2の他に-zu2という形式もみられる。

・アラスカ(ar-a-su2-ka)　/　アラズカ(ar-a-zu2-ka)　〈あるはすがない〉

-su₂（意志）、-su₂・-zu₂（反語）は使用も少ないことから古い赤坂方言の残存と考えられる[14]。

⑩ -ijoQ-〜-joQ-

ta（過去）を伴い、「回想・過去の習慣」を表わす。

　　　　・コドモントキ　ヨーイキヨッタワ（ik-ijoQ-ta wa）　　〈子供の時、よく行ったものだよ〉

6．2．3　助動詞第三類

第三類を活用型より類別すると以の4種類になる。

（1）形容詞型

rasi-「客観的な推量（らしい）」の1語があるだけである。

（2）形容動詞型

joR-「比況（ようだ）」、 mitɛR-「比況（みたいだ）」、no-〜N-「既定（〜のだ）」[15]の3語がある。語尾がすべて-zja・-jaであるのは形容動詞と同様である。 また、joR-は「ナ終止」を持つが、mitɛR-、no-〜N-は「ナ終止」を持たない。

　形容詞型・形容動詞型の文尾助辞の意味・用法は共通語と同様である。

（3）不変化型

① zjaro

主観的な「推量（だろう）」を表わす。

　　　　・アシタワ　アメン　フルジャロナー（hur-u zjaro naR）　　〈明日は雨が降るだろうな〉

動詞文・形容詞文・形容動詞「ナ終止」文に接続する場合は問題ない。しかし、形容動詞「ヤ終止」文・名詞文の未完了肯定文に接続する場合、語尾-zja・-jaは「強制消去（城田1998、p260）」される。

　　　mame-zja　　＋　　zjaro　　→　　mame-zjaro　　　　　　〈元気だろう〉
　　　hana-zja　　＋　　zjaro　　→　　hana-zjaro　　　　　　　〈花だろう〉

なお、この場合、zjaro・jaroは形容動詞の推量形の語尾・名詞の推量形の語尾という「二重の解釈（城田1998、p261）」もできる。

② jaro

zjaro（推量）と自由変異の関係にある。ただし、zjaroと異なり-imas-を用いた丁寧文にも接続する。

　　　　・イキマスヤロ（ik-imas-u-jaro）　　　　　　　　〈行くでしょう〉
　　　　・イキマセンヤロ（ik-imas-e-N-jaro）　　　　　　〈行かないでしょう〉

③ desujaro・deQsjaro

主観的な「推量（でしよう）」を表わす。zjaro・jaroに対応する丁寧休である。

---

[14] 関連する表現として、推量表現「雨ダラーズ（だろう）」「ヨカラーズ（良いだろう）」、「雨ガ、フラーズ（降るだろう）」、勧誘表現「イカーズ（行こう）」、反語表現「アラーズカ（有るはずがない）」などがある。一部の話者は年少時にこれらの表現を使用していたが、「悪い表現・汚い表現（男性、明治35年）」なのでやがて使用しなくなったという。

[15] 厳密には助動詞ではないが、城田（1998）はrasi-・・joR-などと同様に文尾助辞として扱っているので本書でもここに含めた。

・アメン　フルデッシャロナー(hur-u deQsjaro naR)　　〈雨が降るでしようね〉

　形容動詞「ヤ終止」文・名詞文の未完了肯定文に接続する場合は zjaro・jaro と同様である。また、共通語と同形の desjo もみられるが使用は少ない[16]。

④　kamosireN

「推量（かもしれない）」を表わす。

・アメン　フルカモシレンナー(hur-u kamosireN naR)　〈雨が降るかもしれないな〉

⑤　kasjaN

「疑問（かしら）」を表わす。kasjaN の他に kahjaN という形式も使用される。

・アメン　フルカシャン(hur-u kasjaN)　　　　　　　〈雨が降るかしら〉

「疑問詞（いつ・どこ・誰・何・どう）」を含む文を受ける時は sjaN・hjaN が使用される。

・イツ　クルヒャン(kur-u hjaN)　　　　　　　　　　〈いつ来るかしら〉

・ドージャシャンケド(doR-zja sjaN kedo)　　　　　〈どうだか知らないが〉

⑥　gena

「伝聞」を表わす。他の伝聞表現として soR-na・soR-zja〈～そうだ〉も同様に使用される。

・シナシタゲナゼー(sin-asi-ta gena zeR)　　　　　　〈亡くなったそうだよ〉

（４）特殊型

①　des-

　形容詞文・形容動詞文・名詞文に接続し「丁寧」を表わす。動詞文の丁寧体は接尾辞 -imas- により形成されることから、des- と -mas- は補完関係にあるといえる。

・タカカッタデス(taka-kaQ-ta des-u)　　　　　　　〈高かったです〉

・マメナデシタ(mame-na des-i-ta)　　　　　　　　〈元気でした〉

　形容動詞・名詞の未完了肯定文に接続する場合、語尾 -zja・-ja が「強制消去」されるのは zjaro・jaro（推量）と同様である。

【補足】　gozεRmas-・gozarimas-

　des- より丁寧な文体では gozεRmas-・gozarimas- が使用される。gozarimas- は男性に使用される。形容詞の未完了肯定文では連用形が使用され、形容動詞・名詞の場合は中止形に接続する。

takoR gozεRmas-u　　　　　　　〈高うございます〉

sizuka-de gozεRmas-u　　　　　　〈静かでございます〉

　しかし、「時制の対立」「否定・肯定の対立」が gozεRmas- の後ろで決定されるので、文末助辞には含まれない。

takoR gozεRmas-e-N　　　　　　〈高うごさいません〉

takoR gozεRmas-i-ta　　　　　　〈高うごさいました〉

　以上、赤坂方言の助動詞をみてきたが、主なものの活用を示すと表1-18～1-20のようである。

---

[16] desjo は大正10年生れ以降の話者にみられた。なお、青野の女性（明治42年、大正14年）では、-imas-u-zjaro（イキマスジャロ）とともに desuzjaro（雨デスジャロ）という古い語形がみられた。

表1-18　助動詞第一類活用表

語基	基本語幹/語基	語幹尾	未然形 a~φ	打消形 a~φ	連用形 i~φ	終止形 u~ru	命令形 e~jo	志向形 o~jo	仮定形 jaR~(r)jaR	完了語基	語基の型
C型動詞基本語基	使役	-as-	ase	asa	asi	asu	ase	aso	asjaR	asi	C 8
	〃	-ase-	ase	ase	ase	aseru	asejo	asejo	asejaR	ase	V 2
	受身	-are₁-	are	are	are	areru	arejo	arejo	arejaR	are	V 2
	可能	-are₂-	are	are	are	areru	......	......	arejaR	are	V 2
	〃	-e-	e	e	e	eru	......	......	ejaR	e	V 2
	強調	-akas-	akasa	akasa	akasi	akasu	akase	akaso	akasjaR	akeʀ	C 8
	徹底	-ikarakas-	ikarakasa	ikarakasa	ikarakasi	ikarakasu	ikarakase	ikarakaso	ikarakasjaR	ikarakeʀ	C 8
	否・子	......	......	......	aNtoki	aNtoku	aNtoke	aNtoke	aNtokjaR	aNtoi	C 1
	丁寧	-imas-	imase	......	......	imasu	......	imasjo	......	imasi	V 3
C型動詞完了語基	供与	-tar₁-	tara	tara	tari	taru	tare	taro	tarjaR	taQ	C 6
	〃	-taɲer-	taɲe	taɲe	taɲe	taɲeru	taɲejo	taɲejo	taɲerjaR	taɲe	V 2
	受納	-temaw₁-	temawa	temawa	temɛʀ	temau	temae	temao	temajaR	temaQ	C 9
	完了	-temaw₂-	temawa	temawa	temɛʀ	temau	temae	temao	temajaR	temaQ	C 9
	継続	-tor-	tora	tori	tori	toru	tore	toro	torjaR	toQ	C 6
	結果	-tar₂-	tara	tara	tari	tari	......	......	tarjaR	taQ	C 6
	予備	-tok-	toka	toka	toki	toku	toke	toko	tokjaR	toQ	C 1
	離遠	-tek-	teka	teka	teki	teku	teke	teko	tekjaR	teQ	C 1
	接近	-teku-	teko	tekoʀ	teki	tekuru	tekoi	teko	tekojaR	teQ	V 4
形	感情	-ɲar-	ɲara	ɲara	ɲari	ɲaru	ɲare	......	ɲarjaR	ɲaQ	C 6

注）C型動詞基本語基・C型動詞完了語基・形容詞・形容動詞（形）に接続することを表わす。

表1-19 助動詞活用表 (形容詞活用型)

語基 \ 語幹尾	語幹	様態形 (φ〜sa)	連用形 (R)	終止形 (R)	仮定形 (kera)	推量形 (karo)	完了形 (kaQ)
一類 願望	-ta-	ita	itoR	iteR	itakera	itakaro	itakaQ
三類 推定	rasi-	……	rasjuR	rasiR	rasikera	……	rasikaQ

表1-20 助動詞活用表 (形容動詞・特殊活用型)

語基 \ 語幹尾		語幹	連用形 (ni)	中止形 (de)	終止形 (zja・ja)	連体形 (na)	仮定形 (nara)	推量形 (zjaro・jaro)	完了形 (zjaQ・jaQ)
一類	様態	-isoR-	isoRni	isoRde	isoRzja	isoRna	isoRnara	isoRzjaro	isoRzjaQ
三類	比況	joR-	joRni	joRde	joRzja	joRna	joRnara	joRzjaro	joRzjaQ
	〃 比況	miteR-	miteRni	miteRde	miteRzja	miteRna	miteRnara	miteRzjaro	miteRzjaQ
	〃 伝聞	soR-	……	soRde	soRzja	soRna	……	……	……
	既定	N-	……	……	Nzja	……	Nnara	Nzjaro	NzjaQ
二類	否定	(N)	i / N / su・zu	……	N	N	na / nja / N	……	naN
	否定	(heN)	……	……	heN	heN	……	……	henaN
	〃	(seN)	……	……	seN	seN	……	……	senaN
	〃	(hiN)	……	……	hiN	hiN	……	……	hinaN
	〃	(siN)	……	……	siN	siN	……	……	sinaN
	過去	(ta)	tari	te	ta	ta	tara	……	……
三類	丁寧	des-	desu	……	desu	……	……	desuzjaro / deQsjaro	desi

7　待遇表現

7．1　待遇動詞・待遇助動詞の分類

　待遇動詞は「言いかえ」形式と「つぎたし」[17]形式に分類することができる。動詞 or-u〈居る〉を例に取ってみてみると、前者には oide-ru〈いらっしやる〉が、後者には語基 or- に派生形成接尾辞-jaʀs-〈〜なさる〉が接尾した派生動詞。or-jaʀs-u がみられる。

　-jaʀs- は一般動詞の基本語基に接尾するだけでなく、「言いかえ」待遇動詞の基本語基にも接尾し、新たに oide-jaʀs-u いう派生動詞を形成する。

　-jaʀs- はさらに「補助動詞」である-tor-〈〜ている〉にも接尾する。or- と-tor- は意味・活用とも対応しているが、これと同様に oide- に対しては-toide-〈〜ていらっしゃる〉という接尾辞があり、これらの意味・活用・待遇度も or-：- tor- と同様に対応している。

　これらの待遇動詞・待遇助動詞の諸形式と関係を示すと表1-21のようである。

表1-21　待遇動詞・待遇助動詞の諸形式

接続　／　語基の種類	一般動詞	「言いかえ」待遇動詞
基本語基	or-u	oide-ru
基本語基＋接尾辞（待遇）	or-jaʀs-u	oide-jaʀs-u
完了語基＋接尾辞（存在＋待遇）	kɛʀ-tor-jaʀs-u	kɛʀ-toide-jaʀs-u

　そこで、本論では次のような順序で待遇表現を記述していくことにしたい。なお、「言いかえ」待遇動詞については、存在動詞と授受動詞を中心に述べていくことにする。

　1 、kak-〈書く〉、mi-〈見る〉などの一般動詞の基本語基に接尾して派生動詞（「つぎたし」待遇動詞）を形成する派生形成接尾辞で、表1-21の-jaʀs- にあたるもの。

　2、存在・授受動詞の派生動詞で、表1-21の or-jaʀs-u にあたるもの。

　3、存在・授受動詞の「言いかえ」待遇動詞とその派生動詞で表1-21の oide-ru、oide-jaʀs-u にあたるもの。

　4、存在・授受を表わす派生形成接尾辞とその「言いかえ」形式、およびそれらの派生動詞で、表1-21の-toide- や kɛʀ-tor-jasʀ-u、kɛʀ-toide-jaʀs-u にあたるもの。

7．2　待遇動詞・待遇助動詞

　赤坂方言は待遇表現の個人差が大変大きく、多くの形式がみられた。以下に示した形式はすべての話者に使用されるものではなく、形式により使用頻度が異なる。使用の少ない形式については、使用しない話者からどのような位相の形式と認識されているかも併せて記すことにする。

---

[17] 井上（1999）は、「いらっしゃる・うかがう」などの類を「言いかえ敬語（敬語交替形）」、「お〜なさる・（ら）れる」の類を「つぎたし敬語（敬語添加形式）」としている。本書では卑語・軽蔑語も含めた待遇動詞を扱うので、これらを参考にそれぞれ「言いかえ」式、・「つぎたし」式とした。

7．2．1　一般動詞の基本語基に接尾するもの

　一般動詞の基本語基に接尾する形式を系統別にみていきたい。以下の接尾辞のうち母音音素で始まる語形はC型動詞の基本語基に、子音音素で始まる語形はV型動詞に接尾する。

　なお、本論では前者の語形を代表形として示すことにする。

（1）レル系

◎　-are₃-〜-rare₃-

　動作主に対する親しみのない高い敬意を表わす。共通語的場面で使用されることが多い。-are₁-（受け身）、-are₂-（可能）と区別するため、-are₃-と表わすことにする。

　　　　kak-are₃-ru　〈書かれる〉　　　　　　　mi-rare₃-ru　　　　〈見られる〉

　　　・ドコ　イカレルンデスカ(ik-are₃-ru-N-des-u ka)　〈どこへ行かれるんですか〉

（2）シャル系

①　-aQse-〜-saQse-・-jaQse-

　動作主に対する中程度の敬意を表わし、主に第三者に対して使用される。親しい人に対して使用するときは傍観的な表現となる。V型動詞に接尾する形式には-saQse-と-jaQse-の２つがあるが、これらは自由変異の関係にある。V型４種にはgoza-ruという補充形もみられる。完了形の使用は少なく、-aQsi-の完了形で代用されることが多い。また、命令形だけは同等以下の聞き手に対して使用されるが、他の活用形に比べて使用は少ない。

　　　　kak-aQse-ru　　　　　　　　〈書きなさる〉

　　　　mi-saQse-ru・mi-jaQse-ru　　　　〈見なさる〉

　　　　saQse-ru・si-jaQse-ru　　　　〈しなさる〉

　　　　ki-saQse-ru・goza-ru　　　　〈いらっしゃる〉

　　　・アノヒト　ヨーイカッセルワ(ik-aQse-ru wa)　　〈あの人はよく行きなさるよ〉

　　　・ドー　サッセルシャン(saQse-ru sjaN)　　　　〈どうしなさるかしら〉

　　　・ハヨ　イカッセ(ik-aQse)　　　　　　　　〈早く行きなさい〉

②　-aQsi-〜-saQsi-・-jaQsi-

　-aQse-と自由変異の関係にある。完了形は異形態-asi-が使用される。命令形は-aQse-の命令形で代用される。

　　　　kak-aQsi-ru　　　　　　　　〈書きなさる〉

　　　　mi-saQsi-ru・mi-jaQsi-ru　　　　〈見なさる〉

　　　・アスコノジッサ　シナシタゼー(sin-asi-ta zeʀ)　〈あそこのお爺さん、亡くなられたよ〉

　　　・アシタ　イカッシンノヤト(ik-aQsi-N-no-ja-to)　〈明日行かれるそうだ〉

③　-aQsu-〜-saQsu-・-jaQsu-

　-aQse-と自由変異の関係にある。終止形-aQsur-uがあるだけで活用はしない。

　　　　kak-aQsur-u　〈書きなさる〉　　　　　mi-saQsur-u・mi-jaQsur-u　〈見なさる〉

　これらの3つの形式-aQse-・-aQsi-・-aQsu-は男女共用で使用も大変多く、赤坂方言では一般的な表現である。

④　-aQsjar-〜-saQsjar-

　動作主に対する親しみのある中程度の敬意を表し、主に女性が同等以上の者に対して使用する。完了形は-aQsjaQ-・-asjaQ-の２つがある。命令形は-aQsjar-e・-aQsjɛʀの２つの形式がある

が-aQasjar-eの方は古い形式と考えられる。命令形だけは同等以下の聞き手に対して使用される。

　　　kak-aQsjar-u　　　　　　　〈書きなさる〉

　　　mi-saQsjar-u　　　　　　　〈見なさる〉

　　　・デカケサッシェアーマスカ(dekake-saQsjɛR-mas-u ka)　〈お出かけなさいますか〉

　　　・ハヨ　イカッシェアー(ik-aQsjɛR)　　　　　　　　　　〈早く行きなさい〉

　⑤　-aQsar-〜-saQsar-

　動作主に対する中程度の敬意を表し、主に女性に使用される。待遇度は-aQse-より高く、-aQsjar-より低い。完了形は-aQsaQ-・-asaQ-の2つがある。

　　　kak-aQsar-u　〈書きなさる〉　　　　　　mi-saQsar-u　〈見なさる〉

　⑥　-ahar-

　待遇度は-aQsar-や-nahar-と同様である。終止形・完了形があるだけで命令形を欠く。C型動詞に接続するがV型動詞には接続しないなど使用範囲は狭い[18]。

　　　kak-ahar-u　〈書きなさる〉　　　　　　kak-ahaQ-ta　〈書きなさった〉

（3）ナサル系

　①　-inasar-〜-nasar-

　動作主に対する親しみのない非常に高い敬意を表し、主に女性が共通語的場面で使用する。待遇度は-are₃-より高い。

$$-are_3-$$

　　　kak-inasar-u　〈書きなさる〉　　　　　mi-nasar-u　〈見なさる〉

　②　-inasare-〜-msdsre-

　-inasar-と自由変異の関係にある。

　　　kak-inasare-ru　〈書きなさる〉　　　　mi-nasare-ru　〈見なさる〉

　③　-inare-〜-nare-

　使用は少なく古い表現の残存と考えられる。　男性（明治35年）は養老地域の方言と認識していた。

　　　kak-inare-ru　〈書きなさる〉　　　　　mi-nare-ru　〈見なさる〉

　④　-iNsar-〜-Nsar-

　動作主に対して親愛の意を表し、主に女性が同等の者に対して使用する。一部の話者は岐阜市方言・揖斐方言と認識していた。

　　　kak-iNsar-u　〈書きなさる〉　　　　　　mi-Nsar-u　〈見なさる〉

　　　・コッチー　キンセアー(ki-NsɛR)　〈こちらへいらっしゃい〉

　⑤　-iNsjar-〜-Nsjar-

　-iNsar-と自由変異の関係にある。-iNsar-と-aQsjar-の混交形であろうか。

　　　kak-iNsjar-u　　　　　　　〈書きなさる〉

　　　mi-Nsjar-u　　　　　　　　〈見なさる〉

　⑥　-nahar-

---

[18]　大垣市域で使用される-ahar-をみると、明治後期生れの話者のものはシャル系で、その上に関西系のナサル系が被さった可能性も考えられる。これに対し、女性（昭和3年、赤坂）のものは、命令形-ahar-eを有し、親愛表現となっていて近畿方言で使用される「〜ハル」の意味・用法に近い。

　動作主に対する中程度の敬意を表わし、 主に女性が第三者に対して使用する。 男性（明治35）はこの形式を関西方言と認識していた。

　　　　　kak-inahar-u　　〈書きなさる〉

（４）ヤース系

①　-jaʀs-

　動作主に対して親しみのある高い敬意を表わす。また、-desu〈です〉・-imasu〈ます〉などのていねいの助動詞が接尾しなくても、 聞き手に対して敬意を表わすていねい語としての要素も持っていて、「丁寧融合型尊敬語」（森山1994）と呼ばれる。ていねいを表わす接頭辞o-を伴ったo-ik-jaʀs-uという形式もみられる。主に女性に使用される。

　命令形はkak-jaʀs-u〈書きなさい〉の他、 強調表現のkak-jaʀs-eや待遇度か低く同等以下に使用されるkak-jaʀがみられる。完了形はkak-jaʀs-i-ta〈書きなさいました〉の他、待遇度が低いkak-jaʀ-taという形式も一部でみられる。V型４種では、ir-jaʀs-uという補充形もみられる。

　-jaʀs-は多用される表現であるが、同時に名古屋方言・岐阜市方言であると認識されている。また、男性（明治35年）はkak-jaʀs-e・kak-jaʀ-taいう形式を名古屋方言と認識していて使用しなかった。

　　　　kak-jaʀs-u　　〈書きなさいます〉　　　　mi-jaʀ-u　　　　　　　〈見なさいます〉
　　　　si-jaʀs-u　　〈しなさいます〉　　　　ki-jaʀs-u・ir-jaʀs-u　〈いらっしゃいます〉
　　　　・ドコ　イキャースナン(ik-jaʀs-u-naN)　　〈どこへ行きなさいますか〉
　　　　・ハヨ　イキャー(ik-jaʀ)　　　　　　　　〈早く行きなさい〉

②　-ijas-〜-jas-

　-jaʀs-と自由変異の関係にある。gome-jas-u〈ごめん下さい〉、oide-jas-u〈いらっしゃいませ〉などの挨拶表現では-jaʀs-よりこの形式が多用される。

　　　　・ドコ　イキヤシタ(ik-ijas-i-ta)　　　　〈どこへ行きなさったんですか〉

③　-iasobas-〜-asobas-

　非常に高い敬意を表し、女性に使用される。常に接頭辞o-を伴う。使用は少なく古い表現の残存と考えられる。

　　　　・オイキアソバス(o-ik-iasobas-u)　　　　〈行きなさいます〉

（５）キャッサル系

◎　-jaQsar-

　動作主に対して親しみのある高い敬意を示し、主に女性に使用される。-jaʀs-と-aQsar-の混交形と考えられる[19]。活用は-aQsar-と同様であるが、命令形は-jaʀs-の命令形 -jaʀs-uが補充形として使用される。未然形は-jaQsa-であるが、話者の一世代前（明治中期生れ）では- jaQsar-a-であったとされる。

　　　　kak-jaQsar-u　　　　　　〈書きなさる〉　　　　　　mi-jaQsar-u　　　　〈見なさる〉
　　　　・イキャッサンカ(ik-jaQsa-N-ka)　　　　〈行きなさらないか〉

────────────────

[19] 戸田（1967 ）は、大垣方言の「来とくりゃっさらんか」（本書の-jaQsar-）を名古屋方言の「来とくりゃーす」(-jaʀs-)と岐阜市方言の「来とくれんさい」(-iNsar-)の混交形としているが、-jaʀs-と-aQsar-の混交形である可能性も考えられる。

（6）ンス系

◎ -aNs-〜-saNs-

　動作主に対して親愛の意を表し、特に男性が第三者に対して使用する。使用は少なく古い表現の残存と考えられる。男性（明治35年）によると、この形式は一世代前には一般的な表現であったが、やがて使用されなくなり周辺地域のことばと認識されるようになったという。

　　　　kak-aNs-u　〈書きなさる〉　　　　　　　　mi-saNs-u　〈見なさる〉

（7）一段系

◎ -iR-(-i-)〜-R-・-iR-・-i-

　動作主に対する親愛の意を表わし、主に女性が同等以下に対して使用する。聞き手に対して終止形を使用する場合は、質問に使用されることが多い。C型動詞には-iR-が接尾する。未然形と命令形は-i-、終助詞を伴う命令形やその他の活用形は-iR-が接尾する。

　　　　kak-iR-ru　　　〈書きなさる〉
　　　・オマハンモ　イキールカ(ik-iR-ru ka)　　　　　　　〈あなたも行くの?〉
　　　・マー　ヤッテマイータケェーナ(jaQ-tema-iR-ta kɛRna)　〈もう、やってしまったの?〉
　　　・オマハン　ナンデ　イキン(ik-i-N)　　　　　　　　〈あなた、なぜ行かないの〉
　　　・チャット　ヤリ(jar-i) /　ヤリーヤ(jar-iR-ja)　　　〈急いでやりなさい〉

　V型4種動詞は-R-が接尾する。1〜3種動詞は個人差が大きく、活用の種類・活用形・長さによって-R-・-iR-・-i-の3つの形式がみられるなど、安定していない[20]。

　老人クラブを通じて行った調査結果は表1-22のようである。終止形、命令形、終助詞を伴う命令形について調査した。

　終止形は、「見る」「出る」に揺れがみられる。

　　　　ki-R-ru　　　　〈来なさる〉　　　　　mi-iR-ru・mi-R-ru　〈見なさる〉
　　　　oki-R-ru　　　〈起きなさる〉　　　　ake-R-ru　　　　　〈開けなさる〉
　　　　de-i-ru・de-iR-ru・de-R-ru　　〈出なさる〉

命令形は、連用語幹＋i で安定している。

　終助詞を伴う命令形は、「見る」「出る」は連用語幹＋iR-jaで安定している。「起きる」「開ける」は、揺れが見られる。

（8）その他（軽蔑語）

① -ijor-〜-jor-

　動作主に対して多少見下けた感じで使用する。主に男性が同等以下の第三者に対して傍観的な態度で使用する。

　　　　・エァーツ　ドコ　イキヨルシャン(ik-ijor-u sjaN)　〈あいつ、どこへ行くのだろうか〉

　非常の物の動作については、ame-N hur-ijor-u〈（私が望まないのに）雨が降りやがる〉というように「不利益・迷惑・不快」を表わす表現となり、西日本でみられるような継続態〈雨が降りつつある〉を意味するものではない。

---

[20] 杉崎（1994、2009）で記述した一段系- iR-は、青野出身の祖母の形式であるので、本章で取り上げた赤坂中心部の形式とは一部、異なる。

表1-22　一段系における諸形式

種類	モーラ	語例	語幹	活用形	大正3 m	大正9 m	大正13 m	大正13 m	昭和3 f
V型1種	2	見る	mi-	終止形	mi-iʀ-ru	·	·	mi-ʀ-ru	mi-iʀ-ru
				命令形	mi-i	·	·	·	·
				終助詞	mi-iʀ-ja	mi-iʀ-ja	·	·	mi-iʀ-ja
	3	起きる	oki-	終止形	·	·	·	oki-ʀ-ru	oki-ʀ-ru
				命令形	oki-i	·	·	·	·
				終助詞	·	·	oki-ʀ-ja	oki-ʀ-ja	oki-ʀ-ja
V型2種	2	出る	de-	終止形	·	de-i-ru	·	de-ʀ-ru	de-iʀ-ru
				命令形	de-i	de-i	·	de-i	·
				終助詞	de-iʀ-ja	·	·	·	de-iʀ-ja
	3	開ける	ake-	終止形	·	ake-ʀ-ru	·	ake-ʀ-ru	·
				命令形	ake-i	·	·	·	ake-i
				終助詞	ake-(i)ʀ-ja	·	ake-ʀ-ja	ake-ʀ-ja	ake-ʀ-ja

②　-jaŋar-

主に男性が聞き手に対して罵倒する時に使用する。V型3・4種動詞では、以下のように2つの形式がみられる。

kak-jaŋar-u　　　　　〈書きやがる〉　　mi-jaŋar-u　　　　　〈見やがる〉
si-jaŋar-u・s-jaŋar-u　〈しやがる〉　　ki-jaŋar-u・k-jaŋar-u　〈来やがる〉
・カッテニ　シャガレ(s-jaŋar-e)　　　〈勝手にしやがれ〉

③　-ikusar-〜-kusar-

用法・意味は-jaŋar-と同様である。

kak-ikusar-u　〈書きやがる〉　　　mi-kusar-u　〈見やがる〉

④　-isaras-〜-saras-

用法・意味は-jaŋar-と同様である。

kak-isaras-u　〈書きやがる〉　　　mi-saras-u　〈見やがる〉
・ドコナト　イキサラセ(ik-isaras-e)　　　〈どこへでも行きやがれ〉

7．2．2　存在・授受動詞の派生動詞

存在・授受動詞の派生動詞とその異形態にどのような形式があるかみていきたい。

（1）存在動詞

存在動詞or-u〈居る〉の派生動詞には、or-are₃-ru、or-aɢse-ru、or-iɴsar-u、or-inahar-u、or-ahar-u、or-jaʀs-u、or-iʀ-ruなど多くのものがみられる。そのうち、or-aɢse-ruの使用は少なく名古屋方言と認識されている。or-jaʀs-uはir-jaʀs-uより古い形式と認識されている。

・オラハルカ(or-ahar-u ka)　　　　　〈いらっしゃいますか〉

or-には次のような異形態がみられる。

① o-

o-は、o-ɴsar-uに現れる形式である。o-ɴsar-u は or-iɴsar-uの融合形と考えられ、待遇度は or-iɴsar-uより低い。

② i-

i-ɴsar-uは、o-ɴsar-uと同じ待遇度であり、i-はo-は自由変異の関係ということになる。

③ ir-

ir-はir-jaʀs-uに現れる形式である。赤坂方言ではir-uという存在動詞は使用されないが、この場合に限り使用される。

（2）授受動詞

授受動詞 kure-ru〈くれる〉にはていねいの接頭辞 o-を伴う形式 o-kure-ruもみられ、待遇度はkure-ruより高い。派生動詞も同様、接頭辞 o-を伴う形式の方が待遇度は上である。

派生動詞には o-kure-jas-u、o-kure-ɴsar-u、kure-ɴsar-uの3種類があるが[21]、活用・待遇度はそれぞれの接尾辞と同様である。

kure-には次のような異形態がみられる。

① kur-

kur-は、o-kur-jaʀs-u・o-kur-jas-u、o-kur-jaQsar-uに現れる形式である。o-kur-jaʀs-uやo-kur-jas-uは、o-kure-jas-uの融合形と考えられる。

② kuz-

kuz-は、o-kuz-jaʀ-u・o-kuz-jas-u、o-kuz-jaQsar-uに現れる形式である。o-kuz-jaʀs-uはo-kur-jaʀ-uの変化形と考えられる。kur-とkuz-は同じ接尾辞- jaʀ-・-jas-・-jaQsar-が接尾し、常に接頭辞o-を伴う点が共通している。kuz-の待遇度はkur-より低い。

7．2．3　「言いかえ」待遇動詞とその派生動詞

存在・授受動詞の「言いかえ」待遇動詞にどのような形式があるのかと、それらにどのような派生形成接尾辞が接尾するかをみていきたい。

（1）存在動詞

存在・授受動詞の「言いかえ」待遇動詞には次のようなものがある。

① oide-ru

oide-ruは、動作主に対して中程度の敬意を表わし、主に女性が第三者に対して使用する。待遇度はmie-ruとgozar-uの間である。派生動詞にはoide-jaʀs-u・oide-jas-u・oide-ɴsar-uの3種類がある。いずれも女性に多く使用される。

　　　・コンド　オイデルデナ(oide-ru de na)　　　　　〈今度いらっしゃいますからね〉
　　　・キョーワ　オイデンサルカナ（oide-ɴsar-u kana）　〈今日はいらっしゃいますか〉
　　　・オイデヤシタワ(oide-jas-i-ta wa)　　　　　　　〈いらっしゃったよ〉

---

[21] 赤坂地区東部では kure-ɴsar-u の融合形 kuɴsar-u が使用されているが、赤坂（中心部）では岐阜市方言と認識されていて使用されない。これより東部は岐阜市方言の影響が強いといえる。

70

oide -には次のような異形態がみられる。

・oiz-

oiz-はoiz-jaʀs-u・oiz-jas-u、oiz-jaɢsar-uに現れる形式である。oiz-jaʀ-uは、oide-jaʀs-uの変化形と考えられる。oiz-に接尾する接尾辞はkur-・kuz-のものと共通している。「いらっしゃいませ」というあいさつ語として女性を中心によく使用される。待遇度はoide-jaʀs-uより低い。

・oi-

oi-jaʀs-uは、oide-jaʀs-uの変化形と考えられるが、oide-jaʀs-uより使用は少ない。

【参照】

okuz-jaʀs-uは下図のようにoiz-jaʀs-uからの類推で発生したと考えられる。kuz -とoiz-は同じ接尾辞が接尾する点も共通している。

oide-jaʀs-u	→	oiz-jaʀs-u
×		↓
okur-jaʀs-u	→	okuz-jaʀs-u

② gozar-u

gozar-uは動作主に対する中程度の敬意を表し、主に第三者に対して使用される。男女共用で使用頻度も高い。待遇度は-aɢse-と同様である。gozar-の派生動詞には gozar-jaʀs-u、gozar-aɢse-ru、gozar-aɢsjar-uの３種類があるがいずれも主に女性に使用される形式である。gozar-aɢsjar-uは古い形式の残存と考えられる。

　　　・ゴザルカ(gozar-u ka)　　　　　　　　　　　〈いらっしゃる?〉
　　　・ゴザラッセルワ(gozar-aɢse-ru wa)　　　　　〈いらっしゃるよ〉

③ mie-ru

mie-ruは動作主に対する親しみのないかなり高い敬意を表し、主に第三者に対して使用される。待遇度は、or-are-ruより高く、共通語的な場面で使用される。

　　　・シャチョーサン ミエマスカ(mie-mas-u ka)　　〈社長さんはいらっしゃいますか〉

④ us-

軽蔑語にはus-jaŋar-u〈居りやがる〉が使用されるが、us-は接尾辞-jaŋar-が接尾する場合に限り使用される。

（2）授受動詞

授受動詞の「言いかえ」待遇動詞には次のようなものがある。

① kudasar-u

動作主に対する親しみのない高い敬意を表わす。待遇度は助動詞-are₃-に対応していて、共通語的場面で使用される。

② kudasare-ru

kudasar-と自由変異の関係にあり、共通語的場面で使用される。

③ kudare-ru

動作主に対する中程度の敬意を表し、主に第三者に対して使用される。待遇度は-aɢse-に対応している。

④ kudasiʀ-ru

動作主に対する親愛の意を表わす。大正期は主に女子の間で使用された表現とされるが、昭和期末では高年層の女性語となった。助動詞-iʀ-と活用は同じであるが、待遇度は-iʀ-よりやや高い。命令形はkudasiの他にkudaɢsiという形式もみられる。

kudasiʀ-ru　〈下さる〉　　　　　　　kudasi-N-ka　〈下さらないか〉

・ワシニモ　クダシーヨー（kudasiʀ joʀ）　　　　　〈私にも下さいよ〉

⑤ cjoʀdɛʀ

聞き手に対して敬意を表わす。命令形があるだけで、名古屋方言のように活用しない。cjoʀdɛʀ は子供のことば・ていねいな表現と認識されている。

⑥ cjoʀ・cjo

cjoʀ・cjoの待遇度はcjoʀdɛʀより低い。男性（明治35年）は、cjoʀ〜cjoは名古屋方言と認識していて使用しなかった。

⑦ cukaʀsɛʀ

cjoʀdɛʀと同様、命令形があるだけである。一部の話者の間で使用されていただけで、古い表現の残存と考えられる[22]。

7．2．4　存在・授受を表わす派生形成接尾辞

存在・授受を表わす派生形成接尾辞は「補助動詞」にあたるもので、意味・活用・待遇度は前述した存在・授受動詞と対応している。したがって、ここではこれらの接尾辞の諸形式とkɛʀ-〈書いて〉に接続した形式を例示するにとどめる。以下、ｄで始まる形式はＣ型２・３・４・７種動詞（語基末音ŋ・ｄ・ｍ・ｎ）の完了形語基に、ｔで始まる語形はその他の動詞の完了語基に接尾する。

（１）存在表現

① -tor-〜-dor-

or-〈いる〉に対応するもので、-are₃-、-jaʀs-、-aꝺse-、-iʀ-、-iNsar-などが接尾する。〈いらっしゃる：書いていらっしゃる〉には、次のような対応がみられる。

or-are₃-ru	：	kɛʀ-tor-are₃-ru	オラレル　：ケァートラレル
or-jaʀs-u	：	kɛʀ-tor-jaʀs-u	オリャース：ケァートリャース
or-aꝺse-u	：	kɛʀ-tor-aꝺse-u	オラッセル：ケァートラッセル
or-iʀ-ru	：	kɛʀ-tor-iʀ-ru	オリール　：ケァートリール

・ナニ　シトリャースナン（si-tor-jaʀs-u naN）　　〈何をしていらっしゃいますか〉

② -to-〜-do-

o-に対応するもので-Nsar-が対応する。

o-Nsar-u　：　kɛʀ-to-Nsar-u　　　　　オンサル　：ケァートンサル

③ -ter-〜-der-

ir-に対応するもので-jaʀs-が接尾する。

ir-jaʀs-u　：　kɛʀ-ter-jaʀs-u　　　　　イリャース：ケァーテリャース

④ -toide-〜-doide-

---

[22] 赤坂地区西部の青野において、カーサイ〈下さい〉・ミテカーサイ〈見て下さい〉が使用されていたとの記述が竹中（1980）にあるが、カーサイはツカーサイの変化したものと考えられる。また、藤原(1979)は、「（ツカーサイ系が）東の中部地方へは（中略）およんでいないらしい」としているが、赤坂地区のツカーサイ系は近畿以東に残存している稀な例といえる。

oide-に対応するもので-jaRs-・-jas-・-Nsar-などが接尾する。

    oide-jaR-u　　：　kɛR-toide-jaR-u　　　　　オイデヤース　　：ケァートイデヤース

⑤ toiz-～-doiz-

oiz-に対応するもので-jaRs-・・-jas-・・-jaQsar-などが接尾する。

    oiz-jaR-s　　：　kɛR-toiz-jaRs　　　　　　オイジャース　　：ケァートイジャース

    oiz-jaQsar-u　：　kɛR-toiz-jaQsar-u　　　　オイジャッサル：ケァートイジャッサル

⑥ -toi-～-doi-

oi-に対応するもので-jaRs-が接尾する。

    oi-jaR-u　　：　kɛR-toi-jaR-u　　　　　　オイヤース　　　：ケァートイヤース

なお、gozar-uやmie-ruは、接続助詞- te-～-de-と供に補助動詞として使用される。

    kɛR-te-gozar-u（＞kɛR-to-kozar-u）、kɛR-te-mie-ru

（２）授受動詞

① -tokure-～-dokure-

o-kure-に対応するもので、-Nsar-が接尾する。

    okure-Nsar-u　：　kɛR-tokure-Nsar-u　　　オクレンサル　　：ケァートクレンサル

② -tokur-～-dokur-

o-kur-に対応するもので、-jaRs-・・-jas-・・-jaQsar-uが接尾する。

    o-kur-jaR-s　　：　kɛR-tokur-jaRs　　　　オクリャース　：ケァートクリャース

    o-kur-jaQsar-u　：　kɛR-tokur-jaQsar-u　　オクリャサル　：ケァートクリャッサル

    ・マットクリャースカ(maQ-tokur-jaRs-u ka)　　　〈待っていただけますか〉

    ・トットクリャッサンカ(toQ-tokur-aQsa-N ka)　　　〈取っていただけませんか〉

③ -tokuz-～-dokuz-

o-kuz-に対応するもので、-jaRs-・・-jas-・・-jaQsar-uが接尾する。

    o-kuz-jaR-s　　：　kɛR-tokuz-jaRs-u　　　オクジャース　：ケァートクジャース

    o-kuz-jaQsar-u　：　kɛR-tokuz-jaQsar-u　　オクジャッサル：ケァートクジャッサル

④ -teR-(-te-)～-deR—(-de-)

動作主に対して親愛の意を表し、主に女性に使用される。待遇度・活用は- iR-(-i-)と同じである。未然形・命令形・仮定形は-te-が、文末詞を伴う命令形やその他の活用形は-teRが使用される。

    kɛR-teR-ru　　〈書いてくれる〉　　　　kɛR-teR-ta　　　〈書いてくれた〉

    kɛR-teR-heN　〈書いてくれない〉　　　kɛR-te-N-ka　　〈書いてくれないか〉

    kɛR-teR ja　　〈書いてよ〉　　　　　　kɛR-te　　　　　〈書いて〉

共通語でみられる〈書いて〉という依頼表現や近畿方言で見られる〈書いてんか〉という形式は、赤坂方言では接尾辞-teR-(-te-)の活用形ということになる。

【参照】

  右図のように、ik-iR-ruの類推から発生したと考えられる。全国的にみても大垣近辺しか見られない希少な形式である。

ik-i	→	ik-iR ja	→	ik-iR-ru
×		×		↓
iQ-te	→	iQ-teR ja	→	iQ-teR-ru

なお、その他の待遇の授受動詞は補助動詞として使用される。

kɛʀ-te-kudasar-u、　kɛʀ-te-kudare-ru、　kɛʀ-te-kudasiʀ-ru、

kɛʀ-te-cjoʀdɛʀ、　　kɛʀ-te-cjoʀ

　以上、赤坂方言の待遇表現をみてきたが、待遇表現体系を示すと、表1-23のようである。アンダーラインで示した形式は主に女性に使用される形式を表わす。

表1-23　待遇表現体系

	高	←	中	←	低
疎	-nasar- -nasare-	-are- mieru kudasaru kudasareru	-aqse- -aqsi- -aqsur- gozaru kudareru	一般動詞	-jor- -isaras- -jaŋar- -ikusar-
親	-asobas-	-jaʀs- -ijas- oideru	-aqsjar- -aqsar- -ahar- -inasar- -iɴsar-	-iʀ- -eʀ- kudasiʀru cjoʀ	

　主なものの活用を示すと表1-24のようである。

8　助詞

8．1　格助詞

　名詞は形容動詞とほぼ同様の変化をする他に、格助詞が接続して述語部分を修飾する。一部の格助詞は、名詞語尾という二重の解釈もできる。
（1）-ŋa〜-ɴ〜-φ　〈〜が〉
　①主格を表わす。②対象的存在を表わす。語末がɴ音の語には-ŋaが、ɴ音以外の語には-ɴが使用される。また、改まった場面では-ŋaが、くだけた場面では-ɴが使用されたり、省略されたりする。

　　　・ゴハン<u>ガ</u>　カタカッタ　　　　　　　　〈ご飯が固かった〉
　　　・アメ<u>ン</u>　フッテッタ　　　　　　　　　〈雨が降ってきた〉
（2）-o〜-ɴ〜-φ　〈〜を〉
　①目的格を表わす。②場所を表わす。ŋaと同様、ɴ音以外の語に接続したり、くだけた場面では-ɴが使用される。

　　　・ナコト<u>φ</u>　シット　アカンゼー　　　　　〈そんなことをすると駄目だよ〉
（3）-ni〜-ɴ　〈〜に〉

表1-24　待遇助動詞・待遇動詞の活用表

		未然形 a~φ	打消形 a~φ	連用形 i~φ	終止形 u~ru	命令形 e	仮定形 jaR	完了語基	語基の型
待遇助動詞	-are-	are	are	are	areru	......	arejaR	are	V 2
	-aQse-	aQse	aQse	......	aQseru	aQse	aQsejaR	......	V 2
	-aQsi-	aQsi	aQsi	......	aQsiru	......	aQsijaR	aQsi	V 1
	-aQsur-	......	......	......	aQsuru	......	......	......	......
	-aQsar-	aQsara	aQsara	......	aQsaru	aQsare	aQsarjaR	aQsaQ	C 6
	-aQsjar-	aQsjara	aQsjara	aQsjɛR	aQsjaru	aQsjɛR	aQsjarjaR	aQsjaQ	C 6
	-inasar-	inasara	inasara	inasɛR	inasaru	inasɛR	inasarjR	inasaQ	C 6
	-iNsar-	iNsara	iNsara	iNsɛR	iNsaru	iNsɛR	iNsarjR	iNsaQ	C 6
	-iNsjar-	iNsjara	iNsjara	iNsjɛR	iNsjaru	iNsjɛR	iNsjarjaR	iNsjaQ	C 6
	-ahar-	......	......	......	ahar	......	......	ahaQ	C 6
	-jaRs-	......	......	......	jaRsu	jaR(su)	......	jaR(si)	C 8
	-jaQsar-	jaQsa	jaQsa	......	jaQsaru	......	jaQsarjaR	jaQsaQ	C 6
	-aNs-	aNse	aNse	......	aNsu	aNse	aNsjaR	aNsi	C 8
	-iR-	i	iR	......	iRru	i	......	iR	V 1
	-ijor-	......	......	......	ijoru	......	......	ijoQ	C 6
	-janar-	janara	janara	......	janaru	janare	......	janaQ	C 6
	-teR-	teR	teR	......	teRru	te	tejaR	teR	V 2
存在	oide-	oide	oide	......	oideru	oide	oidejaR	oide	V 2
	gozar-	gozara	gozara	......	gozaru	......	gozarjaR	gozaQ	C 6
	mie-	mie	mie	mie	mieru	......	miejaR	mie	V 2
授受	kudasar-	kudasara	kudasara	kudasɛR	kudasaru	kudasɛR	kudasarjaR	kudasaQ	C 6
	kudasare-	kudasare	kudasare	kudasare	kudasareru	kudasare	kudasarejaR	kudasare	V 2
	kudare-	kudare	kudare	......	kudareru	......	kudarejaR	kudare	V 2
	kudasiR-	kudasi	kudasiR	......	kudasiRru	kudasi	kudasijaR	kudasiR	V 1

①場所を表わす。②授受や動作が向けられる相手を表わす。-ŋaと同様、N音以外の語に接続したり、くだけた場面では-Nが使用される。

- ・ワヒ<u>ニ</u>　ユーンヤゼー　　　　　　　　〈私に言うんだよ〉
- ・バ<u>スン</u>　ノッタリ　　　　　　　　　　〈バスに乗ったり〉

（4）-to　〈～と〉

①共同行為の相手を表わす。②共同行為者を表わす。

- ・アカサカ<u>ト</u>　イッショニ　イケバ　　　〈赤坂と一緒に行けば〉

（5）-de　〈～で〉

手段・方法・場所を表わす。

- ・キシャ<u>デ</u>　イカッシンノヤト　　　　　〈電車で行かれるんだと〉

（6）-e～-i　〈～へ〉

方向を表わす。語末が a・oの語に接続すると連母音融合を起こし、語末がe・iの語に接続すると長音化する。

aꞯcibeta	＋	i	→	aꞯcibetɛʀ	〈あちら側へ〉
asuko	＋	i	→	asukeʀ	〈あそこへ〉
ie	＋	i	→	ieʀ	〈家へ〉
kami	＋	i	→	kamiʀ	〈上へ〉

- ・<u>ウレァー</u>　ヘァッテキテ　　　　　　　〈裏へ入ってきて〉
- ・<u>コッチー</u>　キテ　　　　　　　　　　　〈こっちへ来て〉

（7）-kara　〈～から〉

起点・始点を表わす。

- ・ネーチャ<u>カラ</u>　カカッテッタ　　　　　〈お姉さんから掛かってきた〉

（8）-no～-N　〈～の〉

所有格を表わす。語末がNの語に接続したり、改まった場面には -noが、それ以外の場合には-Nが使用される。名詞連体形語尾という二重の解釈もできる。

- ・ダレヤランドコ<u>ノ</u>　コドモンタガ　　　〈誰かの所の子供たちが〉

8．2　接続助詞

用言の一部の活用形や文に接続して、その節・文が後ろの節・文とどのような関係にあるかを示す。

（1）kedo・keredo・kedomo　〈～けれど〉

逆説を表わす。

- ・エレェー　エー<u>ケド</u>ナー　　　　　　　〈とてもいいけれどねえ〉
- ・ソユモン　タベタ<u>ケドモ</u>　　　　　　　〈そういうものを食べたけれど〉

   ・マワシ シトイタンヤ<u>ケレド</u>　　　　　〈準備をしていたんだけれど〉

（2）ŋa　〈〜けれど〉

　同上。

   ・ヒル タノマヘン<u>ガ</u>　　　　　　　〈昼食を頼まないけれど〉

（3）de　〈〜から〉

　理由・原因を表わす。

   ・ミツカッテマッタ<u>デ</u>　　　　　　〈見つかってしまったから〉

（4）moɴjade・moɴzjade　〈〜ものだから〉

　同上。理由が確定している場合に用いられる。

   ・ミツケラレテマッタ<u>モンヤデ</u>　　　〈見つけられてしまったものだから〉

（5）ni　〈〜から〉〈〜けれど〉

　①理由を表わす。②逆接を表わす。

   ・ダレゾ タベサッシルカ ワカラン<u>ニ</u>　〈誰か食べられるか、分からないから〉

（6）to・tosɛʀŋa・tosɛʀ・toseŋa　〈〜と〉

　仮定条件を表わす。

   ・ソーシッ<u>トセァーガ</u>　　　　　　　〈そうすると〉

   ・イカッシヒン<u>トセガ</u>　　　　　　　〈行かれないと〉

（7）-naŋara　〈〜ながら〉

　動詞連用形に接続して、同時であることを表わす。

（8）-moɋte　〈〜ながら〉

　同上。赤坂地区西部で聞かれた形式である。赤坂地区中・東部、大垣旧市街では使用されない。

   ・タベ<u>モッテ</u>、アルイトンナ　　　　〈食べながら、歩いているな〉

（9）-takaɋte〜-dakaɋte　〈〜しても〉

　動詞完了形に接続して、逆説条件を表わす。

   ・オイテッテマッタ<u>カッテ</u>　　　　〈置いて行ってもらっても〉

（10）noni

　逆説を表わす。

   ・イットコト オモットル<u>ノニ</u>　　　〈行って来ようと思っているのに〉

（11）te₁

　引用を表わす。

   ・イラン イラン<u>テ</u> ダレモ タベヘン　〈要らない、要らないと誰も食べない〉

（12）jute・juʀte・cjuʀte

　同上。大垣市旧市街では、使用されない形式である（杉崎・植川2002）。

   ・ホカッテマッタ<u>ユテ</u> ユートッタ　　〈捨ててしまったと、言っていた〉

   ・クレ<u>ユーテ</u> ユワシタケド　　　　〈くれと、おっしゃったけれど〉

・キテーヤ<u>チューテ</u>　ユオト　オモッテ　　　〈来てよと、言おうと思って〉

(13) te₂

形容詞連用形に接続する。①並列する状況を表わす。②原因を表わす。

・イ<u>トテ</u>　タベラレヘン　　　　　　　　〈痛くて食べられない〉

８．３　副助詞

種々の語に接続して、その語に意味を付け加える。

（１）-wa　〈〜は〉

主題を表わす。ｉ・ｅ音で終わる語に接続すると前接語と融合する。

wasi　＋　wa　→　wasjaʀ　〈私は〉

kore　＋　wa　→　korjaʀ　〈これは〉

・<u>ワタシャー</u>　メァーラシテマウンヤケド　〈私はお参りさせてもらうんだけれど〉

（２）-mo　〈〜も〉

同類の事物が成り立っていることを前提に、とりたてる。

・ジブン<u>モ</u>　タベヘナンダ　　　　　　　〈私も食べなかった〉

（３）-kaQte・-katote・-kate　〈〜だって〉

同上。

・ワタシヤ<u>カッテ</u>　イキタァーデ　　　　〈私だって行きたいから〉

（４）-sɛʀ　〈〜さえ〉

あるものを極端なものとして強調し、他のものについても当然同様の事が成り立つことを示す。

・アメ<u>セァー</u>　フラナ　エーガ　　　　　〈雨さえ降らなかったらいいけど〉

（５）-ŋurɛʀ　〈〜位〉

①おおよその数量を表わす。②ある事物の程度を考える基準を表わす。

・ソンナモン　<u>グレァーヤゼ</u>　　　　　　〈そんなもの位だよ〉

・オリタリ<u>グレァーワ</u>　デキルケドモ　　〈降りたり位はできるけれど〉

（６）-joka　〈〜より〉

比較を表わす。

（７）-hoka　〈〜しか〉

ある事物をそれ限りとして、それ以上ないことを表わす。

（８）-ŋisi　〈〜しか〉

同上。

（９）-baQka・-paka・-baQkasi　〈〜ばかり〉

ある事物を限定的に示す。

・オンナシトコ<u>バッカ</u>　イキタネァーワ　〈同じ所ばかり、行きたくないよ〉

（10）-zucu・-cu　〈〜づつ〉

数量に付き、繰り返し行われる動作において、等しく繰り返される数量であることを表わす。

（11）-NtɛR・-Nta　〈〜なんか〉

ある事物に低い評価を与えて提示する。

- ・オカズンテァーナ　タベヘンゼー　　　〈おかずなんか、食べないよ〉
- ・ヒニチンテァーモン　エーガナ　　　　〈日にちみたなもの、いいじゃないか〉
- ・サシミンタ、タベヘナンダ　　　　　　〈刺身なんか食べなかった〉

（12）-jara　〈〜とか〉

ある事がらを、ぼかす気持ちで表わす。

- ・コノナンニチヤラニ　アルデ　　　　　〈この何日かにあるから〉
- ・ドーナルヤラ　ワカラヘンデ　　　　　〈どうなるのか分からないから〉

８．４　並立助詞

二つ以上の節を、同等の資格で結びつける。

（１）-ja

ある事柄をいくつか例示する。

（２）-tara　〈〜とか〉

同上。否定的・批判的な場面で使用することが多い。

- ・オレモ　ヒトツタラ　フタツタラ　タベタケド　ホカッテマッタ

　　　　　　　　　〈俺も一つとか二つとか食べたけれど、捨ててしまった〉

８．５　終助詞

節や文に接続して、聞き手への配慮を表したり、文のモダリティーにかかわる意味を表わす。

（１）-i　〈〜い〉

①見下げたり、軽くあしらったりする気持ちを表わす。②質問や詰問を表わす文に柔らかい調子を与え、軽く念を押す。親しい同等や目下に対して使用される。終助詞 na・naN が接続する。

終助詞 ka・ŋa・wa や名詞語尾 zja・ja が接続する。その場合、連母音融合を起こす。

ka　＋　-i　→　kɛR　　　　イクケァーナン　　〈行くかい？〉

zja　＋　-i　→　zjɛR　　　ナンジェァーナン　〈何だい？〉

（２）ka・kɛR・kanaN・kɛRnaN　〈〜か？〉

①疑問を表わす。②問いを表わす。③反語を表わす。④否定の助動詞 N に接続して間接的命令を表わす。

- ・フントケァーナン　　　　　　　　　　〈本当かい？〉

　　　　・アコケァーナン　　　　　　　　〈いい筈がない＝駄目だ〉

　　　　・ハヨ　イカンケァー　　　　　　〈早く行かないか〉

（3）ja・jo₁　〈～よ〉

　自分の判断・命令・勧誘などを、聞き手に主張するときに使用する。動詞志向形や助動詞-iʀ-の命令形に接続する。前接する形式は必ず長音化する。

　　　ik-o　　　+　ja　→　ik-oʀ-ja　　イコーヤ　〈行こうよ〉

　　　ik-i　　　+　ja　→　ik-iʀ-ja　　イキーヤ　〈行きなよ〉

　　　iQ-te　　+　ja　→　iQ-teʀ-ja　　イッテーヤ〈行ってよ〉

（4）jo₂　〈～よ〉

　聞き手がまだ認識していない情報について、話し手が判断したり主張したりするときに使用する。

（5）na₁・naʀ・naɴ　〈～な〉

　①感動や自分の意見を主張する。念押しに使用する。ていねいな表現。②ある判断について自問自答して確認する。独り言として使用することが多い。

　　　　・ミソシルガ　アツイデナー　　　〈みそ汁が熱いからね〉

　　　　・ナンジェァーナン　　　　　　　〈なんですか〉

（6）na₂　〈～な〉

　禁止を表わす。

　　　　・ホンナコト　ヤットルナヨ　　　〈そんなことを、しているなよ〉

（7）no

　上記のna₁のような用法のno〈アツイデノー〉は、「田舎のことば」（男性、明治35年）と認識されていて、赤坂では使用されない。以下のような用法に限られている。

　　①文の調子を柔らかくして軽く断定する。②質問を表わす。③自分の判断・命令・勧誘を、聞き手に主張するときに使用する。やや、突き放した表現となる。

　　　　・フキエサン　キータノ　　　　　〈ふきえさんが来たんだよ〉

　　　　・コレワ　ドッカラ　モッテミエタノ　〈これはどこから持っていらっしゃったの〉

　　　　・イクナラ　イケノ　　　　　　　〈行くのなら、行けばいいじゃないか〉

（8）ŋa・ŋɛʀ・ŋana・ŋanaɴ・ŋaja　〈～じゃないか〉

　強調表現。①再認識を表わす。②非難や驚きを表わす。

　　　　・オレ　ホカッテマッタゲァー　　〈俺は捨ててしまったよ〉

　　　　・ナモン　ションネァーゲァー　　〈そんなもの仕方がないじゃないか〉

　　　　・ナコッテワ　アカンガナ　　　　〈そんなことでは駄目じゃないか〉

（9）zo・zojo・ze・zeʀ　〈～ぞ〉

　聞き手に対して自分の認識・判断を言い聞かせる。聞き手に注意を促したり、なんかの行動をすることを期待する。zo系は男性が、ze系は女性が多く使用する。

- ・ハヨーセント　カゼヒク<u>ゾ</u> 　　　　　〈早くしないと風邪をひくよ〉
- ・ソンナモングレァーヤ<u>ゼ</u> 　　　　　〈そのようなもの位だよ〉
- ・オカズンテァーナ　タベヘン<u>ゼー</u> 　　〈おかずなんか食べないよ〉

(10) ni　〈～よ〉

　①同上。zeやŋanaよりやさしい表現。②動詞勧誘形に接続して、自分の勧誘を聞き手に主張するときに使用する。

- ・ウリノカスズケ　タベトロ<u>ニ</u> 　　　　〈瓜の粕漬を食べていようよ〉

(11) wa・wɛʀ・wana・wanaɴ・wɛʀnaɴ　〈～よ〉

　自分の主張・感動を、聞き手に対して傍観的な態度で伝える。

- ・ジブンデ　ヤルケドモ　アカン<u>ワ</u> 　　〈自分でやるけれど、駄目だよ〉
- ・ホンナコト　シラン<u>ウェー</u> 　　　　　〈そんなことは知らないよ〉
- ・ユーコトガ　エー<u>ワナー</u> 　　　　　　〈言うことが、いいよね〉

(12) te　〈～よ〉

　joより敬意が低く傍観的な態度で使用される。①自分の判断を一方的に相手に押しつける気持ちを表わす。②命令文に接続して、相手がすぐにそれに応じないことに対する苛立ちを表わす。③疑問文に接続して、相手に対する反発やなじりを表わす。

- ・ホンナモン　アカン<u>テ</u> 　　　　　　　〈そんなこと駄目だよ〉
- ・ハヨ　ヤレ<u>テ</u> 　　　　　　　　　　　〈早くやれよ〉

(13) moɴ　〈～もの〉

聞き手に対して感情をこめて理由を述べる。甘えや不平の態度を伴うことが多い。

- ・ショーカ　セーヘン<u>モン</u> 　　　　　　〈消化しないもの〉

８．６　接尾語

（１）-maruke　〈～まみれ〉

　まみれて汚れている様子を表わす。

- ・コンコ<u>マルケ</u>ジャガナ 　　　　　　　〈粉まみれじゃないか〉

（２）-darake　〈～だらけ〉

　一面散らばっている様子を表わす。

（３）-mitɛʀna・-ɴtɛʀna・-tɛʀna　〈～みたいな〉

　①他のものに似ていることを表わす。②例を示す。

- ・カネン<u>テァー</u>モン　チョキン　シトケァーデモ　イーガナ

　　　　　　　　〈お金みたい、貯金しておかなくてもいいじゃないか〉

（４）-ɴta・-ɴtaʀ　〈～達〉

　複数であることを表わす。

　　・コドモンタガ ヨーケ アスビニ キタ 〈子供たちが沢山遊びに来た〉
（5）beta 〈〜側〉
　　・ソッチベタニ アルヤロガナン 〈そちら側にあるだろう〉

9 語彙

9.1 解説

　赤坂方言の語彙集は、筆者の祖父（明治35年、赤坂）の方言語彙を記述した資料である。祖父との日常の会話の中から俚言を広い集めたほか、「赤坂の方言」（『赤坂町史』）、『旧青野ヶ原方言考』などの赤坂地区の語彙集を始め、『岐阜県方言集成』や西美濃地域の自治体史の語彙集から語彙の理解の有無を確認しながら収録した。したがって、ここに収録した語彙は基本的にはすべて、祖父の使用語・理解語である。詳細な解説やアクセントは省略した。便宜上、ガギグゲゴはガ行で記した。

　本書では、世代ごとに使用状況がどのように推移しているのかという社会的考察と、旧大垣市街林町との比較対象も行った。詳細は以下のとおりである。

9.1.1 世代差

　祖父の使用語彙について、筆者の祖母（明治41年、青野）、母親（昭和11年、赤坂）、筆者（昭和35年、赤坂）が使用、理解するかを調べた。各語彙の右側に記した数字の類別は次のようである。1〜3は既に死語化しているし、4〜5は筆者の世代でも死語化しつつあるということになる。

　1、祖父だけの使用語。
　2、祖父母の使用語。
　3、母親の理解語。
　4、母親の使用語。
　5、筆者の理解語。
　6、筆者の使用語。

9.1.2 大垣旧市街林町との差異

　旧大垣市街林町の植川千代氏（明治44年）にも、『美濃大垣方言辞典』を編纂する際、これらの赤坂方言語彙を使用・理解するかを確認した。ほとんどの語彙は使用するが、一部には使用、理解しなかったり、形式や意味が異なる例が見られた。

　植川氏の不使用語・不理解語は、①〜⑥のように示した。形式や意味が異なる場合は、(1)〜(6)のように示した。形式や意味の差異は、表1-25・表1-26のようである。

9.2　語彙集

9.2.1　名詞

方言	訳		方言	訳	
アカベ	晴れ着（幼）	③	オショーバ	トイレ（小）	(2)
アガリハナ	上がり框	6	オスマシ	汁	6
アクゾモクゾ	憎まれ口	③	オスモジ	寿司	②
アゴタ	顎　あご	5	オセァー	おかず	4
アノジン	あの人	6	オゾベ	うどん	3
アマエタレ	甘えん坊	(3)	オダヒョー	無駄話	3
アマデァー	針箱	3	オタマ	ゆで卵	③
アマボシ	干し柿	5	オツイ	おすまし	6
アラヤ	分家	4	オツケ	汁	1
アリンコ	蟻	⑥	オダァージン	金持ち	6
アレッポ	荒地	①	オテヌ	手拭	②
アレァーマシ	洗い片付け	6	オトグチ	入り口	6
イカキ	ざる	2	オドシ	かかし　案山子	4
イケズ	意地悪	2	オブー	お茶	5
イシナ	石	6	オブクサン	お供えご飯	6
イズミ	ゆりかご	2	オブッパン	お供えご飯	6
イトソ	糸	1	オマン	饅頭	②
イリコ	こがし	①	オヨージ	大便	②
ウイコト	気の毒な事	2	オンゾロ	破れた様子	②
ウジンボ	つむじ	②	オンツ	雄	3
ウチラ	内臓	3	オンボ	尾	3
ウチラ	内側	3	ガケツ	崖	②
ウラ	先っぽ	①	カゲンボ	陰	2
ウラベラ	裏側	(3)	ガケァー	見掛け	2
ウロ	穴	1	カジカンボ	寒がり	5
エラマツ	努力家	②	カジワラ	口喧しい人	②
オイド	お尻	5	ガタギ	いなご	3
オーカン	大通り	5	カタミバンコ	交互	3
オースゴモ	大晦日	(4)	カド	表庭	5
オーゼック	年に二度の支払日	2	カナゴ	つらら	2
オカボ	かぼちゃ	3	カブタ	株	2
オケゾク	お供え物	6	カブツ	株	2
オコヨ	小便	3	カミーサン	美容院	5
オシイ	おすまし	6	カラト	おひつ	①
オジャミ	お手玉	5	カワセ	貸借なし	4

カワド	川岸の洗い場	1	ゴモクタ	ゴミ	②
カンコ	下駄	2	ゴロタ	小石	①
ガンドー	のこぎり	2	コワリ	詳しいこと	②
ギザ	縁起	4	コンコ	粉	6
ギス	きりぎりす	4	ゴンゾ	人足	①
ギッチョ	きりぎりす	5	ゴンモク	ゴミ	③
キビショ	急須	2	サカトンボリ	逆さま	(3)
キビス	踵 かかと	6	サキッポ	先っぽ	6
キリバン	まな板	3	サブイボロ	鳥肌	2
クサボコ	草むら	1	サブボロ	鳥肌	(6)
クド	かまど	5	ザマタレ	様子	②
クレァーヌケ	食いしん坊	2	ザミ	カビ	①
クレシマ	夕方	2	サヨリ	火葬場	3
クレヤェー	夕方	2	サンゲ	普段	②
クロ	隅	6	サンメァー	火葬場	3
ケァーコト	交換	4	ジーモ	里芋	6
ケァード	家の周囲	②	シキョー	葬式	2
ケァーナ	肘	5	ジゲ	地元	4
ゲナカ	ちり紙	2	シタベラ	舌	⑤
ケブレァー	様子	2	シタマセ	最低のこと	③
ゲンノ	金づち	2	シナンタロー	いら虫の幼虫	⑥
ゴエンサン	僧侶	6	ジャケラ	冗談	2
ゴエンジュ	僧侶	4	ショーケ	ざる	2
ゴーカキ	くまで	②	ショートク	真実	③
コーモリ	傘	6	ショーマツ	真相	1
コーレァーキビ	とうもろこし	6	ショーヤク	整理	2
コケ	きのこ	1	ショクドリ	食欲	3
ゴケソダチ	わがまま	2	ショテ	最初	2
ココ	粉	1	シリベタ	お尻	(5)
ゴザヒキ	老後に迎えた後妻	③	スコ	頭	3
コジョ	女の子	2	スコタ	頭	3
ゴッサマ	おかみさん	①	スコッポ	おしゃべり	②
ゴッサン	おかみさん	1	ステッペン	頂上	②
コッパ	石のかけら	1	ステンコ	頂上	②
コブチ	罠	2	ステンコツ	頂上	①
コボ	子供	(2)	ステンペ	頂上	②
コマ	猫	5	ゼァーゴ	田舎	3
コマゴト	小言	②	ゼァーハレァー	ちり払い	6
ゴミクタ	ゴミ	⑤	セセナゲ	下水	①
ゴモク	ゴミ	③	センキスジ	当て外れ	①

センチ	トイレ（小）	2	ニワ	土間	5
センチバ	トイレ（小）	2	ヌイソ	糸	1
ソーレン	葬式	3	ネキ	そば	3
ソツ	半端	2	ネギサン	神主	2
タカアシ	竹馬	2	ネキモン	傷物	3
ダガサ	番傘	5	ネコンゾ	全部	(2)
タカシ	竹馬	(2)	ネネコ	人形	2
ダメナシ	ずぼら	2	ネブカ	ネギ	5
ダラ	バカ	2	ネブリコ	飴	1
チャン	コールタール	3	ノノサン	神仏（幼児語）	3
チョカ	軽率者	5	ノリ	傾斜	2
チョボ	点	6	ノンノサ	神仏（幼児語）	2
チョンナ	手斧	(2)	ハシッポ	端	2
チンタ	馬肉	②	ハシリゴーク	駆けっこ	5
ツクネイモ	とろろ芋	3	ハソリ	大鍋	3
ツシ	二階	①	ハダシバキ	裸足	(5)
ツジウラ	後頭部	2	ハッタイコ	こがし	2
ツジンボ	つむじ	2	ハデーシャ	派手好き	(3)
ツトクラ	ふくらはぎ	②	ハナッポ	端	②
ツトワラ	ふくらはぎ	3	ババタレゴシ	曲がった腰	③
ツバクロ	つばめ	3	ハンゲ	半年	①
ツマ	裏側	①	バンゲ	夕暮れ	3
ツリンボ	つむじ	③	バンゲシマ	夕暮れ	3
ツンバリ	つっかい棒	3	バンコ	こたつ	5
デァーツー	粋な人	(3)	バンドコ	こたつ	2
デコ	人形	5	ヒキズリ	スキヤキ	3
デゴ	村はずれ	2	ビクニ	尼さん	②
テンコツ	頂上	1	ヒズ	元気	3
デンチ	袖なし	6	ヒナタゴ	ひなたぼっこ	3
デンチコ	袖なし	2	ヒビリ	罅　ひび	5
テンペツ	頂上	①	ヒマゼァー	暇つぶし	3
テンペン	頂上	②	ヒョーヒャク	冗談	②
トーバ	その日	2	フクベ	ほくろ	(2)
ドチハン	中途半端	②	ブクリ	高下駄	2
トッパナ	端	2	フスベ	ほくろ	2
ドッペ	ざる	2	ブト	ぶゆ	②
ドベ	びり	6	フント	本当	6
ドベクソ	びり	6	ベニサシユビ	薬指	(5)
ナカゴ	こま等の芯	1	ベロ	舌	6
ナマハンチャクレ	中途半端	2	ホエブソ	泣きべそ	②

ホータ	頬	2	メンパ	木の弁当箱	①
ホセ	小枝	3	モチヤェー	仲間	2
ボタ	岸	2	モモタ	股　もも	6
ボッコ	くず	5	モヤェー	仲間	3
ホホタボ	頬	(5)	モヤケ	仲間	1
ホホベタ	頬	③	モヤェーコ	仲間	3
ボロツ	ボロの着物	②	モリコミ	らくがん	6
ホンコツ	本当	①	モンビ	決まった日	②
ボンチ	子供	②	モンヤ	門	①
ホントク	ぼんくら	②	ヤウチ	家族一同	3
ボンボ	木の実	6	ヤクジョー	約束	③
ホンマ	本当	③	ヤケズリ	やけど	5
マエドシ	去年	②	ヤゴメ	後家	2
マガリト	曲がり角	1	ヤマメ	後家	②
マグイ	おやつ	3	ユーサ	夕方	5
マツバリ	へそくり	3	ユーサリ	夕方	5
ミズ	針の穴	4	ユビハメ	指輪	2
ミバ	見掛け	2	ヤェート	お灸	5
ムツキ	おむつ	5	ヨイマドイ	早く寝る人	2
ムツゴ	さなぎ	1	ヨーサ	夕方	5
メタタキ	瞬き	2	ヨーサリ	夕方	5
メッソ	あてずっぽ	(3)	ヨコタ	横	2
メンタ	メス	5	ヨド	よだれ	2
メンツ	メス	3	ワケガチ	詳しいこと	②
ワシ	私	6	オメンタ	あなたたち	6
ワシンタ	私たち	6	オマハン	あなた	5
オメァー	あなた	6	オマハンタ	あなたたち	5

9.2.2　五段動詞

アカル	こぼれる	6	イザクル	いざる	②
アガル	卒業する	6	イジクル	ねだる	3
アグム	飽きる	4	イスブル	揺する	5
アッパクウ	泡を食う	2	イナウ	担う	3
アツベル	集める	④	イナダク	お供えを頂く	6
アヌク	仰向く	5	イノク	動く	5
アブツク	慌てる	3	イラツ	いらいらする	(3)
アヤカス	あやす	6	イロウ	触る	4
アヨブ	歩く	4	イロム	熟する	6
イキル	蒸し暑い	②	イワウ	結ぶ	3

ウカツク	うかうかする	2	グジル	くじく	4
ウシャガル	居やがる	3	グダツク	よろめく	②
ウジョヨム	小言を言う	2	クルウ	戯れる	6
ウッチャル	捨てる	3	ケチツク	けちる	5
ウツツク	よぼよぼする	②	ケナブル	あしらう	2
ウツブク	うつむく	6	ゴーガワク	腹が立つ	5
ウデル	茹でる	6	コジクル	なじる	(2)
ウワホル	上に着る	6	ゴタマク	愚痴をこぼす	1
エズク	嘔吐する	②	ゴテクリカヤス	ごったがえす	4
エタク	嘔吐する	2	コネクル	鈍い	②
オイナカス	高く売りつける	3	コネコム	こねる	①
オチョクル	からかう	6	サカネチクワス	逆らう	(3)
オチョグル	冷やかす	(5)	サクズル	気を引く	3
オツヤル	おめかしする	①	サクマウ	搾取する	2
オブ	おんぶする	6	サズム	静まる	3
オブウ	おんぶする	6	シケツク	湿気る	5
オヨクル	冷やかす	②	シジクダル	滴が垂れる	(6)
オヨズク	腰が曲がる	1	シトナル	成長する	(3)
カイドル	水を汲む	2	シヌル	死ぬ	3
ガイワル	孵化する	3	シャチヤク	お節介を焼く	6
カギナウ	言い付ける	2	シャナル	大声で話す	2
カク	削る	6	シャラケダス	あけすけ言う	②
カザガク	匂いを嗅ぐ	(6)	ジュクツク	湿気る	2
カス	（米を）とぐ	6	ジョーラカク	あぐらをかく	(3)
カズク	担う	2	ショクスギル	分に過ぎる	3
ガナル	怒鳴る	6	ショッピツル	つまむ	1
ガミツク	怒鳴る	③	ジラコク	駄々こねる	2
ガミツク	ガミガミ言う	3	スカウ	騙される	5
カヤス	倒す	6	スタコク	困る	②
ガヤス	やじる	1	スヌク	盗む	1
カヤル	倒れる	6	スベクル	滑る	②
キキハツル	聞きかじる	②	ズル	移動させる	⑥
キシクル	戸がきしむ	2	セセクル	いたずらをする	②
キヤス	消す	6	セビラカス	いじめる	2
キョトツク	まごつく	2	ソソクル	繕う	3
キリコマザク	切り刻む	(2)	ゾゾゲタツ	ぞっとする	5
キワズク	染みが付く	4	ゾベック	服装がだらしない	1
グサツク	緩い	②	ゾミツク	肌寒い	3
グザル	やんちゃする	4	ゾメク	ののしる	2
グシャツク	湿気る	2	ダカマリツク	しがみつく	3

タクシナル	折れ重なる	3	ネタグル	擦りつける	6
タグリツク	よじ登る	2	ネツラウ	狙う	6
タバウ	仕舞う	3	ネブル	舐める	6
チャノム	間食する	2	ノタクル	這い上がる	2
チョースク	威張る	6	ノタル	這う	(1)
チョーラカス	あやす	4	ノボクル	登る	5
チョカツク	こせこせする	3	ハサカム	挟む	(5)
チョチョコバル	膝曲げる	(2)	ハチカル	足を広げる	(3)
チリツク	チリチリになる	②	ハネクル	跳ねる	①
チワル	分配する	3	ハブス	仲間外れにする	②
ツカマス	捕らえる	6	ハリコベクワス	やりこめる	2
ツクナル	うずくまる	2	ヒサル	退く	(2)
ツクネコム	内緒に貯め込む	2	ヒックラカス	散らかす	2
ツズクナル	うずくまる	②	ヒッサク	ひしぐ	1
ツックバル	うずくまる	1	ヒッチャク	ひしぐ	①
ツッツクナル	うずくまる	2	ヒョーゲル	ふざける	③
ツマル	（肩が）凝る	6	ヒョトツク	うろつく	①
ツム	混雑する	③	フサウ	かなう	2
ツラマス	捕らえる	5	フサル	寝る	5
ツルクル	吊るす	6	ブツ（ブットク）	放置する	2
デカス	作る	3	フミタクル	踏みまくる	⑥
テクツク	歩く	2	ブラクル	吊るす	2
デッカル	出っ張る	(6)	ヘーカマス	ごまかす	3
テックリケァール	でんぐるがえる	2	ヘコナス	悪く言う	5
デンガヤル	倒れる	⑤	ヘジクナル	うずくまる	①
デンガル	倒れる	⑤	ヘズル	取る	2
トジクル	縫う・閉じる	3	ベソツク	泣く	②
ドズク	殴る	6	ヘドツク	嘔吐する	②
トッツク	届く	6	ヘネコナス	へこます	①
ドブサル	寝る	3	ベリサク	破る	1
トボリツク	燃え付く	(5)	ヘンネチオコス	拗ねる	2
ドミツク	水が腐る	②	ボイタクル	追い掛け回す	⑥
トラマス	捕らえる	⑤	ボウ	追い掛ける	6
トラマル	捕まる	6	ボーオル	途中で投げ出す	4
ナブクル	触る	3	ホカス	捨てる	⑥
ナブル	触る	6	ホカル	捨てる	6
ニカツク	日が少し差す	③	ホッツク	掘る	(3)
ニツク	似合う	1	ホットツク	よろめく	②
ネグサル	よく寝る	2	ホトール	温まる	2
ネジムク	体をひねる	2	ホトバカス	ふやかす	6

ホトボル	火照る	6		モリコス	あふれ出る	6
ホトル	暑い	2		ヤカツク	気ぜわしい	1
マツバル	内緒にする	4		ヤダフム	やんちゃ言う	(2)
マルカル	くるまる	6		ヤニクル	ごまかす	3
ミガイル	実る	4		ユラツク	ゆらゆらする	1
ムシツク	蒸し暑い	2		ヨコイトル	腐りかけている	2
ムシャツク	蒸し暑い	3		ヨコス	腐る	②
ムスバル	(糸が)こんがらがる	6		ヨバル	呼ぶ	2
モジクル	かんがらがる	(2)		ヨボクル	いざる	②
モジツク	もじもじする	②		ヨボル	呼ぶ	6
モジャクル	揉みくちゃにする	③		ヨメラカス	嫁にやる	6
モチャクル	こんがらがる	2		リャコクウ	入れ違う	②
モモクル	かさが増える	(3)		リョル	料理する	2

9.2.3 一段動詞

アビル	泳ぐ	5		ササケル	筆先が乱れる	5
アゲル	穴を掘る	①		ジクネル	ふてくされる	2
イキホグレル	行きそびれる	②		シタメル	漉す　こす	2
イジル	ねだる	2		シダレル	しなう	⑤
イテル	凍る	3		シトネル	育てる	(4)
イワエル	結ぶ	2		ジミル	非常に寒い	2
ウミル	煮える	②		シャクレル	紙が破れる	2
エテル	得意とする	(1)		ジャジケル	強風雨になる	①
オイネル	背負う	5		スガビル	街がさびれる	②
オシケル	押さえる	⑥		スガレル	しおれる	2
オダキル	雑談する	②		ススビル	薄黒くなる	2
オチョゲル	おどける	3		スズム	入浴する	6
オメル	人見知りする	4		ズヌケル	人より優れる	3
オワエル	追う	2		ズルケル	さぼる	2
ガケル	崩れる	①		セセル	つつく・少し触る	2
カジケル	寒がる	6		ソクネル	束ねる	2
カズケル	責任転嫁する	5		ソブレル	横に反れる	2
カタゲル	物を横にする	6		ゾメク	騒ぐ	②
カツエル	飢える	5		ダカエル	抱える	6
クジケル	つまずく	④		ダカマエル	抱く	6
コーヘル	熟練する	3		タグネル	丸めて積む	2
コジクレル	意地が悪い	1		タグネル	曲げる	②
コゼル	なじる	②		タバエル	蓄える	2
コダネル	細かく切る	②		チャレル	おどける	②

チョチケル	ふざける	3	ヘズル	削る	2
チラケル	乱雑にする	6	ボージル	化膿する	②
ツクネル	積む	2	ホケル	失敗する	2
ツダネル	短く切る	②	ホチケル	ほどける	5
ツメル	責める	1	ボワエル	追う	③
ツラマエル	捕らえる	6	マルケル	丸める	6
トラマエル	捕らえる	6	モジクレル	こんがらがる	2
ヌクトメル	暖める	6	モジル	ひねくれる	①
ヌメル	滑る	②	モチャクレル	こんがらがる	③
ハタテル	事を始める	④	ヤエル	物事が重なる	4
ヒヤケル	水に浸す	⑥	ヤメル	痛む	6
ヒル	乾く	2	ヨバレル	ご馳走になる	6
フスベル	タバコを吸う	1	ヨレル	しわがよる	2
ブラケル	吊るす	(5)			

9.2.4　サ変動詞

アタンシル	仕返しする	3	チャカシル	あしらう	②
アクセァーシル	呆れる	2	ツーロクシル	釣り合う	3
エーヨシル	贅沢する	(2)	トーサンベァーシル	遮る	(2)
エァーマチシル	怪我する	5	ナマカワシル	怠ける	5
オコシャシル	座る（幼児語）	5	ババシル	反故にする	(2)
カザシル	匂いがする	6	ハッコーシル	繁盛する	②
カンコーシル	考える	6	レンネシル	数珠繋ぎになる	②
センドシル	退屈する	②			

9.2.5　サ変動詞・オノマトペ

アババシル	溺れる	(3)	コネコネシル	のろい	③
アハントシル	呆れる	③	ザガザガシル	ざらざらする	③
ウソントシル	ぼんやりする	②	シカシカシル	痛い	5
ウロットシル	うっかりする	3	スケントシル	つんとする	③
カガカガシル	眩しい	①	スンズリシル	さっぱりする	2
カバカバシル	こびりつく	6	ゾミゾミシル	寒い	3
グサグサシル	緩い	2	ゾンミリシル	ぞっとする	(2)
クサクサシル	くよくよする	2	チョンチョン	尖っている	6
グスグスシル	緩い	6	ドブドブユー	文句を言う	6
グタグタシル	だらける	2	ドミットシル	曇る	1
ケトケトシル	まごまごする	②	ドンミリシル	水が腐る	4
ゴテクサシル	揉める	2	ネトネトシル	粘る	⑥

ハシハシヤル	勤勉にやる	2	マイマイシル	邪魔になる	②
フカフカシル	軽々しい	2	ヤガセガシル	イライラする	②
ランランシル	気を揉む	3			

9．2．6　形容詞

アジネァー	まずい	6	コートイ	地味な	5
アダジャネァー	容易でない	(3)	コーバイイー	仕事が早い	②
アツクロシー	暑い	6	コザマラシー	少し勝る	②
アツコイ	厚い	6	ゴツイ	地味な	4
アマタラコイ	甘すぎる	6	ゴツクセァー	田舎臭い	4
アラクテァー	荒い	2	コビンチョイ	細かい	2
アラケネァー	荒々しい	5	コメァー	細かい	5
アンジャネァー	心配ない	2	コミッチェァー	小さい	2
イカツイ	生意気な	②	コミッチャレァー	細かい	②
イキスキネァー	休む間もない	3	ザラッポイ	荒い	2
イケァー	大きい	②	ジャケラコイ	ひょうきんな	1
エゾイ	うるさい	3	シャゴワェー	しなやかでない	1
エゾクラシー	煩わしい	5	ジュツネァー	苦しい	②
エゾコイ	見苦しい	2	ジュルイ	ぬかっている	6
エリコイ	くどい	2	ジラコイ	はきはきしない	3
エレァー	疲れた	6	ジラトイ	横着な	②
オソゲァー	恐ろしい	5	ズツネァー	苦しい	5
オーチャクイ	横着な	6	ステコモネァー	素敵な	①
オチコチネァー	対等な	2	ステンポモネァー	重大な	①
オベコベネァー	がめつい	②	スネコイ	手に負えない	②
オモクマシー	重々しい	2	スベッコイ	滑らかな	1
カギクセァー	きな臭い	2	ズルコイ	ずるい	⑤
カゴクセァー	きな臭い	2	セツロシー	せせこましい	(2)
カボクセァー	きな臭い	2	セワシー	忙しい	6
キーネァー	黄色い	6	センネァー	仕方がない	3
キウスイ	薄情な	②	ゾーサネァー	心配ない	2
キサクイ	気さくな	2	タシネァー	かまわない	3
キタナコイ	汚い	6	タルイ	つまらない	6
キッソワリー	見た目が悪い	②	タルクセァー	つまらない	②
グスイ	緩い	5	タワケラシー	あほらしい	6
クドクドシー	話がくどい	④	ダンネァー	差し支えない	②
ゲサクイ	卑しい	②	チーコイ	小さい	⑥
ケナルイ	羨ましい	5	チッコイ	小さい	6
ケブレァー	不精な	②	チッチャラコイ	細かい	3

チミコイ	小さい	2	ヒコツイ	風流な	2
チンビキセァー	小さい	(1)	ヒダルイ	空腹な	3
チンビクテァー	小さい	②	ヒチクドイ	くどい	5
チンマルコイ	細かい	②	ヒドラシー	眩しい	②
ツネネァー	はかない	(1)	ヒドロコイ	眩しい	②
ツボラダケァー	細くて高い	②	ヒナタクセァー	腐って臭い	②
ツモイ	窮屈な	5	ヒナタクセァー	焦げ臭い	2
テンポネァー	途方もない	2	ヒムツカシー	難しい	(3)
テァーモネァー	とんでもない	5	ヒヤコイ	冷たい	2
トカシー	足りない	2	ヒヤェー	危ない	②
トコーモネァー	大変良い	②	ヒラクテァー	平たい	6
トッテモネァー	思いも寄らない	②	ヘートモネァー	とんでもない	3
ドテッポモネァー	大層な	5	ヘボイ	弱い	2
トテツモネァー	思いも寄らない	(3)	ベンコイ	生意気な	②
トヒョーモネァー	思いも寄らない	(3)	ヘンネシー	羨ましい	3
トロクセァー	のろまな	6	ヘンモネァー	物足りない	②
ナマコイ	眩しい	②	マメマメシー	丈夫な	(3)
ナメラコイ	滑らかな	②	マルクテァー	丸い	6
ナルイ	緩やか	6	マンマルコイ	丸い	6
ニスイ	鈍い	6	ミメヨイ	美しい	(3)
ヌクテァー	暖かい	⑥	ムセァー	汚い	5
ヌクトイ	暖かい	6	メドロイ	おぼつかない	3
ネグセァー	腐って臭い	2	モッサラコイ	だらしない	6
ネチコイ	くどい	6	ヤグイ	壊れやすい	3
ネチラコイ	くどい	2	ヤクテァーモネァー	とんでもない	3
ノソイ	遅い	4	ヤニコイ	汚い	6
ノブトイ	横着な	②	ヤワコイ	柔らかい	③
ハガイー	眩しい	2	ユルカシー	緩い	②
ハシカイー	すばしこい	3	ユレァー	壊れやすい	3
ハドイ	鋭い	3	ヨクドシー	欲深い	3
バベァー	汚い	6	ヨダルイ	物足りない	③
ハンコイ	すばらしい	②	ヨデモネァー	必要ない	3

9．2．7　形容動詞

オーサ	大袈裟な	5	ズイヌケ	抜群な	②
オント	おとなしい	②	ダダクサ	粗末な	6
ガンマクタ	我慢強い	②	デホ	でたらめな	②
コーシャ	利口な	3	デホロク	でたらめな	2
コミッチョ	小さい	1	テンクルメァー	忙しい	③

ドイエスケ	大きな	②	ヒナズ	気弱な	3
ドズッポ	ずぼらな	(3)	ヒョン	変な	3
ドベハチ	ずぼらな	③	ヘート	気の毒な	(2)
ナマカワ	怠け者の	6	マッカッカ	真っ赤な	6
ナマハンチャク	不十分な	3	マメ	元気な	6
ハンブンハンチャ	不十分な	③	ムサンコ	滅茶苦茶な	2
ヒコツ	風流な	2			

9．2．8　副詞

アンジョー	具合よく	2	セングリ	繰り返し	3
アンバヨー	具合よく	6	センド	たくさん	1
イクタリ	何人	6	センドコサ	やっと	2
イッカド	偉そうに	(5)	ソソクサ	取り急いで	6
イッショコタ	一緒に	(3)	ソンデァー	その代り	①
イツゾヤ	いつか	6	チビット	少し	6
ウズイニ	無性に	2	チャット	急いで	6
オタラク	十分に	②	チャント	きちんと	6
オッチリ	ゆっくり	2	チョコット	少し	6
オンボリ	おっとり	4	チョッコラチョイト	容易に	5
カナツメ	ぎりぎりの所	②	チョボット	少し	6
キナシニ	何の考えもなしに	5	チント	きちんと	②
キョーラ	今日なんか	6	ツラッテ	一緒に	6
クソコッペァー	ぼろくそ	2	デケシッケァー	出来次第	(2)
クックト	一生懸命	2	テンポニ	大層	①
ケァーグルット	周囲全体	2	テァーデァー	わざわざ	5
ゴアサッテ	四日後	2	トーカラ	昔から	5
コグチカラ	順番に	5	ドーゾコーゾ	どうにかこうにか	6
コノチュード	この頃	②	ドコゾカンゾ	どこか	6
コベント	全部	(2)	トックリト	よくよく	5
コンドケァーシ	今度	2	トッテモネァー	とっても	②
コンドケァーリ	今度	6	トット	全く	5
サッキガタ	先ほど	⑤	ドテッポネァー	大層	5
サッキニカラ	先ほどから	5	トント	全く	5
ジョーセキ	いつも	②	ナンタラ	何という	6
スグト	すぐに	⑥	ナンボ	いくら	④
スッパリ	すっかり	3	ネコンゼァー	ありったけ	2
スッペリ	すっかり	1	ヒーシテ	一日	②
スベント	全部	③	ヒーテ	一日	2
セーデッテ	頑張って	(6)	ヒサシカブリ	久しぶり	1

ヒトイキワ	かつて	5	ヤット	久しく	6
ヒヒテ	一日	②	ヤットカ	久しく	6
ホンニ	なるほど	5	ヤットカメ	久しく	6
メァーコメァーコ	何回も	③	ヤットコサ	ようやく	6
メァーメァー	何回も	②	ユルット	ゆっくりと	3
ヤカヤカ	急いで	2	ヨクセキ	やむを得ず	3
ヤッサモッサ	騒々しく	2			

９．２．９　句・連語ほか

アカン	駄目だ	6	ダチカン	駄目だ	2
アッチアズラ	あちら側	2	ダチャカン	駄目だ	2
アッチベタ	あちら側	5	チョコットツ	少しづつ	(5)
イクタライカンタ	行くとか行かないと	5	テシコニアワン	手が回らない	3
イツマデナト	いつまででも	5	ドバッチ	ざままみろ	6
オーキニ	ありがとう	5	ドバッチョ	ざままみろ	⑥
コレギシ	これだけ	5	ドモナラン	どうにもならない	5
コレッパカ	これだけ	2	ドロマルケ	泥だらけ	6
コレバッカ	これだけ	2	ナーニ	いいえ	5
コレバッカシ	これだけ	③	ヨーエー	ありがとう	(5)
ソコソーバネァー	それどころではない	2	ヨーナ	ありがとう	5

表1-25　赤坂方言と旧市街林町方言の形式の差異

訳	形式	
	赤坂	林町
甘えん坊	アマエタレ	アマエタ
溺れる	アババシル	アブアブシル
一緒に	イッショコタ	イッショクタ
いらいらする	イラツ	イラツク
裏側	ウラベラ	ウラベタ
贅沢する	エーヨシル	エーヨーシル
得意とする	エテル	エテトル
大晦日	オースゴモ	オーツゴモ
トイレ（小）	オショーバ	ショーヨバ
冷かす	オチョグル	オチョクル
きな臭い	カゴクセァー	カコクセァー
匂いを嗅ぐ	カザガク	カザカグ
切り刻む	キリコマザク	キリコマジャク
くじく	グジル	クジル

全部	コベント	コペット
子供	コボ	コボーズ
逆らう	サカネチクワス	サカネジクワス
鳥肌	サブボロ	サビボロ
滴が垂れる	シジクダル	シジクンタル
成長する	シトナル	ヒトナル
育てる	シトネル	ヒトネル
あぐらをかく	ジョーラカク	ジョラカク
はきはきしない	ジラコイ	ジラッコイ
お尻	シリベタ	シリッペタ
滑らかな	スベッコイ	スベコイ
頑張って	セーデッテ	セーデァーテ
頑張って	セーデッテ	セーデァー
せせこましい	セツロシー	セツクロシー
ぞっとする	ゾンミリシル	ゾミットシル
竹馬	タカシ	タカアシ
折れ重なる	タクシナル	タクシナウ
おどける	チャレル	チャラケル
少しづつ	チョコットツ	チョコットーツ
膝曲げる	チョチョコバル	チョコバル
手斧	チョンナ	チョーナ
小さい	チンビキセァー	チンボクセァー
うずくまる	ツックバル	チョコバル
出来次第	デケシッケァー	デキシッケァー
出っ張る	デッカル	デカットル
遮る	トーサンベァーシル	トーサンボシル
ずぼらな	ドズッポ	ドズッパ
全部	ネコンゾ	ネコンゼァー
這う	ノタル	ノタウ
挟む	ハサカム	ハザカウ
裸足	ハダシバキ	ハダシバケ
足を広げる	ハチカル	ハチカウ
派手好き	ハデーシャ	ハデシャ
反故にする	ババシル	ババニシル
退く	ヒサル	ヒッサル
吊るす	ブラケル	ブラクル
気の毒な	ヘートナ	ヘートモネァー
薬指	ベニサシユビ	ベニツケイビ

頬	ホホタボ	ホッタボ
あてずっぽ	メッソ	ドメッソ
かんがらがる	モジクル	モジャクル
どんでもない	ヤクテァーナ	ヤクテァーモネァー
やんちゃ言う	ヤダフム	ヤダコク
ありがとう	ヨーエー	ヨーイー

表1-26　赤坂方言と旧市街林町方言の意味の差異

形式	意味	
	赤坂	林町
サカトンボリ	逆さま	とんぼ返り
デァーツー	粋な人	美人
カギナウ	言い付ける	手伝う
ツクネコム	内緒に貯め込む	乱雑に積む
ホッツク	掘る	ぶらぶらする
モモクル	かさが増える	めくりあげる
コジクル	なじる	奥まで触る
アダジャネァー	容易でない	心配ない

10　談話資料

10. 1　解説

　この録音資料は、筆者が祖母 S に、幼馴染で近所に住む B さんとの会話を録音してくれるように依頼しておいたものである。二人とも赤坂地区西端の青野の生れであり、談話資料は青野方言の資料ということなる。

　青野方言の資料を紹介したのは、赤坂出身である祖父の談話資料があまりないのに対し、祖母の談話資料は数時間ほど残っていたからである。この資料はそのうちの20分程度である。気の知れた友人 2 〜 3 人だけによるスナップ録音なので、きどりのない会話の中に当域方言の特徴的な表現がよく現れている。

　例えば、-iR-（イキール）について、これまで何度も発表してきたが、実際の会話では聞いたことがないという声も少なくなかった。この資料を通して、少しでも当域の方言を知っていただけたらと思う。

　インフォーマントは、以下のようである。

　　S　1909年（明治42）生れ、青野→昼飯→赤坂

　　B　1912年（明治45）生れ、青野→昼飯

　　C　1915年（大正４）生れ、昼飯

10．2　談話資料

1、「歯」の話

B　マー　アノ　ゴ]ハンガ　カタ[カ]ッタヤ[ロ。フンデ　マー　ミン[ナ]ン　ミッカ[メ]ン
　　まあ　あの　ご飯が　　硬かっただろう。　　それで、まあ、皆は　　　三日目に

　　ナ]ッタラ、<u>ハラガ　グズグズユ]ーテ　ベンジョエ　ハシッテッタタラ</u>①
　　なったら、　下痢気味になって、　　　　　トイレへ　　　走っていったとか

　　ク[ソ]タラ　ユー[ト]ンノヤ。　ゴ[ハ]ンガ　カタ[カ]ッタンヤ。フンデ　ミンナ
　　大便とか　　言っているんだ。　ご飯が　　硬かったんだ。　　　それで、皆は、

　　サシ[ミ]ンタ、タ[ベ]ヘナンダ[ゼ]ー。フンデ、ミソ[シ]ルガ　ア[ツ]イデ[ナ]ー
　　刺し身なんか　食べなかったよ。　　それで、　味噌汁が　　熱いからね、

　　ソユ[モ]ン　タ[ベ]タケドモ。ミンナ　アカンワ、ハ]ガ　アカンデ、タベラ[レ]ヘン
　　そういう物は食べたけれども。皆　　　駄目だよ、歯が　駄目だから、「食べられない、

　　タベラ[レ]ヘン　ユーテ　タ[ベ]ルモンパッカ・・・　フ]ミコサンワ　イ[ト]テ
　　食べられない」と言って、食べる物ばかり　　　　　文子さんは　　痛くて

　　タベラ[レ]ヘンデ、ゴ]ハン　タ[ベ]ットキ　ヌ]イテ　タ[ベ]ッジャ[ロ、ア[ノ]コワ。
　　食べられないから、ご飯を　食べる時　抜いて　食べるだろう、　あの子は。

　　ワシワ　モー　ハ]グキガ　コー　サガリスギト]ルデ、イ[ト]テ　イ[ト]テ　ション[ネ]ーデ・・・
　　私は、もう　歯茎が、　こう　下がり過ぎているから、痛くて　痛くて　仕方がないから・・・

S　ソコダケ　ケズッテマッテ[コ]ナ　アカン[ワ]ー。
　　そこだけ(歯を)削ってもらって来ないと　駄目だよ。

B　ホッテ　ケズッテメァーニ　イットコ]ト　オモット]ルノニ、
　　そして　削ってもらいに　　行って来ようと思っているのに、

　　ナンニチノ[ヒ]ニ　イ[ク]ンジャッテァー[ナ]ート　オ[モ]ッテ。
　　何日の日に　　　行くんだったんだろうなあと　思って。

C　ア]ウマデ[ナ]ー　ケズッテマ[ワ]ナ　アカン。ワタシ　チョットモ　イ[ト]ナイ[ヨ。
　　合うまでね、　　削ってもらわないと　駄目だ。私は　少しも　　痛くないよ。

S　ナ[モ]ン　ナンニチノ[ヒ]ッチューコトワ　ソーユー[フ]ニ　アワセテモラウ[ノ]ワ
　　そんなもの、何日ということは、　　　　そのように　　合わせてもらうのは、

　　　　ナ[モ]ン　ベツニ[ナ]ー　ヒニチン[テァ]ーモン　エ]ーガナ　メァーニ]チ　イッ[タ]ッテー
　　　　　そんなもの　別にねえ、　日にちみたいなもの　　いいじゃないか、毎日　行っても。

B　　フンデ　ケズッテマッテ[コ]ンコトニワ[ナ　ソラ　ヌ[ケ]ヘンデ　エ[レ]ー
　　　　　それで　削ってもらって来ないことにはね、　そりゃ、抜けないから、大変

　　　　エ]ーケド[ナ]ー　コ[コ]エ　ヒッ[カカ]ルヤ[ロ。フンデ　コノシ[タマ]デ　イクデ
　　　　　いいけれども、　ここへ　引っ掛かるだろ。　それで、この下まで　　行くから

　　　　イッ[ト]テ　クチビ]ルガ　ションネ]ーデ…
　　　　　痛くて　　　唇が　　　　　仕方がないから…

C　　イ[テァ]ートコ　ユー[テ]ワ[ナ]ー　チョット　スッテマ[ワ]ナ　アカンデ。
　　　　　痛い所を(歯医者に)言ってはねえ、　　少し　　削ってもらわないと　駄目だから。

S　　ソ]ー　ソ]ー　ソ]ー　ソ]ー　ソ]ー　ソ]ー
　　　　　そうだよ。

C　　ワタシャー　ソヤッテ　ヤッ[タ]デ、　チョトモ　イ[タ]ナイ。
　　　　　私は　　　　そのようにしたから、　少しも　　痛くない。

B　　フンデ　ジブンデ　ケズロ]ート　オモ]ッテ[ナ]ー、　アノ[ヤスリデ
　　　　　それで　自分で　削ろうと　　思ってね、　　　　あのやすりで

　　　　ガッガッ[ガ]ッガッ　ヤルケ]ドモ、アカンワ。ナカナカ　デ[キ]ヒン…
　　　　　ガッガッと　　　　　　　　やるけれど、駄目だよ。なかなか　出来ない…

S　　ナ[コ]ト　シット　アカン[ゼ]ー　ヤル[コ]トガ　シッ[カ]リ　ワ[カ]ラヘン[ノ]ニ、
　　　　　そんなことをしては　駄目だよ。することが　　しっかりと　わからないのに、

　　　　ナ[モ]ン　ムチャクチャ　ケズッタ]ッテ　ア[カ]ヘンデ。
　　　　　そんなもの　無茶苦茶に　削っても　　　駄目だから。

B　　タ]ケガ　ナガスギ]ンジャ[ナ]ト　オ[モ]ッテ[ナ]ー、ホ]ッテ　ケズッタ]ケドモ、
　　　　　丈が　　　長すぎるんだなと　　　思ってね。　　　そして　削ったけれども、

　　　　ヤスリデ　ヤッタ]ケド、チョットモ　エ]ーコト　ネ]ーヤ[ロ。
　　　　　やすりで　やったけれども、少しも　　いいことが　ないだろ。

〈解説〉
　①　感情移入された場合、通常より低く押さえられた一本調子で話され、その後調子が急激に
高くなる。

2、「枇杷」の話
B　　フンデ　コネダ[ナ]ー、ビ[ワ]オ　ヨ]ーケ　モラッ[タ]ヤ[ロ。
　　　　　それで　この間ねえ、　　枇杷を　　たくさん　貰っただろ。

　　　　バ]ンチャガ[ナ]ー、イク[マ]エニ　イクツ[カ　タベトッ[タ]ワ。
　　　　　伴ちゃん(人名)がねえ、行く前に　　　幾つか　食べていたよ。

98

ム]イテワ ワシャス ス[キ]ジャユッテ タベトッ[タ]ケド、ワシワ マイノバン マ[サ]アキガ
　　(皮を)剥いては、「私は好きだ」と言って 食べていたけれど、 私は 前の晩　 正秋(息子)が

モッ[テ]ッタバンニ ヒ[ト]ツ カ[ワ ム]イテ キ[レ]ーニ アラッテ タ[ベ]タダ[ケ]デ モー
　　持って来た晩に　 ひとつ　皮を　 剥いて きれいに　 洗って　 食べただけで、 もう

ジブンモ タ[ベ]ヘナンダ。フンデ]モ ダレゾ タベサッシ]ル②カ ワカランニ]ト オモ[テ
　　私も　 食べなかった。　 それでも、「誰かが食べられるかも　わからないから」と思って、

アノ コッチ]エ キ[テ]カラ キ[レ]ーニ アラッテ フ]ッテ アレ シ[ト]イタンヤ
　　あの、こっちへ　来てから　 きれいに　 洗って、　そして、　あれ(準備)をしたんだ

-ケレ[ド、シ[ト]イタケド、ヨ]ネコガ マ[タ カ]ーチャン タ[ベ]ット ハ[ラ]クダリ
　　れど、　 しておいたけれど、米子が 「また、お母さん、　食べると 下痢を

シート アカンデ、ホ[カ]ッテマ[ウ]ンジャ] チューテ ホッテ レー[ゾ]ーコニ
　　すると　いけないから、捨ててしまうんだ」と言って、　そして、冷蔵庫に

アラッ[タ]ッタヤツ ホカッ[テ]マッタ。フ]タラ マー[ボ]ーガ ユンベ ソノ ア[タ]ックオ
　　洗ってあったのを　捨ててしまった。　そしたら、まあ坊が昨晩、そのアタックを

カッテッタッタ]アト モッ[テ]ッテ、フ]ッテ モー ネー[チャ]カラ ユーテ
　　買って来てやった後、 持って来て　 そして、　もう『お姉さんから』と言って

カカッテ]ッタ[シ ダレヤ]ランドコノ コド[モ]ンタガ ヨーケ アスビニ キ[タ]デ、
　　(電話が)掛かってきたし、誰かの所の　子供達が　 たくさん 遊びに 来たから、

ヤ[ロ]ト オモ]タ[ラ フ]シタ[ラ アノー ナンヤ エ]ンドー エ]ンドーサン
　　やろうと 思ったら、 そうしたら あのー 何だ、遠藤　　遠藤さん、

ダレ[ヤ]シャン ユータナ、ダレ[ヤ]シャンガ、ビ]ワワ アンマリ キ[ツ]イ[デ ゲ]リ
　　誰かしらんと　言ったなあ。誰かが　　　　「『枇杷は あんまり 強いから、下痢を

シテク[デ アノ ホンダサン ダ[レ]ケァー アゲン[ホ]ーン イ]ーニ チュ[ワ] シタ③ [デ、
　　するから、 あの 本田さん、 誰彼に　　 あげない方が　 いいよ』と言われたから、

フンデ オ[レ]モ モー ヒ[ト]ツタラ フ[タ]ツタラ タ[ベ]タケ[ド モー オラ チャット
　　それで 俺も、　もう 一つとか　　二つとか　 食べたけれども、もう、俺は すぐに

ホカッテ]マッタ]ユテ ユートッ[タ。ホ]イタラ ドコノヒ[ト]ヤシャン ミモ[チ]ノ シトガ
　　捨ててしまった」と　言っていた。　そうしたら、「何処の人かしら、　妊娠している人が

ア]ルデ ソーユーモ]ン タベタガ]ッデ、ク[レ]ユーテ ユ[ワ]シタ④ケ[ド、ナン モージッキ
　　あるから そういうものを食べたがって、『くれ』と　言われたけれど、そんなもの もうすぐ

ウマレル]ユーナヒト[ニ シッペァー オ[キ]ルト アカンデ、アレ タ[ベ]テカラ コ]ーヤ
　　生まれるというような人に 失敗が起きると　 いけないから、『あれを 食べてからこうだ』と

ユワレ]ルト アカンデ、オレ ホ[カッテ]マッタ[ゲー]チューデ。ウン ソノ[ホ]ーガ
　　言われると　いけないから、俺は捨ててしまったよ」と言ったから。 うん、 その方が

ヨ[カ]ッタワ。
　　よかったよ。

〈解説〉

②　tabe-saQsi-ru。tabe-ru〈食べる〉に-saQsi-〈される〉が接続した形式。

③　cjuw-asi-ta。cju-R〈〜と言う〉に-aQsi-〈される〉の完了形-asi-が接続した形式。

④　juw-asi-ta。ju-R〈言う〉に-aQsi-〈される〉の完了形-asi-が接続した形式。

3、「旅館」の話

B　モー　ト]シ　ヨット]ット　アカン[ゼ]ー。モー　チョ]ットシタモンガ　ア[カ]ヘンノ]ヤデ。
　　もう　年を　取っていると　駄目だよ。　　もう　少しのことが　　　　　駄目なんだから。

　デー　ヤイド　イッ[タ]ッテ[ナ]ー　ミンナ　アレモ　タベラ[レ]ヘン　コ[レ]モ
　　それで旅館へ（？）行ってもねえ、　　皆が　　「あれも食べられない、これも

　タベラ[レ]ヘン、タ[ベ]ヘンヤロ。タマゴ　タ[ベ]ヘンコ　ナンニンカ　オ]ーシ[ナ]ー。
　　食べられない」（と言って）、食べないだろ。卵を　食べない子が　何人か　　　いるしね。

　ア]サ　タマゴガ　ツイテク]ルケド　ミン[ナ]ン　マルノコリヤ。
　　朝食に卵が　　　付いて来るけれども、皆　　　　全部残っているよ。

　ホシタラ　ウ[デテマッテコ[カ]タラ　クソ[カ]ザレイク。ナ[モ]ン　タ[ノ]ムデ[ナ]ー
　　そうしたら、茹でて貰って来ようとか、（トイレ？）へ行く。そのような物を頼むからね、

　オイテッテマッタ]カッテ　ゼ]ニヤデ。オ[キ]ヤ⑤オ[キ]ヤユーテ　フッ[テ]テモ
　　置いて行ってもらっても　お金だから。「止めなさいよ、ヽ」と言って、そうしてても、

　ミンナ　ソコニ　オイテ]ーテ　ケッテッテ]マイタ⑥ケ]ド
　　皆は　そこに　置いておいて　帰って行ってしまったけれども。

　デー　モー　カッ[テァ]ー　ゴハンワ　アカンワ]ー。ハラ　グ[ツ]グツ　イー[ディァ]ータ、
　　それでもう　硬い　　　　ご飯は　　駄目だよ。　お腹の調子が悪くなってきた、

　トシエサ[ン]モ　ベン[ジョ]エ　ハシリ　フ]ミコサンモ　ベン[ジョ]エ…
　　としえさんも　トイレに　　　走り、　文子さんも　　　トイレへさん…

　モー　オ[ラ]ント　ケッテコ[メ]ーカ。アノババサ[レ]ンジュー　ヒ[ル　タノマ]ヘンガ、
　　「もう　居ないで　帰って行こうよ。　『あのお婆さん連中は　　昼食を　注文しないが、

　ナン　タベ[ト]ージャロ　ユワッシ]ッカ　ワカラン。
　　何を　食べているんだろ』と言われるか　わからない。

　ヒルメシ　イラン　イラン]テ　ダレモ　タ[ベ]ヘンヤ[ロ。
　　「昼食は　要らない、要らない」と言って、誰も食べないだろ。

　ハ]ラノ　キモチガ　エ[レァ]ーデ。トショッタラ　ドッコモ　デテケン…
　　お腹が　気持ち悪いから。　　　年を取ると、　どこにも　出て行けない。

フ]シタラ ア]イコサンガ ウ[リ]ノ カスヅケオ モッテ[キ]ータ⑦デ、ナンニモ タ[ベ]ント
そうしたら 愛子さんが 瓜の 粕漬けを 持って来たから、 「何も 食べないで、

ウ[リ]ノ カスヅケ タベト[ロ]ニ ユートッテ]モ ソレガ カ[テァ]ーヤロ。
瓜の 粕漬けを 食べていようよ」と 言っていても、それが 硬いだろ。

S　ナ[モ]ン タ[ベ]タラ アカン。ツケ[モンタ]ワ オ[カ]ナ アカン[ワ]ー。
そのような物を食べては 駄目だ。 漬物なんかは 止めないと 駄目だよ。

B　ウ[ス]ー キッテ[キ]ータ⑧ケド。フンデ ヤッパ ヨータ[ベ]ヘンワ ミンナ]ン。
薄く 切って来たけれど。 それで、やはり 食べられないよ、 皆。

フンデ ワ[ヒ]ンタ ウメ[ボ]シ モッ[テ]ッタ]ユーテ…
それで、「私たち、梅干を 持って来た」と言って。

フ]ミコサンワ ウメ[ボ]シ モッ[テ]ッテ ウメ[ボ]シノ オカズデ
文子さんは 「梅干を 持ってきて、梅干の おかずで

タ[ベ]ルゲー]ッテ ウメ[ボ]シ タベトッ[タ]ワ。
食べるよ」と言って、梅干を 食べていたよ。

オマハンニ]モ ヤルワ]ー ユ]ータデ、フンデ ワシ モラッテ[ナ]ー。
「あなたにもやるよ」と 言ったから、それで、私は もらってね。

フンデ ウメ[ボ]シデ タベトッタ]ケド、フンデ オカズンテァ]ーナ タ[ベ]ヘン[ゼ]ー。
それで、梅干で 食べていたけれど、それで、おかずなんか 食べないよ。

S　ウメ[ボ]シ[ワ エ]ーケドモ。チュ]ードク セ]ーヘンデ[ナ]ー。エ]ーケドモ、
梅干は いいけれども。中毒 しないからね。 いいけれども、

オツケモンワ アカン、タベ]タラ、ナ。ショーカ セ]ーヘンモン。
漬物は 駄目だ、食べては、ね。 消化 しないもの。

B　フンデ[ナ]ー、ヤ]ド イッテ アレ タ[ベ]ル コレ タ[ベ]ル ユッ[タ]ッテ、
それでね、 旅館へ 行って 「あれを食べる、これを 食べる」と言っても、

ヤラ[コ]イモンガ ア]ラヘンデ[ナ]ー。
軟らかい物が ないからねえ。

フンデ]モ ナス[ビ]ニ[ナ]ー コー ハン[プ]ンニ キ]ッタヤツニ ウエベラニ[ナ]ー
それでも、茄子にねえ、 こう 半分に 切ったのに 上側にね、

ミ[ソ]ガ ツケタ]ッタ ヤツダ[ケ]ワ コー サ]ジガ オイタ]ッタデ、
味増が 付けてあったのだけ こう スプーンが 置いてあったから、

テ]ーツ]ケテ… タ[ベ]タケド、カ[ワ]ワ ヤッパ カ[テァ]ー[ナ]ー
手を付けて 食べたけれど、皮は やはり 硬いな。

イ]マノ ハヤリノナスビ。コー コボ]ント シタ[ナ。
今の 流行の茄子、 こう、 丸いね。

S　オーキ]ー ヤ[カ。ベーナス]チュ[ヤ]ッチャ。
　　大きいのか(？)　　米茄子というのだ。

B　ウ]ン。フンデ ソイツオ ハンプ]ンニ キッテ ムシ[タ]ルノナラ、
　　うん。それで、そいつを 半分に　　切って 蒸してあるのなら、

　　ウラベラノ アブラ]ンタ ツイト[ラ]ヘンガ、ドヤッタ]モンジャシャンケ]ド。
　　裏側の　　油なんか　付いていないが、　どのようにしたものか知らないけれど。

S　ナラ ア[ゲ]タモ]ンヤワ ソノマ[マ]デ。
　　それなら、揚げ物だよ、　そのままで。

B　ソヤ[ロ]カ。
　　そうだろうか。

S　カラアゲンテァ]ーニ
　　唐揚げみたいに。

B　フンデ ソイツノ ウ[エ]ー アノ ミ]ソノ ゴマ イ[レ]タ[ナ、ヤ]ツノ ニミソガ ア]ク
　　それで、そいつの上へ　　あの、味増の ゴマを 入れたやつのね、　煮味増が 灰汁が

　　ト[ロ]ット カケ[タ]ッタデ、サ]ジデ スクッテ]ワ ソンナモン グ]レァーヤゼ
　　トロッと かけてあったから、スプーンで すくっては、そんなもの ぐらいだったよ、

　　タベラ[レ]タノワ。
　　食べられたのは。

S　アカンワ。
　　駄目だよ。

B　サシミ]ワ[ナ、アツコ]ー キ]ッテ アレシタ]ッタケド、イ[ロ]ガ ワ[ル]イデ[ナ。
　　刺身はね、　　厚く　　切って あれしてあったけれど、色が 悪いからね。

S　イ[ロノ ワ[ル]イヤツ[ワ] アカン。
　　色の　　悪いのは　　　駄目だ。

B　キ[モチガ ワ]ルテ タ[ベ]ヘナンダ。ミンナ チョットモ テ]ー ツ[ケ]ント[ナ]ー
　　気持ちが 悪くて 食べなかった。　皆は　少しも　手を つけずね、

　　オ[ク]ンジャ オ[ク]ンジャッテ オ]イテマッ[タ。
　　「止めるんだ、止めるんだ」って、止めてしまった。

　　ドコノ オキャクサ[ン]モ イッショヤナ]ート オモトッタ。ヤッパ サシミ
　　「どこのお客さんも　　同じだな」と　　　思っていた。やはり 刺身が

　　ノコットッ[タ]デ[ナ]ー アツメテ アルイテゴ[ザ]ンノ
　　残っていたからねえ。　(店員さんが)集めていらっしゃるのを見ると。

S　アソコ]ヤ[ナ]シニ ムコーデ トマ[ラ]ナ ア[コ]ケァーナ⑨。
　　あそこじゃなくて、むこうで　泊まらなくては 駄目じゃないか。

102

　　　ホンナト[コ]デ モー⑩。　ガタガタガ[タ]ガタト　シ[タ]トコデ。
　　　そんな所で。　　　　　　　騒々しい所で。

B　デ、ネ[ド]コ ダシッパナシデ[ナ]ー ネトッ[タ]ケド。フンデモ シトバンシ[ト]バン
　　それで、布団は出しっ放しでねえ、　寝ていたけれど。　それでも　一晩一晩

　　シキフ]ワ カエニゴ[ザ]ッタワ。シキフ]ワ カエテッテ クダ]レタケド、アーツ]イ
　　敷布は　　交換にいらっしゃったよ。敷布は 交換していって いただいたけれど、「暑い、

　　アーツ]イ]ユーテ ク]ーラー カ[ケ]ルモンガ オ]ルカト オモット、サーブ]イデ、カゼ
　　暑い」と言って　クーラーを かける者が　　いるかと　思うと、「寒いから　　風邪を

　　ヒ]ーテマッタ]チュー[モ]ンガ オ]ルシ[ナ]ー。フンデ カ[ケ]モナ[ラ]ン⑪ノヤテアンマリ。
　　ひいてしまった」と言うものが いるしねえ。　それで、かけることもできないんだよ、あまり。

〈解説〉
　⑤　ok-i-ja。ok-u〈止める〉に-iR-の命令形- i、および文末詞-jaが接続した形式。
　⑥　keQ-teQ-tema-i-ta。keQ-teQ-tema-u〈帰って行ってしまう〉に-iR-の完了形-iが接続した形
　　式。keQ-teQ-tema-iruの完了形。Bは、⑤⑥とも短音形-i-ruを使用している。
　⑦　moQ-teki-R-ta。moQ-teku-ru〈持って来る〉に-iR-の完了形-R-が接続した形式。moQ-teki-
　　R-ruの完了形。
　⑧　kiQ-teki-R-ta。　kiQ-teku-ru〈切って来る〉に-iR-の完了形-R-が接続した形式。
　⑨　ak-o-kɛR na。反語表現。動詞志向形に終助詞kɛRが接続した形式。
　⑩　①と同。
　⑪　「動詞連用形＋モナラン〈も成らない〉」で不可能表現を表わす。

4、「仏教会の旅行」の話（1）
B　ワシャ オ[ラ]ヘナンダラ オマハン フキエサンガ オイテカッシ]ルシ
　　私が　いなかったら、　　あなた、ふきえさんが（旅行のパンフレットを）置いて行かれるし、

　　ナンヤ]シャン コレ ブッ[キョ]ーケァーノ ド[ヤ]ラヤ]ユーテ ヨ[ネ]コガ
　　「何だか　　　これは 仏教会の　　　　　　あれだ」と言って、米子が

　　ユートッ[タ]デ、ホ[ー]ケァーナト ワシ ユートッタ]ンヤケド、
　　言っていたから、「そうかい」と、　私は　言っていたけれど、

　　マー ナン[ニ]モ カ]ーチャンモ[ー イッケン[イ]ッケン ア[ル]クノ ド]モナラン[デ、
　　「まあ、何にも… お母さんも　　　一軒一軒　　　　　歩くのは　かなわないから」。

　　デ、オマハン アノ アソビニ ゴザ]ッタラ ケァーテマ[イ]ー[ヨ]ー⑫ッテ
　　それで、あなた、あの、「（友達が）遊びにいらっしゃったら 書いてもらいなさいよ」 と、

　　ヨ]ネコ ケ]サ マ[タ ユイニキ[タ]ヤ[ロ。フンデ ウ]ン ウ]ン…
　　米子が 今朝また言いに来ただろ。　　　　それで、「うん、うん…」（と返事をした）。

S　コ[レ]ワ　ドッカラ　モッテ[ミ]エタノ。
　　これは　　どこから　持っていらっしゃったの。

B　サ[カ]サガ　モッテ…
　　サカさんが　持って…

　　ア]ー　ソ]ーカ。フンデ　サカ]サンタノ　シュ]ーキョーノ　シトヤ。
　　ああ、そうか。　それで、サカさんたちの　宗教の人だ。

B　ソ]ヤ[ロ]ー　ドーセ　タノマ]レタンヤ[ロ]ケド。
　　そうだろ。　　どうせ、頼まれたんだろうけれど。

S　ナ[ラ、コ[ラ、ハ]ン　アンタ　モラットイタ[ゲ]ナ、ナンニモ　ナ]ラヘンワ。
　　それなら、これ、印鑑をあなた、もらって置いてあげないと　何にもならないよ。

B　ホンガンジ]ワ[ナ]ー。アノ　ホー　ヨ]ーフ[セ]ヘンケ[ド]ー　オ[ハナシガ
　　本願寺はねえ、　　　　あの、　　「お布施はできないが、　説教が

　　エ]ーオハナシヤ]デ]チューテ　キ]イテ　ホ]ン　トッ[ト]ーデ、タノミニ　ゴ[ザ]ッタンヤ[ロ。
　　いいから」って　　　　　　聞いて　本を　購入しているから、頼みにいらっしゃったんだろう。

　　ホラ　エ]ーコト　ケァータ]ル　ホ]ンヤデ[ナ]ー。ナンヤケ]ド、ソラ　ホ]ンジャ　ドー[デ]モ
　　そりゃ、いいことが書いてある本だからねえ。　何だけれど、そりゃ　本だ、どのようにでも

　　カケ[ル]テ。　ソ]ヤケド　フ]ルタサンワ　トドロキ]チュー[ホ]ンバッカ　ミ]タネー[ワ、
　　書けるよ。　　だけど、　古田さんは　　　「『とどろき』という本ばっかり　読みたくないよ、

　　ワ[シャ　チュワッシ]ッデ、フーン]ト　ワシ　ユート]ルケド。
　　私は」　とおっしゃるから、　「ふーん」と私は　言っているけれど。

S　トドロキ]テ　ナニ。アノシトノ[カ。
　　「とどろき」て　何?　　あの人のか?

B　シ]ンランサンノ。
　　親鸞さんの。

S　コネァーダ[ナ]ー　トナリ]エ　ア、ゴザッタ[ゾ]トワ　オモット]ッタンヤ。
　　この間ねえ、(勧誘の人が)隣へ　「あ、来たぞ」とは　思っていたんだ。

　　ホイタラ　オバチャン　シカタンネァ]ー　ミツケラ]レテマッタモ]ンヤデ、フンデ　アノ
　　そうしたら、(隣の)おばさんが、仕方がない、見つけられてしまったから、　それで、あの、

　　ワタシ　アンマリ　ナゲァ]ーコト　シャベッテゴザ]ッタラ　ヨボッタロ]ト
　　私は　あんまり　長いこと(勧誘の人が)話していたら　　　(おばさんを)呼んでやろうと

　　オモットッタ]ンヤ、[ナ。オバチャ]ン　チョ]ット　ヨージガ　ア]ルデ、
　　思っていたんだ、な。　　「おばさん、ちょっと　用事があるから、

　　オキャクサン[カ]シラン[ケ]ドモ[ナ、チョ]ット　キ[テ]ーヤ　チューテ　ユ[オ]ト　オモッテ
　　お客さんか知らないけれどねえ、　　ちょっと　来てよ」と　　　　　言おうと　思って

104

オモットッ[タ]ノ。ホ]イタラ フン　デ]モ マージッキ ケァーラ]シタデ[ナ]ー
　　思っていたの。　　　そうしたら、　　　それでも、もうすぐ　帰られたからねえ。

ホェ]ータラ、ア]トニ モー ナモン ウ[レァ]ー ヘァッ[テ]キ[テ ホ]シテ
　　そうしたら、後から「もう、そんなもの、裏口へ　入ってきて、　そして、

アノー イツデ]モ[ナ]ラ コ]エ シ]ヤ[ナ、ジブンデ イ[ル]ス ツカッ[テ]マ[ウ]ト。
　　あの、　いつもなら　　声が　すればねえ自分で　居留守を　使ってしまう」と。

ダマ]ッテ ヘンジ セ]ントオ]ルケド[モ、ウ[レァ]ーマデ マワッテキラ]レ[テ
　　「黙って　返事を　しないでいるけれど、　裏口まで　　　回って来られて、

ホ]シテ アノー ミツケ[ラ]レテマッタ]デ モー ドーショーモ ネァ]ート
　　そして、あの、　見つけられてしまったから、　どうしようもない」と。

C　アノ オ[ジ]ーサンノ シト[カ。
　　　あのおじいさんの人か?

S　ン[ン]ン。ナ]モン オ[ガ]ンダラ アカンタ]ラ[ナ]ー
　　　んん。　そんなもの、拝んでは　いけないとかねえ

　　ナン[タ]ラ]チューテ ホ]イテ…
　　　何とか言って、　　　そして…

B　ソラ[ナ]ー ヨ[ソ]エ メァールト[ナ]ー ジゴ[ク]イ マッサカ]サマヤ チュワッシ]ッ[デ]ー
　　　そりやねえ、「他へお参りするとねえ　　地獄へ　　まッ逆様だ」　　おっしゃるから

　　フンデ ソレ キ]イタデ、ワ[シ]モ ヤン[ナ]ッタケ[ド]ー アンマリ ゴザ]ルデ[ナ]ー
　　　それで、それ　聞いたから　私も　嫌になったけれど　　あんまり　来るからねえ、

S　デ、ホンダサンモ イ[ツ]モ メァッテモライマス] シ[ー ホシ[テ カワッサンモ
　　　それで、本田さんも　いつも　お参りしてもらいますし、　そして、川瀬さんも

　　メァッテモライマス]⑬チュー[テ ソーユーテゴザ]ッタデ、
　　　お参りしてもらいます」と、　　　そうおっしゃっていたから、

　　フンデ アンタ コノナンニチ]ヤラ[ニ ニ]ジューナンニチ[カ ア]ル[デ
　　　「それであなた、この何日かに　　　二十何日かに (旅行が)あるから、

　　ホンデ マ]タ ソノト]キニ オメァーリシトクリャ]ース⑭。
　　　それで、また　その時に　　お参りして下さい」(と言っていたので、私は)

　　エ]ー マ]タ アノー[ナ、ヒマガ ア]ッタラ ヨセテメァーマスワ]チューテ
　　　『ええ、また　あのねえ、　暇が　　あったら　お邪魔させていただきますよ』って

　　ワラット]ッタ]チューテコザ]ッタ。
　　　笑っていた」とおっしゃっていた。

B　ト]ミダサンタト ソノ[ケァ]ーニ ヘァッテゴザルラ[シ]ンヤケ[ド]ー ソ[ヤ]ケドモ、
　　　富田さん達と　　その会に　　　入っていらっしゃるらしいのだけれど、そうだけれど、

アノヒト]モ　ゼ[ニ　モーケ]ナ[ナ]ー　ヤッパ　アカンデ　モーケニ　イカッシ]ルヤ[ロ。
　　あの人も　　　お金を　儲けなければねえ　やはり　駄目だから、儲けに　行かれるだろう。

ホーシッ[ト]セーガ、グズグズグ[ズ]グズユーテ　オコラッシ]ッデ[ナ]ー。
　　そうすると　　　　　　　小言を言って　　　　　　　　怒られるからねえ。

ナ]ン、メンメ[ノ　ゴ]ショーヤデ、ナ[コ]ト　オコットッ[タ]ラ　アカン[ワ]ト　オ]モッテ
　　「そんなもの、それぞれの後生(来世)だから、そんなことを　怒ったら　駄目だよ」　と思って

ワシ[ワ　キー[ト]ルケ[ド]ー　デ、ワヒニ　メァール]チュワッシ]ッケド、
　　私は　　聞いているけれど、それで　私に　　お参りする」とおっしゃるけれど、

ワカリマスカナ]チュワッシッデ、ナニ　ユートゴザ]ッタ　チョットモ
　　「「分りますか」とおっしゃるから、　何を　おっしゃっていらしたか、少しも

ワ]ケワ　ワカラ]ヘンケ[ド]ー、キキタクラ]ン　コトニ]ワ、アカン]チュワッシ]ッデ。
　　訳は　　分からないけれど、　　「たくさん聞かないことには　駄目だ」とおっしゃるから。

フンデ　ワタシャ]ー　メァーラシテマウ]ンヤケ[ド]チューテ　ユーケ]ド[ナ]ー
　　「それで　私は　　　　お参りさせていただくんだけれど」と　　言うけれどねえ、

フンナ]モン　ムツカシ]ーコト　イックラ　ユワ]シテモ　ワカ[ラ]ンワ。
　　そんなもの、難しいことを　　いくら　おっしゃっても分からないよ。

ホト[ケ]ノ　ハナシ]ワ　ムツカ[シ]ー[ナ]ー。デ、カ]ワッサンモ、イヤイヤイ[ヤ]イヤ
　　仏の　　　話しは　　難しいね。　　　　　それで、川瀬さんも　　くどくど

ユワレ]ッデ　イカッシ]ンノヤケド、ユーコ]トガ　エ]ーノヤ。
　　言われるから、行かれるのだけれど、　おっしゃることがいいよ。

S　デ、オ]ンタケサンデモ　オメァーリ　シト]ル]チュコト　チョットモ
　　　それで、御嶽山でも　　お参り　　　しているということを　少しも

ユ[ワ]ント　ネァーショデ、ナ]ー　アノ　モー　オ]ンタケサン　オ]イ[テ
　　言わないで、内緒でねえ、　　　　あのー　「もう御嶽山を止めて、

ワタシノホ]ーバッ[カ　オメァーリシトクリャ]ースデ、アノ]ームスコガ
　　私の方ばかり　　　　　　　お参りしていただけるから、　　あのー　息子が

ヨ]ー　ハタラクヨ]ンナ]ッタトカ　ナン[ト]カ　チュワッシ…
　　よく　働くようになった」とか　　何とか　　おっしゃる…

ウ[ソ]ヤ[ニ]チューテ。ナ]モン　ウ[ソ]ヤニ　モー　ナ[モ]ン　ナ[コ]ト　ユー[ト]ル[ト
　　嘘だよって」　　　　　　そんなものは嘘だよ、もうそんなもの。『そんなこと　言っていると、

ソーユワレ]ルデ、フンデ　ダマッ[ト]ルダ[ケ]ヤ　チューテコ[ザ]ル[ゼ]ー　チューテ[ナ]ー。
　　そう言われるから、それで　黙っているだけだ』って　おっしゃっているよ」ってねえ。

B　ダマッ[ト]ルダ[ケ]ヤニ　フンデ　ホンダサ]ン　ナ[ーンニモ　ヨ]ソエ
　　黙っているだけだよ。　　「それで本田さん、　何も　　　　　他所へ

　　　メァール]チューコト ユ[ー]タラ アカンデ[ナ]ー、カ]ワッサンガ ユ[ー]ンヤ[ゼ]ー、
　　　　お参りするってことを言ったら、　駄目だからね」って、川瀬さんが　言うんだよ、

　　　ワヒニ。 コッチ]ーキテ ソコデ ワカレ]ルトキ[ニ。
　　　　私に。　こっちへ来て　そこで　別れるときに。

　　　ホンダサ]ン、ドコゾ]エ メァッ[ト]ル]チューコト ユ[ー]タラ
　　　　「本田さん、　他に　　お参りするということを　言ったら

　　　テァーヘンナコ]ッチャ[デ ナ[ーンニモ ユ[ワ]ン[ト へー[ー
　　　　大変なことだから、　　　何にも　　言わないで、『はい

　　　ソーデスカナ ソ]ーデスカナ キートリャ]ー エ]ーデ、
　　　　そうですか、そうですか』と　聞いていれば　いいから

　　　ユ[イ]ンナ[ヨ]ー⑮チューテ カ]ワッサン ユー[モ]ン
　　　　言わないでよー」って　　　川瀬さんが　言うもの。

S　ナ[コ]ッテワ ア[カ]ヘンガナ。
　　　そんなことでは駄目じゃないか。

C　カ]ワッサンテ ドコ[ノ。
　　　川瀬さんって　何処の?

B　ソ[コ]ノ[ナ]ー、「C」。
　　　そこのね、　「C」。

　　　モー ヨ[メニ イ[キト]ーサッ[シ]ッデ フンデ アノヒ[ト]モ
　　　　もう　嫁に　　行きなさる(?)から、　それで　あの人も

　　　イ[ク]ンジャ[ロ]ト オ[モ]ウンジャ。ワタヒ]ンタモ モー キ[ー]ト[ー]
　　　　行くんだろうと　思うんだ。　私たちも　　もう　(?)

　　　サッ[シ]ンノニ[ナ]ー、ワタヒ]ンタ イ[カ]ヘナンダラ ナ[モ]ン…
　　　　なさるのにねえ、　私たちが　行かなかったら、そんなもの

　　　イクシト アランヨ]ン ナッテッテ]マウモン。ホントニ ア[ラ]ヘン[ゼ]ー
　　　　いく人が　いないようになっていってしまうもの。ほんとに　いないよ。

　　　ユーコ]トガ エ]ーワ[ナ]ー。ホー]カイ ヤットカメ]ニ ヘッテカ]シタカ。
　　　　言うことが　いいよねえ。　そうかい、久しぶりに　入って行かれたか。

S　ミツカ]ッテマッタ]デ、モー シカタンネァ]ーチュワシタ。
　　　「見つかってしまったから、もう　仕方がない」って言われた。

〈解説〉

⑫　kɛʀ-temai-ʀ-jo。kɛʀ-tema-iʀ-ru〈書いてもらいなさる〉の命令形。
⑬　①と同。
⑭　si-tokur-jaʀs-u。si-ru〈する〉に-tokur-jaʀs-uが接続した形式。
⑮　ju-iN-na-joʀ。ju-iʀ-ru〈言いなさる〉の禁止表現。

5、「仏教会の旅行」の話（2）

B　フンデ コネダ[デ]モ マツオカノ ケァー[ン]ニ オジャマシマス[ワ] チュ[ワ]シタデ、
　　それで この間も(スーパー)松岡の　帰りに　　　　　「お邪魔しますよ」って おっしゃったから、

　　ヒニチン キ[マ]ッタラ ユ[オ]ト オモットゴ[ザ]ルノカ[ナ]ー。
　　「日にちが決まったら　言おうと　思っていらっしゃるのかな」（と思った）。

　　オ]ラヘンナー オ[ラ]ヘンナーテ オコラッ[シ]ルケドモ ナ[モ]ン ション[ネァ]ーゲー。
　　「いないねえ、　いないねえ」って　怒られるけれども、　そんなもの　仕方がないよ。

S　デ]モ ド]コケァー ワタシ[ヤカ]ッテ オメーリ シ[テァ]ーデ、ナン
　　でも、「あちこちへ　私だって　　　　お参り　　　したいから、　そんなもの、

　　オメァーリ シター アカンノ]ナラ、モー オキマス]チュータ]レー。ウ[ウ]ン。
　　お参りしては　　　駄目なのなら、　もう　止めます」って言ってやれ。うん。

C　オータニフジ]ンケァーモ コトシワ ゴブレース[ル]ト オモットッタニ[ナ]ー
　　大谷婦人会も　　　　　　　今年は　失礼しようと　思っていたけれどねえ。

　　ア]キチャンノ ホージ セ]ンナランシ[ナ]ー。
　　あきちゃんの　法事を　しないといけないからねえ

S　ナ[コ]ト シカタン[ネァ]ーガナ シカタン[ネァ]ーガナ。
　　そんなこと　仕方がないじゃないか。仕方がないじゃないか。

B　フ]ルタサン イカッシ]ヒントセガ、サンニン アカヨ]ン ナ]ッテマウガナ]チューテ
　　古田さんは、「行かれないと、　　三人が　駄目に　　なってしまうじゃないか」って

　　イ]マ イワッシ]ッケド[ナ。ワ[シャ]ー アカ[ンモ]ン
　　今　言われるけれどもねえ。私は　　　駄目だもの、

　　バ]スン ノッタ]リ オ]リタリガ アノー タ[テ]ヘン[ノ]ヤデ]チューンヤ。
　　バスに 乗ったり　降りたりが　あのー　立てないのだからって言うんだ。

C　ソリャ マー バ]スン ノッタリ オ]リタリグ]レァーワ デ[キ]ルケドモ [ナ]ー。
　　そりや　もう バスに 乗ったり　降りたり位は　　　　できるけれどもねえ。

　　モー ヘァー タノンダ]ルシ[ナ]ー ハ[ヨ]ーカラ オテラサンニ[ナ]ー
　　もう 既に　頼んであるしねえ、　早くから　　お寺にねえ。

S　ニ]ンズーモ カクニン センウチニ ナ[モ]ン バ]スヤ[ナ]ンカ カッテニ
　　人数も　　確認　　　しないうちに そんなのも、バスなんかを　勝手に

　　タ[ノ]ンデマッ[テ]ワ アカンワ[ナ、フ]ン。
　　頼んでしまっては　　駄目だよねえ。

C　ホ]ー[ヤ。
　　そうだ。

B　フ]シタラ[ナ]ー アカサ]カワ[ナ]ー キ]シャデ イカッシ]ンノヤ[ト。フ]シタラ…
　　そうしたらねえ、赤坂はねえ、　　　電車で　行かれるんだって。　そうしたら…。

S　アカサ]カ バ]スデ、アノー、ヒルイガ イツデ]モ キ]シャヤッタ、
　　赤坂が　バスで　あの、　昼飯が　いつでも　電車だった、

アノーナ]ー　コ]ンドワ　ハンテ—ヤ]ワ。
　あの、ねえ、　今度は　　反対だよ。

B　フ]シタラ[ナ]ー　サンジュ]ーニン　デ]キタンヤト、アカサ]カガ　フンデ]チューテ
　　そうしたらねえ、30人　　　　　　　出来たんだって、赤坂が、　それでって言って

アノー　キンノ]ー　ユーテゴザ]ッタ[ト・・
　あのー、昨日、　おっしゃっていたって。

S　ナ]ラ　アカサ]カト　イッショニ　イ[ケ]バ　エ]ーノ[ニ　イチダ—ノ
　　それなら、赤坂と　一緒に　　行けばいいのに　　一台の

B　フ]ン]ヤ。　シ]ーチャンガ[ナ]ー　オータニフジ]ンケア—ノ　カネンテァ]ーモン
　　そうだ。　しーちゃんがねえ、　大谷婦人会の　　　　　　　お金なんか

チョキン　シトケァ]ーデモ　イ]ーガナ。
　貯金を　しておかなくても　いいじゃないか。

ア[リャ]ー　アレデ ツカ]ッテマヤーチューテ　イ]マ　シ[ー]チャンニ
　あれは　　あれで 使ってしまえば」って　　今　　しーちゃんに

ユワレテゴザ]ッタ。
　言われていらっしゃった。

S　ダレガ、フキエサン　ゴザ]ッタン[カ。
　　誰が、　ふきえさんが　いらっしやったんか。

B　フキエサン　キ]ータノ、イ]マ[ー　フンデ　ソコノ　モリサ]ンイ　イッテ　ケァ—リニ
　　ふきえさんが　来たの、　今。　　それで、そこの　森さんへ　行った帰りに

ナ]ガイサンドコ　ヨッタ]ラ　ナ]ガイサン　ゴザラ]ヘンシ　フンデ　ワ]シャー
　永井さんの　所へ　寄ったら、　永井さんが　いらっしゃらないし、それで　私は、

ナ[モ]ノ　フキエサン　モッテゴザ]ッタダデ、ス]グ ア]サ イッ[テ]ッタデ[ナ]ー
　そんなもの　ふきえさんが　持っていらっしゃったから、すぐ朝 行って来たからねえ、

ワテァート]イタンヤ。
　渡しておいたんだ。

フ]タラ　ナ[コ]ト　ユーテゴザ]ッテ[ワ、シ[ト]リデモ　ヨ]ーケ　イッテマワ]ナ
　そしたら、そんなことを　おっしやっては、「一人でも　たくさん　行ってもらわないと

アカンナ]ーチュー[テ　ユーテゴザ]ッタデ、イ]マ　イッ[タ]ケド　ゴザラ]ヘナンデ。
　駄目だねえ」って　　おっしゃっていらしたから、今、行ったけど　いらっしゃらないから。

ナ]ラ　アノー　イッテマウヨ]ー　アルイテゴザ]ルカト　ワ]シャ　ユートッタ]ケ[ド、
　それなら、　行ってもらうように (頼みに)歩いてらっしゃるのかと、私は 言ってたけれど、

フ]シタラ ア]サコサンガ[ナ]ー ドコ イク]ンヤ ユコ]トモ アノコガ[ナ]ー
　　そうしたら、朝子さんがねえ、　「どこへ行くんだということも」　あの子がねえ、

ダンナサンガ ドーユト]コ イ[ク]ンヤ ユ[コ]ト[モ ワ[カ]リモ セント オ]ッ[テ、
　　旦那さんが、「どういうところへ行くんだということも　分からないでいて、

ホ]シテ[ー アノー イク]チュヨナコ]ト ア[レ]ヤデ、イクト]コニ
　　そして あのー、　　行くというようなことは　あれ(駄目)だから、行くところに

ヨッテ]ヤ]チューテ ユ[ワ]シタデ[ー、フンデ[ー パンフレ]ット ミシテクレ]チュッテ
　　よってだ」と おっしゃったから、　　　それで、　パンフレットを 見せてくれ」って

ユ[ワ]シタト。アンナモ]ン パンフレ]ットヤ ネ]ーガナ。
　　おっしゃったって。あんなものはパンフレットじゃないじゃないか

アノ ソノー メーセァーガキガ[ナ、ナンニチノ ヒ]カラ ナンニチマ]デ[ガ
　　あの、その　明細書きがね、　　何日の　　日から　何日の日までが、

ソノケンシュ]ーケァーデ ドコ イク]ユ コ]トガ ケァータ]ル ダケ[デ
　　その研修会で、　　　　　どこへ 行くということが 書いてあるだけで

ヤ ドヤナ]ンケァーノ ソンナ]モン モッテッタ[ラ]ヘン[ノ]ヤデ[ナ]ー
　　旅館などの　　　　　　　そういうものが 持ってきてないのだからねえ、

フンデ アノー サッソク ミセニ イッテコ]ンナント ユート[リ]ータ⑩。
　　それで あのー 「さっそく見せに　行ってこなければ」と 言っていた。

フンデ ウ]チ[モ イッテクダレル]チュットッタ…
　　それで、「私も、　行っていただけると言っていた

シ[ト]ガ ドー[ナ]ルヤラ ワ[カ]ラヘンデ、デ、コ[マ]ッタ[ゲ]チューテ
　　人が　　　どうなるのか　わからないから、それで、困ったよ」って、

ナ]ガイサンワ ユート[リ]ータ。フンデ フキエサン、エンコージノ ホ]ーカラ
　　永井さんは　言っていた。　　それで、ふきえさんは 円興寺の方から、

ド]ッケアー タノミアルイテゴ[ザ]ルノヤロ[メァ]ーカ。ホンデ、バス…
　　あちこちに　頼みに歩いていらっしゃるのじゃないだろうか。それで、バス…

C　ウチ インカ]ン トッテク]ルワ。インカ]ン トッテク]ルワ。
　　　私は(自宅から)印鑑を取って来るね。印鑑を　取って来るね。

S　ソ]ー ソ]ー
　　　そうだね。

B　ム]ケァーニ イッテマ[オ]ート オモート]ル]ユテ ユーテゴザ]ッタ
　　　「迎えに　　行ってもらおうと　思っている」って　おっしゃっていたよ。

　　ソコオ オマハン ヨ]ッサ ヤ]イヤイ ユワッシ]ッデ、ナ]ー ホデ ションネ]ーデ、
　　　そこを、あなた、よっさん(人名)がうるさく言うから、　ねえ、それで 仕方がないから、

イ[コ]ト オモワッシ]ルカシャン[ケ]ド、ワ[ヒ]ンタ ナ]モノ モー ア[ル]クノガ
　　行こうと　思われるか知らないけれど、　私たちは、　そんなもの、　もう歩くのが

ヨーア[ル]カヘンデ[ナ]ー　ミン[ナ]ー。
　　歩けないからねえ。　　　皆。

オンナ]ジ ニ[タ]リ ヨ]ッタリヤ。ミン[ナ]ン アル[ケ]ヘン　アル[ケ]ヘンテ…
　　同じ　似たようなものだ。　皆は　　　「歩けない、　歩けない」って…

ドコヤ]シラン ヤ]ドワ イ]ーヤドデ アレヤ]デ]チューテ シ]ーチャンニ
　　『「何処かしら、　旅館は　いい旅館で、あれだからって言ってね」って しーちゃんに

ユッテ]ー[ヨ]ーユーテ ユーテゴザ]ッタ。
　　言ってよ』って　　　　おっしゃっていた。

シ]ーチャンモ カンコー シトキマスワ]ユートッタ。
　　しーちゃんも 「考えておきますね」って言っていた。

S　ニカイエ アガッタ]リ[ナ]ー オ]リタリセ]ンナランデ。
　　二階へ　上がったりね　　　降りたりしないといけないから。

B　ホ]シテ[ナ]ー オ[セ]ッキョーガ ヤ]ヤ]チュートルゲァー、キキニ ア[ル]クト
　　そしてねえ、　「お説教が　　　嫌だ」って言っるよ、　聴きに　歩くと

サンジカンモヨンジカンモ[ナ]ー⑩。ソノエァーダガ ヤ[ヤ]デ]チューテ
　　3時間も4時間もねえ。　　　　　「その間が　　　嫌だから」って

ユ[ワッシ]ルシト ア]ルシ[ナ]ー。ナ[コ]ト フキエサンニ ユ[ワ]ヘナンダケ[ド。
　　言う人が　　　いるしねえ。　そんなこと、ふきえさんに 言わなかったけれど。

S　ソラ ケンシュ]ーケァーヤモ、アソビニ イ[ク]ンヤ ネァ]ーモン。
　　そりゃ、研修会だもの、　　　遊びに　行くんじゃないもの。

B　ソ]ーヤ。フンデ、アスブナ]ラ エ]ーケド[モ ソンナコ]トワ ヤ[ヤ] ユ[ー]ンヤ、
　　そうだ。　それで、「遊ぶなら　いいけれども、そんなことは嫌だ」って言うんだ、

ユワッシ]ル… ミンナ ワ[ケァ]ーデ[ナ]ー マ]ンダ。
　　言われる。　皆　若いからねえ　　　まだ。

S　ウ]ウ[ン。
　　うん。

〈解説〉

⑯　ki-R-ta。ku-ru〈来る〉に-iR-が接尾した形式、ki-R-ruの完了形。

⑰　juR-tor-iR-ta。juR-tor-u〈言って居る〉に-iR-が接尾した形式、juR-tor-iR-ruの完了形。

⑱　-jaro-mɛRᵢ-ka。確実性の低い推量を表わす。

⑲　①と同様。

第２章　赤坂地区方言の地域差

　第１章では触れなかった赤坂地区の方言差について記していく。代表的な11集落の概略を解説した後、方言の地域差を記していくことにする。

1　赤坂地区の地域差

１．１　各集落の概説

　与一新田とその他の10集落について、合併した順に記していく。枝郷や昭和40年代になって水田地帯に誕生した集落（東部の菅野・赤坂新町・赤坂東町、中部の赤坂大門、西部の稲葉）についての解説は省略した。

（１）与一新田［ヨイチシンデン］

　江戸前期（1647年）に沼地だった所を、新しく開発された新田である。明治８年（1875）に赤坂村へ合併した。昭和48年（1973）に赤坂新田に改名されている。

（２）池尻［イケジリ］・興福地［コーフクジ］

　池尻は江戸期、池尻・入方・新入方の三ケ村に分かれていたが、明治６年（1873）に池尻村に統合された。戦国期に池尻城が設けられるなど、地区東部の中心地である。明治30年（1897）に池尻や興福地など七ケ村が統合して北杭瀬村となった。昭和３年（1928）に五大字が結びつきの強い大垣市に編入されたのに対し、池尻と興福地は反対して赤坂町に編入した。

（３）青墓［アオハカ］

　粉糠山古墳（４ｃ末～５ｃ初頭）があり、青塚とも大墓とも書かれた。古代から中世には東山道の青墓宿が置かれ、不破郡東部の中心地であった。台地上にある赤坂地区西部は、古墳が多くみられるなど歴史の古い地区である。青墓は、現在も地区西部の中心地となっている。明治30年（1987）に、周辺の青野・昼飯・榎戸・矢道と合併して青墓村に、さらに昭和29年（1954）に赤坂町と合併した。

（４）青野［アオノ］

　奈良期に美濃国分寺が置かれ、平安期には地区西部一帯を青野原と呼ばれるようになった。江戸初期には青野城が置かれた。1681年、１万２千石の青野藩が立藩となったが、わずか３年後に廃藩されている。地区西端に位置し、垂井との結びつきが強かったことから赤坂町への合併時には垂井との合併も検討された。

（５）昼飯［ヒルイ］

　美濃最大の前方後円墳である大塚古墳を始め、後期の小古墳を含めると30余の古墳が築かれて

いる。街道沿いの青墓と赤坂の間にあり、規模の大きな集落である。

（6）矢道 ［ヤミチ］・榎戸 ［ヨノキド］

　両集落とも街道から離れた場所に位置し、街道沿いの三集落に比べると規模も小さい。矢道には、長塚古墳（4ｃ後半）がある。

（7）青木 ［アオキ］・草道島 ［ソートジマ］

　地区北東部は、中島・草道島など地名が示すように、杭瀬川流域の氾濫原である。1530年の大洪水以降は、揖斐川の流路の変更により河川敷が次第に開墾されて村落も増加したとされる。明治8年（1875）、青木と周辺の三ケ村が合併して四成村となった。明治30年（1897）には、四成や草道島など六ケ村が合併して南平野村となった。昭和29年（1954）、青木と草道島は南平野村から分離して赤坂町に編入した。

（8）南市橋 ［ミナミイチハシ］

　赤坂地区内では例外的に、唯一の旧揖斐郡地域である。明治22年（1889）、市橋と周辺の三ケ村が合併し八幡村となった。市橋は、赤坂や昼飯と並んで石灰産業を通じて結び付きが強かったことから、昭和31年（1958）、市橋の南部だけが南市橋として八幡村から分離して赤坂町に合併した。

　江戸期、明治期の赤坂地区の地図を示すと、図2-1、図2-2のようである。赤坂地区11集落の概要を示すと、表2-1のようである。

図2- 1　江戸期の赤坂地区（天保国絵図・美濃国を改変。青線は現・赤坂地区の集落）

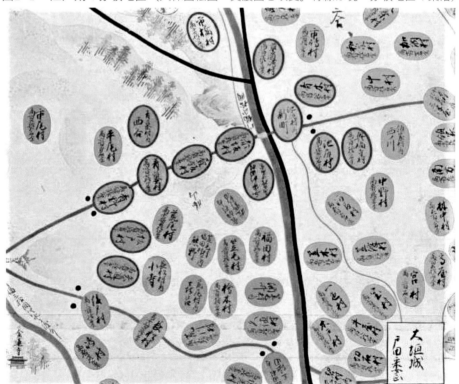

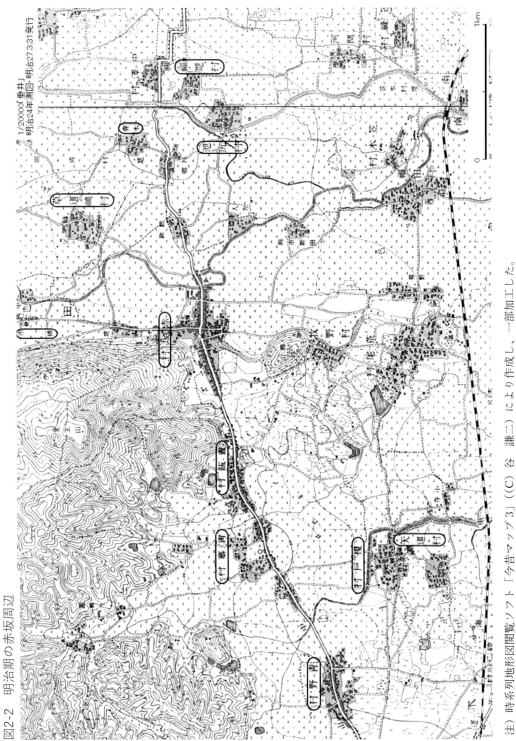

図2-2　明治期の赤坂周辺

注）時系列地形図閲覧ソフト「今昔マップ3」（(C) 谷　謙二）により作成し、一部加工した。

表2-1　赤坂地区の各集落の概要

項目	時期	榎戸	矢道	青野	青墓	昼飯	赤坂	興福地	池尻	青木	草道島	南市橋
郡	古代	不破	不破	不破	不破	不破	不破	安八	安八	安八	安八	揖斐
荘園	江戸後期			国分寺荘	国分寺荘	国分寺荘	国分寺荘	中河荘	中河荘		平野荘	(池田荘)
藩	江戸後期	尾張藩	大垣藩	天領・大垣藩預	大垣藩	大垣藩	大垣藩	大垣藩	大垣藩	大垣藩	大垣/尾張	大垣藩
助郷	江戸期	赤坂宿	赤坂宿	垂井宿	赤坂宿	赤坂宿	赤坂宿	赤坂宿	赤坂宿	赤坂宿	赤坂宿	赤坂宿
小学校	明治8(1875)	養成学校	養成学校	青野学校	青渓学校	合弘学校	合弘学校	従游学校	耕読学校	明德学校	明德学校	合弘学校
小学校	明治34(1901)	榎戸	矢道	青野	青墓	赤坂	赤坂	中川	耕文	四成	南平野	八幡
小学校	昭和29(1954)	青墓小学校	青墓小学校	青墓小学校	青墓小学校	赤坂小学校	赤坂小学校	赤坂小学校	赤坂小学校	赤坂小学校	赤坂小学校	赤坂小学校
中学校	昭和29(1954)	赤坂中学校	赤坂中学校	赤坂中学校	赤坂中学校	赤坂中学校	赤坂中学校	赤坂中学校	赤坂中学校	赤坂中学校	赤坂中学校	赤坂中学校
行政区	明治11(1878)	4大区10	4大区10	4大区13	4大区13	4大区13	4大区13	5大区15	5大区1	5大区1	5大区16	6大区1
行政区	明治22(1889)	榎戸	矢道	青野	青墓	昼飯	赤坂	興福地	池尻	四成	草道島	八幡
行政区	明治30(1890)	榎戸	矢道	青墓	青墓	昼飯	赤坂	北杭瀬	北杭瀬	南平野	南平野	八幡
行政区	昭和3(1928)	赤坂	赤坂	赤坂	赤坂	赤坂	赤坂	赤坂	赤坂	南平野	南平野	八幡
行政区	昭和29(1954)	赤坂	赤坂	赤坂	赤坂	赤坂	赤坂	赤坂	赤坂	赤坂	赤坂	赤坂
石高	1884	242	568	868	674	985	1650	483	1402	285	441	1076*
人口[軒数]	明治4(1871)	260 [59]	266 [57]	485 [120]	676 [158]	350 [81]	1365 [315]	167 [42]	364 [69]	171 [39]	177 [39]	47* [122]*
人口[軒数]	昭和54(1979)	489 [104]	417 [91]	716 [158]	1085 [250]	2256 [570]	4476 [1141]	249 [73]	805 [123]	342 [82]	1076	384 [95]
人口[軒数]	令和2(2020)	409 [139]	426 [170]	641 [200]	931 [409]	3558 [1435]	2683 [1049]	287 [104]	760 [291]	310 [117]	635 [254]	251 [82]

注1）明治4年の人口は、南市橋については市橋の人口を示した

注2）昭和54年の人口は『角川地名大辞典 21 岐阜県』、令和2年の人口は「大垣市公式ホームページ・人口と世帯」による。

1．2　赤坂地区の区分

　表2-1より、赤坂は、古代や近代は西の集落との結びつきが強く、近世や現代は東との集落との結びつきが強いなど、時代ごとに変遷がみられ、必ずしも固定していなかったことがわかる。現在は、二つの小学校の学区で大別されているが、このような区分の歴史は、明治30年（1897）に周辺の集落を合併して青墓村が設けられたときに始まり、昭和29年（1954）の赤坂町の成立時に定着したに過ぎないことがわかる。中でも、榎戸と矢道、昼飯と赤坂、青木と草道島の地理的・歴史的な結びつきの強いことが表2-1から見て取れる。

　本書では、青墓小学校の学区を「西部」、赤坂小学校の学区のうち、旧不破郡の地域を「中部」、旧安八・揖斐郡の地域を「東部」とする（図2-3）。

図2-3　赤坂地区の区分

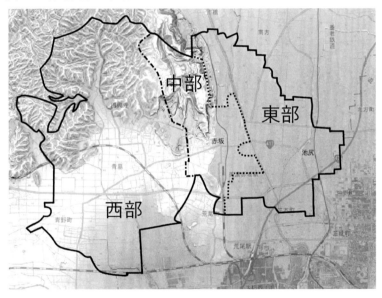

2　赤坂地区方言の地域差

2．1　方言意識からみた地域区分

　赤坂地区内における方言差についてアンケートを行った。回答の半数以上は、「赤坂地区内および周辺地域での方言差はない」「あまり気が付かない」といったものだった。

　一方、少数ではあるが以下のような意見も聞かれた。

　「青墓とは少し違う。池田の南部とは似ている」（草道島、大正15年）

　「垂井とは違う」（昼飯、大正14年）

　「赤坂と青野はほぼ同じであるが、ていねいに話すときは少し違う」（赤坂、明治35年）

「赤坂と青墓は似ているが、池田とは違う」（青墓、明治45年）

「青墓小校下と、赤坂より東は違う」（青野、大正8年）

「青野は垂井と似ている。南市橋は池田と似ている」（島、明治38年）

これらの意見をまとめると、以下のことが言える。

　　a，赤坂地区は一つのまとまりを見せるが、中・東部と西部に二分できる。

　　b，赤坂地区は、西の垂井町および北東の池田町とは区別できる。ただし、隣接する垂井町
　　　と青野、池田町と南市橋・草道島はそれぞれ似ている。

これより、「市境、町境により区分できるが、西から北東にかけて地域的な連続がみられる」という結果が出た。まとめると、図2-4のようになる。なお、大垣中心部との関係についての意見は聞かれなかった。

図2-4　方言意識からみた地域区分

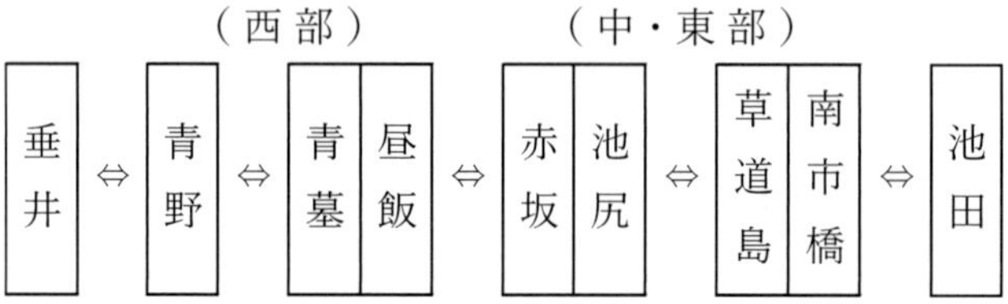

（西部）　　　　　　　（中・東部）

| 垂井 | ⇔ | 青野 | ⇔ | 青墓 | 昼飯 | ⇔ | 赤坂 | 池尻 | ⇔ | 草道島 | 南市橋 | ⇔ | 池田 |

２．２　方言の地域差

　先行研究や老人クラブを通じての調査結果をもとに、赤坂地区の各集落の方言差を記していく。なお、旧揖斐郡の南市橋については、調査の協力を得ることができなかったため未調査である。したがって、以下は南市橋を除いた考察になる。東部のインフォーマント数が少なかったことから、低地に位置する与一新田は東部に含めた。

２．２．１　アクセント

　赤坂地区の自立アクセントの地域差については、生田（1951）、金田一（1973）、真野（1976）、山口（1987）など詳細な調査がなされている（表2-2）。赤坂地区内の2拍名詞からみたアクセント型は「乙、乙A、BA」などが見られる。それぞれの差異は、表2-3のようである。

表2-2　アクセントの地域差

	（垂井）	矢道	榎戸	青墓	昼飯	赤坂	（大垣）
生田（1951）	B	―	―	A	―	―	乙
金田一（1973）	準・京都式	―	―	準・東京式	―	東京式	東京式
真野（1976）	B	BA	BA	乙A	乙A	―	乙
山口（1987）	B	BA	BA	乙A	乙A	乙	乙

表2-3　2拍名詞のアクセント型分類表

		B式	BA式	A式	乙A式	乙式
1類	鳥が	HHH			LHH	
2類	石が	HLL			LHL	
4類	松が	LHH	HHH	HLL		
5類	猿が	HLL				

　山口（1987）は、赤坂地区を含めた大垣市域の詳細なアクセント分布図を示している。簡略化して示すと、図2-5のようである。

図2-5　大垣市域のアクセント分布図（山口1987を改変）

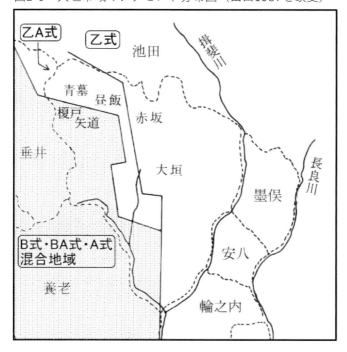

　赤坂地区中心部の赤坂は、大垣から続く「乙式」（東京式アクセント）地域の西限に位置している。地区西部の中でも垂井寄りの榎戸・矢道はＢＡ式で、西の垂井から続く「Ｂ式・ＢＡ式・Ａ式混合」（垂井式アクセント、後述）地域に含まれている。その中間に帯状に「乙Ａ式」地帯が広がっていて、地区西部の中でも赤坂寄りの青墓・昼飯がここに含まれている。東西５㎞の赤坂地区に、アクセントの境界地帯が通過していることがよくわかる。

２．２．２　動詞打消形

　「行く」「起きる」「する」の打消形の各型式の使用状況の調査を行い、25名の回答を得た（表2-4）。

表2-4　動詞打消形の諸形式と使用状況

	西部											中部										東部			
	青野			榎戸	矢道	青墓			昼飯			赤坂										与一	草島	枝郷	池尻
	明治41	大正8	大正14	大正12	大正13	明治45	大正5	大正9	大正11	大正12	大正14	明治35	明治43	明治45	大正3	大正3	大正5	大正7	大正7	大正13	昭和3	大正3	大正15	昭和4	大正3
	f	f	f	m	m	m	m	m	f	m	f	m	m	f	m	m	f	m	m	m	m	f	m	m	f
イキャセン	・	・	・	・	・	・	・	・	・	・	○	・	・	・	・	・	・	○	・	・	・	○	・	・	○
イキャヘン	・	・	○	・	・	・	・	・	○	・	・	・	・	・	・	・	・	・	・	・	・	・	・	・	・
イカセン	・	・	・	・	・	○	・	・	○	・	○	○	○	・	・	・	・	○	・	・	・	○	○	・	・
イカヘン	○	○	○	○	○	○	○	○	・	・	・	・	○	○	○	○	○	○	○	○	・	・	・	・	・
イケヘン	・	・	○	・	・	・	・	・	○	・	・	・	・	・	・	・	・	・	・	○	・	・	・	・	・
オキヤヘン	・	・	・	・	○	・	・	・	・	・	・	・	・	・	○	・	○	・	・	・	・	・	・	・	・
オキーヘン	・	・	・	・	・	・	・	・	・	・	・	・	・	・	・	・	・	・	・	・	・	・	・	・	・
オキセン	・	・	・	・	・	・	・	・	○	・	○	○	・	○	・	・	○	・	・	・	・	○	○	・	・
オキヘン	○	○	○	・	・	・	・	・	○	・	・	・	○	・	・	・	・	○	・	・	○	○	○	○	○
オキーヒン	・	・	・	・	・	・	・	・	・	・	・	・	・	・	・	・	・	・	・	・	・	・	・	・	・
オキヒン	○	・	・	・	・	・	・	・	・	・	・	・	・	・	・	・	・	・	・	・	・	・	・	・	・
シヤヘン	・	・	・	・	・	・	・	・	—	・	・	○	○	・	・	・	・	・	・	・	・	・	○	○	○
セーヘン	○	○	○	○	○	○	○	○	—	・	・	○	・	○	○	○	○	○	○	○	○	・	・	・	・
シーヒン	○	○	○	○	○	・	・	・	—	○	・	○	○	○	○	・	・	・	・	・	・	・	・	・	・

　語幹については地域差がみられなかった。イキャ（セン・ヘン）、イケ（ヘン）が、大正３〜昭和４年生れの、主に女性に多く見られた。

　助動詞をみてみると、ヘンについては地域差がなく全員に使用されている。ヒン・センについては地域差がみられた。センは青墓以東にみられ、青野・榎戸・矢道ではみられない。ヒンは西・中部においてみられるが、東部ではみられない。オキヒン・オキーヒン、シーヒンの使用率を比較すると、図2-6のようである。

図2-6　ヒンの使用率

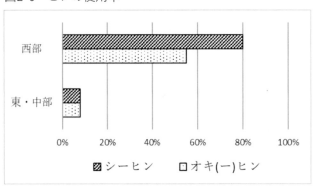

２．２．３　動詞ウ音便

　ハ行動詞の完了形として、ウ音便と促音便のどちらを使用するかの調査を行った。代表的な16語について調査をし、23名の回答を得た（表2-5）。○はウ音便、・は促音便、△は併用を表わす。結果は以下のようである。

　ａ，青野はウ音便と促音便の併用である。地域別のウ音便と促音便の使用率を比較すると、図2-7のようである。参考のため、京都、大垣、名古屋も加えた。

表2-5　動詞ウ音便と促音便の使用状況

	西部											東部								中部			
	青野			榎戸	矢道	青墓			昼飯			赤坂								与一	草島	枝郷	池尻
	明治41	大正8	大正14	大正12	大正13	明治45	大正5	大正9	大正11	大正12	大正14	明治43	大正3	大正3	大正5	大正7	大正7	大正13	昭和3	大正3	大正15	昭和4	大正3
	f	f	f	m	m	m	m	m	f	m	f	m	m	m	f	m	m	m	m	f	m	m	f
会う	○	○	△	・	・	・	・	・	△	・	△	△	△	・	・	・	・	・	△	△	・	・	△
使う	○	△	△	・	・	・	・	・	△	・	△	・	・	・	・	・	・	・	・	△	・	・	・
違う	・	△	△	・	・	・	・	・	△	・	△	・	○	・	・	・	・	・	・	△	・	・	・
しまう	△	△	△	・	・	・	・	・	△	・	△	・	・	・	・	△	・	・	・	△	・	・	△
歌う	・	・	・	・	・	・	・	・	△	・	△	・	・	○	・	・	・	・	・	△	・	・	△
習う	—	△	△	・	・	・	・	・	△	・	△	・	・	・	・	・	・	・	・	△	・	・	△
失う	△	・	△	・	・	・	・	・	△	・	△	・	・	・	・	△	・	・	・	△	・	・	△
払う	△	△	△	・	・	・	・	・	△	・	△	・	・	・	・	・	・	・	・	△	・	・	△
もらう	△	△	△	・	・	・	・	・	△	・	△	・	・	・	・	・	・	・	・	△	・	・	△
買う	△	・	△	・	・	・	・	・	△	・	△	・	○	・	・	△	・	・	・	△	・	・	△
誘う	○	・	△	・	・	・	・	・	△	・	△	・	・	・	・	・	・	・	・	△	・	・	△
思う	○	△	・	・	・	・	・	・	△	・	△	・	・	・	・	・	・	・	・	△	・	・	△
酔う	○	○	△	△	・	・	△	・	△	・	・	・	○	・	△	○	・	△	・	△	・	・	△
言う	○	○	△	△	・	○	○	△	△	△	△	・	△	・	・	・	○	・	△	△	・	・	△
食う	△	・	△	・	・	・	・	・	△	・	△	・	・	・	・	・	・	・	・	△	・	・	△
縫う	・	○	△	・	・	・	・	・	△	・	・	・	・	・	・	・	・	・	・	△	・	・	△

図2-7　地域別に見たウ音便と促音便の使用率

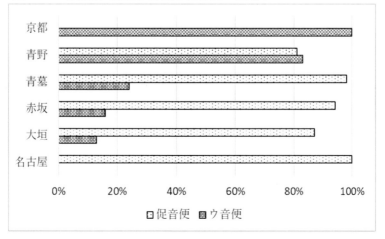

　□促音便　▨ウ音便

　b，女性に、ウ音便の使用が多くみられた。16語の男女別の使用状況を示すと図2-8のようである。

図2-8　男女別のウ音便の使用率

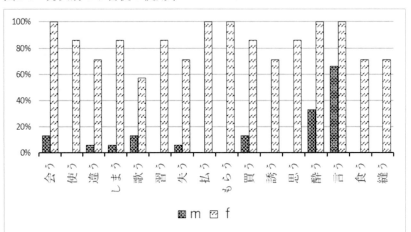

　男性15名のうち、ウ音便の使用頻度が比較的高いのは赤坂の２名（大正３年、大正７年）に限られている。その他の13名は、ウ音便の使用は「酔う」「言う」「会う」などの２モーラの動詞に見られるだけである。反対に、女性８名はほとんどの語でウ音便と促音便の併用がみられる。

　青野のインフォーマントは３名とも女性であるので、青野のウ音便使用率が高いのは地域的なものか、あるいは性別によるものかは判断できない。

２．２．４　形容詞・形容動詞
（１）形容詞
　西・中部では推量形語幹が確認できたが、東部ではまったくみられなかった。

　　　〔西・中部〕　　　　　　エーヤロ・ヨカロ
　　　〔東部〕　　　　　　　　エーヤロ・―――

（２）形容動詞
　西部では、被調査者（９名）のすべてがナ終止とヤ終止の意味の区別を有し、中部では少なかった「ナ系の推量形語幹・完了形語幹」の使用も多かった。

　赤坂地区東部では、被調査者（４名）のすべてがナ終止とヤ終止の意味の区別がなかった。

２．２．５　待遇動詞-iʀ-(イキール)の語幹
　Ｖ型１・２種動詞に-iʀ-が接尾した待遇動詞（イキール）の終止形、命令形、終助詞を伴った命令形のそれぞれの形式を調査したところ、表2-6のような結果になった。大垣のデータも加えた。

表2-6　-iR-の諸形式

種類	モーラ	語例	語幹	活用形	西部									赤坂					東部						大
					明治41	大正5	大正11	大正14	大正14	大正15	大正15	昭和3	昭和6	大正3	大正9	大正13	大正13	昭和3	大正8	大正11	大正12	大正13	昭和2	昭和4	明治44
					f	m	m	m	m	m	f	m	m	m	m	m	m	f	m	m	m	m	m	m	f
V型1種	2	見る	mi-	終止形	i	i	R	R	iR	iR	iR	·	·	iR	·	·	R	iR	·	·	iR	·	·	·	R
				命令形	i	·	i	·	i	·	·	i	i	i	·	·	·	·	i	·	i	i	·	·	i
				終助詞	i	iR	·	iR	·	·	R	·	iR	iR	iR	·	·	iR	iR	iR	iR	R	R	iR	R
	3	起きる	oki-	終止形	iR	i	iR	iR	R	R	R	·	iR	·	·	·	R	R	iR	R	i	·	·	iR	
				命令形	i	i	i	·	·	·	·	i	i	·	·	·	·	i	i	·	i	i	i	i	i
				終助詞	iR	·	R	R	(i)R	R	iR	·	iR	·	·	R	R	R	R	R	R	·	·	iR	iR
V型2種	2	出る	de-	終止形	i	R	R	R	·	·	·	·	iR	i	·	·	R	iR	·	·	R	·	·	·	R
				命令形	i	·	·	·	·	·	·	i	i	i	i	i	·	i	·	·	i	·	·	·	i
				終助詞	i	R	iR	iR	(i)R	iR	R	·	(i)R	iR	·	·	·	iR	i	iR	iR	R	R	R	R
	3	開ける	ake-	終止形	iR	R	R	R	·	iR	R	·	·	·	R	·	R	·	·	·	·	·	·	·	R
				命令形	i	i	·	·	i	·	·	·	i	i	·	·	i	i	i	·	i	·	i	·	i
				終助詞	iR	·	(i)R	R	R	R	R	·	R	(i)R	·	·	R	R	·	iR	iR	R	R	R	R

以下、表2-7から、次のことが言える。

c，命令形は、動詞連用形語幹＋-i-でどの地域も安定している。ただ、新しい世代や、形式からみるとV型2種「出る」「開ける」などが消滅の方向にある。

d，終助詞jaを伴った形式は、3つの形式が確認できた。2モーラの動詞では、西部の-i-が古い形式、東部の-R-が新しい形式と考えられる。中部は、中間形の-iR-がみられるだけである。

$$de\text{-}i\text{-}ja > de\text{-}iR\text{-}ja > de\text{-}R\text{-}ja \qquad デ[イ]ヤ > デ[イ]ーヤ > デ]ーヤ$$

$$mi\text{-}i\text{-}ja > mi\text{-}iR\text{-}ja > mi\text{-}R\text{-}ja \qquad ミ[イ]ヤ > ミ[イ]ーヤ > ミ]ーヤ$$

mi-i-jaとmi-R-jaはアクセントが異なり、それぞれLHL、HLLである。

e，終止形についても同様である。西部は古い形式を保持しているが、中部・東部・大垣は新しい形式に変化しているし、終止形が消滅しつつある。

$$de\text{-}i\text{-}ru > de\text{-}iR\text{-}ru > de\text{-}R\text{-}ru \qquad デ[イ]ル > デ[イ]ール > デ]ール$$

$$mi\text{-}i\text{-}ru > mi\text{-}iR\text{-}ru > mi\text{-}R\text{-}ru \qquad ミ[イ]ル > ミ[イ]ール > ミ]ール$$

表左端の女性（西部・青野、明治41年）が赤坂地区の古い形式を保持し、表右端の女性（大垣、明治44年）が、大垣の形式を保持していると考えられる。新しい世代や東部はその過渡的な状況にあることがわかった。

2．2．6　その他

その他の待遇動詞の地域差として、kuNsar-uの使用の有無がみられた。東部では使用が確認されたが、中・西部では使用がみられなかった。

２．３　まとめ

　赤坂地区の歴史的な区画と言語における区画を比較すると、表2-7のようである。まとめると、以下のようである。

表2-7　赤坂地区の歴史的な区画と方言境界線

		西部					中部	東部			
		榎戸	矢道	青野	青墓	昼飯	赤坂	興福地	池尻	青木	草道島
歴史	古代	不破郡								安八郡	
	近代	4大区10小区	4大区1小区							5大区16小区	
		養成学校		含弘学校				明徳学校			
	近世	赤坂宿	垂井宿		赤坂宿						
	現代	青墓小					赤坂小				
言語	形容詞推量形	ヨカロ								×	
	待遇表現	×								クンサル	
	動詞打消形	×			オキセン						
	アクセント	混在			乙A		乙				
	動詞打消形	シーヒン					×				
	形容動詞	ナ終止					×				

　形容詞推量形ヨカロと待遇表現クンサルの境界線は、不破・安八郡境と、アクセント、動詞打消形シーヒン、形容動詞ナ終止は、青墓・赤坂小学校の学区境界線と一致している。東京式アクセント（乙・乙A）と動詞打消形オキセンの境界線が西端３集落の東側にあり、青墓・昼飯が中・東部と共通している。

　西部は垂井や近畿方言との繋がりがあり、東部は岐阜・大垣方言との繋がりがみられる。中部の赤坂は、時代により西部との繋がりが強かったり東部との繋がりが強かったりと安定していなかったのと同様、方言についても同様の結果がみられた。東西方言境界地帯に位置する赤坂地区は、その区域に何本もの境界線が通っていて、移行性分布を示していることが明らかになった。

　赤坂地区方言の地域差については、大垣の郷土史『美濃民俗』に投稿してきたが、頁数が限られていたのでずいぶん簡略化しての発表となった。当時は赤坂方言の記述がメインで、地域差については筆者の関心がある活用形や待遇動詞イキールの地域差に集中してしまった。

　赤坂地区の地域差は、単に行政の一地区の地域差に留まらず、東西方言境界地帯にあって、近畿方言から東海方言へどのように移行していくかを考察する上で重要な位置にあることがわかった。機会があったら、赤坂地区やその周辺部域で、語彙・アクセント・文法などの調査を改めて行いたいと考えている。

第3章　赤坂方言と三大方言の比較

　赤坂方言を、京都方言、名古屋方言さらに東京方言[1]と比較することにより、その特徴を探っていくことにしたい。

1．音韻

1．1　音韻

　音韻からみると、赤坂方言と名古屋方言は連母音融合が著しいことで知られている。アイ、オイ、ウイの連母音は、名古屋方言ではそれぞれアェー[æ：]、オェー[φ：]、ウィー[y：]、赤坂方言ではエァー[ε：]、エー、イーのように発音される。東京方言については、江戸期の町人ことばの流れを汲む下町ことばに連母音融合がみられ、武家ことばの流れを汲む山の手ことばは連母音融合がみられない。

1．2　自立語アクセント

1．2．1　名詞
　2拍名詞・3拍名詞のアクセント体系は表3-1・3-2のようである。Ⅰ・Ⅱは、類別を表わす。

表3-1　2拍名詞のアクセント体系

		京都	赤坂	名古屋	東京
		近畿式	内輪式	内輪式	中輪式
毛	Ⅰ類	H0	0	0	0
歯	Ⅱ類	H1	1	1	
期	Ⅲ類	L0			1

表3-2　3拍名詞のアクセント体系

		京都	赤坂	名古屋	東京
		近畿式	内輪式	内輪式	中輪式
鳥	Ⅰ類	H0	0	0	0
石	Ⅱ類	H1	2	2	2
松	Ⅲ類	L0	1	1	1
猿	Ⅴ類	L2F			

　赤坂と名古屋が東京内輪式、東京が東京中輪式、京都が近畿式である。近畿式アクセントが高起・低起の区別がある声調アクセントであるのに対し、東京式アクセントは区別のない非声調アクセントであり、両者の間に大きな断層がみられる。さらに、近畿式アクセントの2拍／3拍名詞が、3型／4型であるのに対し、東京式は2型／3型と型が少ない。内輪式と中輪式は3拍名詞では同じ体系であるが、2拍名詞ではⅡ類の所属が異なる。

---

[1] 東西対立という視点からも考察していくため、東京方言を比較対象に加えた。

124

１．２．２　動詞・形容詞

　動詞・形容詞の終止形のアクセント体系は、表3-3のようである。近畿式と東京式との間に大きな断層があるのは名詞と同様である。一方、３拍・４拍の一段動詞と形容詞では、近畿式と内輪式が一型であるのに対し、中輪式は無核０と有核-2の二型である。

表3-3　動詞・形容詞アクセント体系

	語例	拍数・類別	京都	赤坂	名古屋	東京
			近畿式	内輪式		中輪式
一段動詞	着る・寝る・する	２Ⅰ	H0	0	0	0
	負ける・並べる	３Ⅰ・４Ⅰ	L0	-2	-2	0
	見る・受ける・答える	２Ⅱ・３Ⅱ・４Ⅱ				-2
五段動詞	売る・歌う・始まる	２Ⅰ・３Ⅰ	H0	0	0	0
	頼む・集まる	３Ⅱ		-2	-2	-2
	書く、歩く	２Ⅱ、３Ⅲ	L0			
形容詞	ない	２	L0	-2	-2	-2
	赤い・悲しい	３Ⅰ・４Ⅰ	H-3			0
	黒い・少ない	３Ⅱ、４Ⅱ				-2

　赤坂と名古屋は動詞・形容詞についても同一の内輪式である。山口（1987）は、大垣アクセントの特徴として、Ⅰ類のカ行五段動詞の大部分が有核化している点を挙げている。「咲く」「続く」「働く」について、赤坂と大垣旧市街をみていると以下のようである[2]。-2をNとした。

〈赤坂〉　　０００（1916年生）　＞　ＮＮ０（1936年生）　＞　ＮＮＮ（1960年生）

〈大垣〉　　ＮＮ０（1908年生）　＞　０Ｎ０（1936年生）　＞　０Ｎ０（1960年生）

　赤坂方言は、大垣旧市街よりも有核化が進んでいることがわかる。

１．３　付属語アクセント

　４方言の付属語アクセントを、名詞接続、動詞接続、文接続の順に比較していきたい。京都方言は中井（2002）・田中（1996・2005）、名古屋方言は山田（1987、2002、2003）、東京方言はNHK文化研究所（2001）・田中（2003）所収の付属語を本書による結合形式に改めた。さらに、京都・名古屋・東京方言とも生抜きの話者に対して確認調査を行った。

　４方言の名詞接続33項目、動詞接続39項目、文接続26項目の付属語アクセントを示すと、表3-4のようである。赤坂方言と異なる形式の場合は、近い意味の形式を示した。

　それぞれの結合アクセント型の比率を比較すると図3-1〜3-3のようである。一部の方言で欠如のあるデータ（カラカス等）は統計から除外した。

---

[2]　赤坂（1916年生）は杉崎（2005）、大垣（1908年生）は杉崎・植川（2002）による。赤坂（1936年生）は筆者の母親、1960年生は友人に確認した。

表3-4　4方言の付属語アクセントの比較

名詞接続・動詞接続

			京都	赤坂	名古屋	東京
名詞接続	語尾	終止	-ヤ	-ヤ	-ダ	-ダ
		完了	-]ヤッタ	-ヤ]ッタ	-ダ]ッタ	-ダ]ッタ
		仮定	-]ヤッタラ	-ナ]ラ	-ナ]ラ	-ナ]ラ
		推量	-ヤ[ロ	-ヤ([)ロ	-ダ]ロ	-ダ]ロー
	丁寧	終止	-ドス	-デ])ス	-デ]ス	-デ]ス
		完了	-ド]シタ	-デ]シタ	-デ]シタ	-デ]シタ
		推量	-ド]ッシャロ	-デッシャ(])ロ	-]デ]ショー	-デ]ショー
動詞接続	一類A	使役	-ス	-[ス/-セ]ル	-セ]ル	-セ"ル
		受身	-レル	-レ]ル	-レ]ル	-レ"ル
		(強調)	…	-ラカ]ス	-ラカ]ス	…
		(徹底)	…	-カラカ]ス	-カラカ]ス	…
	丁寧		-マス	-マ]ス/-マスへ	-マ]ス	-マ]ス
	一類B	供与	-タル	-タ]ル	-タ]ル	-テ"ヤル
		受納	-タゲル	-タゲ]ル	-タゲ]ル	-テアゲル
		受納	-テ-#モラウ	-デ]マウへ	-テ]マウへ	-テ"モラウ
		完了	-テマウ	-デ]マウ	-デ]マウ	-チャウ
		継続	-テル	-ト]ル	-ト]ル	-テル
		結果	-タル	-タ]ル	-タ]ル	-テ"ル
	一類C	感情	-タガル	-タガ]ル	-タガ]ル	-テ"ア"ル
		希望	-]タイ	-テア]ー	-タェ]ー	-タ]イ
		様態	-]ソーヤ	-ソ]ーヤ	-ソーダへ	-ソ"ーダ

格助詞・並助詞・副助詞・接尾（名詞接続）

		京都	赤坂	名古屋	東京
格助詞	主格	-ガ	-ガ・-ン	-ガ	-ガ
	目的格	-オ	-オ・-ン	-オ	-オ
	対格	-ニ	-ニ	-ニ	-ニ
	所有格	-ノ	-ノ	-ノ	-ノ
	方向	-]エ	-イ	-エ	-エ
	並列	-ト	-ト	-ト	-ト
	場所	-デ	-デ	-デ	-デ
	起点	-カラ	-カラ	-カラ	-カラ
	範囲	-]マデ	-マ]デ	-マ]デ	-マ]デ
並	並列	-ヤ	-ヤ	-ヤ	-ヤ
副助詞	取立	-ワ	-ワ	-ワ	-ワ
	限定	-ダ]ケ	-ダ]ケ	-ダ]ケ	-ダ]ケ
	程度	-グ]ライ	-グ]レ-ー	-グ]ラェー	-グ]ライ
	取立	-]モ	-モ	-モ	-モ
	限定	-]バッカリ	-]バッカ	-]バッカリ]	-]バッカリ
	比較	-]ヨリ	-]ヨ]カ	-ヨ]リ	-]ヨリ
	例示	-]ナンカ	-]ンタ	-ナ]ンカ	-ナ]ンカ
	強調	-#カ]デ	-カ]デ	-ダ]ッテ	-ダ]ッテ
	限定	-#デ]モ	-デ]モ	-デ]モ	-デ]モ
	限定	-#サ]イ	-セ]ァ]ー	-サ]ェ-ー	-サ]イ
	限定	-#シ]カ	-ホ]カ	-シ]カ	-シ]カ
	強調	-#コ]ン	-コ]ン	-コ]ン	-コ]ン
接尾	様態	-ミ]タイ	-ミ]ティー	-ミ]タェー	-ミ]タイ
	推定	-ラ]シ-ー	-ラ]シ-ー	-ラ]シケ	-ラ]シ-ー
	散乱	-マ]ミレ	-マ]ルケ	-マ]ルケ	-マ]ミレ
	散乱	-ダ]ラケ	-ダ]ラケ	-ダ]ラケ	-ダ]ラケ

三類・接続・終助詞ほか（京都・赤坂・名古屋・東京）

分類	項目	京都	赤坂	名古屋	東京
三類 助動詞	推量	-#ラ]]シー	-ラ]]シー	-ラ]]シー	-ラ]]シー
	比況	-#ヨ]]ーヤ	-ヨ]]ーヤ	-ヨ]]ーダ	-ヨ]]ーダ
	比況	-#ミ]]タイ	-ミ]]ターァ	-ミ]]タェー	-ミ]]タイ
	丁寧・推量	-#ヤ]]ロー	-ヤ]ロ	-ダ]]ロ	-ダ]ロ]]
	丁寧・推量	-ド]]ッシャロ	-デッシ]]ャロ	-デ]]ッショー	-]デ]ショー
	疑問	…	-カ]]ジャン	-カ]]ジャン	-]カジ]ャラ
	伝聞	…	-ゲ]ナヘ	-ゲ]]ナヘ	…
	伝聞	-#ン]]ーヤ	-ン]]ーヤ	-ン]]ーダ	-]ソ]]ーダ
	丁寧	-]ド]]ス	-]デ]]ス	-]デ]]ス	-]デ]]ス
接続 文接続	順接	-]ト	-]ト]]セァーガ	-]ト]]サェーガ	-]ト
	理由	-#サ]]カイ	-]]デ	-]]デ	-]カラ
	逆説	-#ケ]]ド	-]ケ]]ドモ	-]ケ]]ド	-]ケド
	例示	-]タ]]ラ	-]タ]]ラ	-]タ]]ラ	-]トカ
	引用	-]ユ]]ーデ	-]ユ]]ーデ	-]デ	-]ツデ
終助詞	疑問	-]カ	-]カ	-]カ	-]カ
	疑問	-]カ]]イナ	-ケァ]]ーナ	-カェ]]ー	-]カイ
	告知	-#ワ]]ー	-]ワ	-]ワ	-]]ワ
	告知	-#ワ]]イ	-]ワ]]イ	-ワ]]ェ	…
	再認識	-]ヨ	-]ヨ	-]ヨ	-]ヨ
	再認識	-]ヤ]]ンカ	-ゲ]]ァー	-ガ]]ェー	-]ジャン
	注意	-]ガナ	-]ガ]]ヤ	-ガ]]ヤ	…
	注意	-]ゼ	-#ゼ]]ー	-]ゼ	-]]ゼ
	押し付け	-]ゾ	-]ゾ]]ェー	-]ゾ]]エ	…
	押し付け	…	-]デ	-]デ	…
間	念押し	-#ナ]]ー	-#ナ]]ー/-#ナ]]ン	-#ナ]]ー/-#ナ]]モ	-ナ”ー

一類A・B・二類C 動詞接続／助詞接続（京都・赤坂・名古屋・東京）

分類	項目	京都	赤坂	名古屋	東京
一類 A	否定	-ン	-ンへ	-]ン	”-ナ]]イ
	否定	-]⊙ヘン	-]⊙ヘン	-]セン	-ヤンナ]]イ
	否定・中止	-]イデ	-]イデ	…	”-ナ]]イデ
	否定・中止	-ン]ト	-]ント	-]ント	-”ナ]]クテ
	否定・中止	…	-]スト	-]スト	…
	否定・仮定	-]ナ	-]ナ	-]ナ	-”ナ]]ケレバ
	否定・過去	-]ンカッタ	-]ナ	-ナ]]ンダ	-”ナ]]カッタ
	否定・過去	-]⊙ヘンカッタ	-]⊙ヘナンダ	-]セナ]]ンダ	-ヤシナ]]イ
B	完了	-]⊙タ	-タ	-タ	-]]タ
二類 C	(勧誘)	…	-メア]]ー	-マ]]ェー	…
	(推量)	…	-メア]]ー	-マ]]ェー	…
	(否定・推量)	…	-メア]]ー	-マ]]ェー	-マ]イ
	意思	-]ト	-]スト	-]スト	-]]ート
待遇助動詞	疑問	-]ネ	-ヤ]]ー	-ダ]]ー	-]]ンダ
	(勧告)	…	-ヤ]]ワ	-ダ]]ワ	…
	尊敬	-ナハル	-ナサ]]ル	-ナサ]]ル	-ナサ]]イ
	尊敬	…	-ッセ]]ル	-ッセ]]ル	…
	(尊敬)	-ハル	-ヘ]]ル	…	…
	(軽侮)	オ~-#ヤ]]ス	-ヤ]]ー	-ヤ]]ェー	-ヤガル
	罵倒[例]	-]ヨル	-ヨ]]ー	-ヤ]ガル	-デラッシャ]]ル
	存在	-ヤガル	-ヤ]ガル	-ヤ]ガル	-テラッシャ]]ル
	授受	-テハル	-トリャ]]ース	-テリャ]]ース	-デクダサ]]ル
助詞接続	接続	-モッテ	-ナ]ガラ	-テチョ]]ース/-ナ]ガラ	ナ”ガラ
	終・禁止	-]ナ	-]ナ	-]ナ	-]]ナ

図3-1　名詞接続付属語アクセントの型の比較

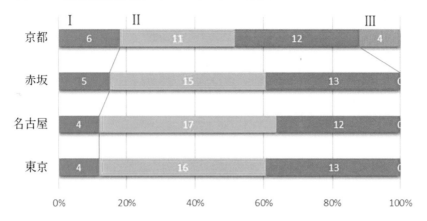

図3-2　動詞接続付属語アクセントの型の比較

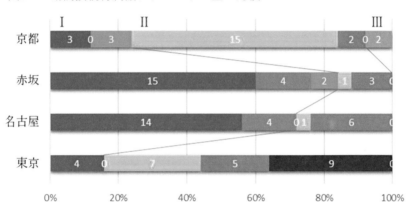

図3-3　文接続付属語アクセントの型の比較

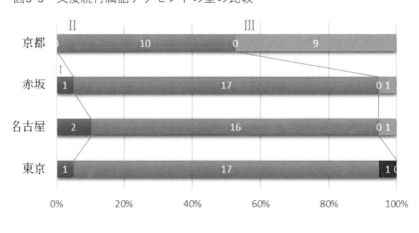

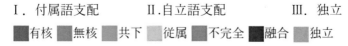

Ⅰ．付属語支配　　Ⅱ.自立語支配　　Ⅲ．独立

■有核　■無核　■共下　■従属　■不完全　■融合　■独立

128

1．3．1　名詞接続の付属語アクセント

　4方言とも、名詞接続の付属語の多くが自立語支配（従属・不完全）であり、一部に付属語支配（有核）がみられるなど、共通している。相違点として、京都方言に独立型がみられる点があげられる。

1．3．2　動詞接続の付属語アクセント

　内輪式の赤坂方言・名古屋方言は、付属語支配の割合が高く、中でも有核が6割近くを占める。それに対して、京都方言と東京方言は、自立語支配が8割近くを占める。京都方言は従属型、東京方言は従属型・不完全型・融合型がみられる。京都方言と赤坂方言に共下型がみられる。京都方言だけに独立型がみられるのは、名詞接続の場合と同様である。

　動詞接続の付属語は、新たな派生語（派生動詞・派生形容詞）を形成する助動詞群などである。

　京都方言、東京方言の派生語は、基の自立語と並行してそれぞれ〈高起式H0：低起式L0〉、〈無核型0：有核型-2〉の二型である。京都方言、東京方言とも自立語支配型の付属語が現れるのは、このことに起因する。「売る」「書く」にセル〜スが接続すると次のようである。

　　　京都方言　ウル(H0)：カ[ク(L0) ＋ -ス　　　→　　ウラ-ス(H0)：カカ-[ス(L0)

　　　東京方言　ウ[ル(0)：カ]ク(-2) ＋ -セ゛ル　→　ウ[ラ-セル(0)：カ[カ-セ]ル(-2)

　一方、赤坂方言と名古屋方言の派生語は、〈無核型0〉か〈有核型-2〉のいずれかの一型である。3拍以上の一段動詞や形容詞は〈有核型-2〉の一型なので、これらと同様の活用タイプの派生語は必然的に〈有核型-2〉となる。五段活用をする派生動詞もこれらと同様に一型である。したがって、内輪式の赤坂方言と名古屋方言では付属語支配型の付属語が現れるのである。

　　　赤坂方言　ウ[ル(0)：カ]ク(-2)＋ -セ]ル　→　ウ[ラ-セ]ル(-2)・カ[カ-セル](-2)

　名古屋方言の特徴として不完全支配型が多い点があげられる。赤坂方言の派生語が一型で型の区別がない場合でも、名古屋方言では型の区別がみられる語群がみられる。

　　　赤坂方言　　ウ[ル(0)：カ]ク(-2)＋ -カラカ]ス → ウ[リカラカ]ス・カ[キカラカ]ス

　　　名古屋方言　ウ[ル(0)：カ]ク(-2)＋ -カラカ]ス→ ウ[リカラカ]ス・カ]キカラカス

1．3．3　文接続の付属語アクセント

　東京アクセントの赤坂方言・名古屋方言・東京方言は、不完全型がほとんどで共通している。それに対して、京都方言は独立型がほぼ半数を占めるなど、付属語の独立性が高いのが特徴といえる。

1．3．4　まとめ

　4方言の付属語アクセントの比較から、次の点が明らかになった。

　a，名詞接続の付属語の結合アクセント型には、あまり差異はない。

　b，動詞接続では、内輪式は派生動詞を一型に、近畿式と中輪式は二型にする性質を有する。

　c，文接続では、近畿式に独立型が多く見られる。

【垂井式・東京近輪式アクセント】

　日本語諸方言のアクセント体系は、周圏分布を示していることはよく知られている。山口（2003）は、表3-5のように上方式を中心に七層の円心分布を示していると指摘している。動詞形容詞の「区別あり・区別曖昧」は、有核・無核の区別について述べたものである。

表3-5　7種のアクセント体系の比較

	1拍名詞			2拍名詞					動詞形容詞	平山(1960)	山口(2003)
	I	II	III	I	II	III	IV	V			
一型	×			×					×	一型式	
二型	0		1	0			1		二型	・	・
外輪						2					
中輪						1			区別あり	東京式	東京式
内輪	0		1	0	2		1				
近輪									区別曖昧	京阪式	上方式
上方	H0	H1	L0	H0	H1		L0	L2			

　従来の２拍名詞アクセント体系を基準とした分類では、東京内輪式と京阪式（近畿式・上方式）に挟まれたアクセント体系を、そのアクセントが発見された場所から「垂井式アクセント」と命名している。平山（1960）では、「形態上と、明瞭度と、系譜的関係」を基準とし、垂井式を「京都に行われているものに準じて」、京阪式に区分している。

　一方、山口（2003）では垂井式について、「高起・低起の区別」のないこと、名詞アクセントの弁別体系が必ずしも京阪式に準ずるものばかりでなく、東京式に同じものがあること、動詞形容詞アクセント体系面では内輪式ときわめて強い共通関係にあることなどより、「非東京型東京式アクセント」という名称を提案し、垂井式を「近輪式」に変更している。

　通時論を排し、共時的に比較した表3-5を見る限り垂井式は内輪式と同じ体系で、京阪式との間に断層があることがわかる。動詞・形容詞活用形アクセントを分析した図3-5（後述）からも垂井式は内輪式と近く、京阪式とは異なる集団に属していることが分かる。以上の理由より、本書でも山口（2003）に倣い垂井式を東京近輪式とした。

　さらに地理的な理由もあげられる。垂井は赤坂に隣接していて（中仙道の赤坂宿の西隣が垂井宿）生活圏を共有していることから、西美濃地域で「垂井式アクセント」の名称を一般向けに使用するのは、地域としての「垂井」と言語学的な用語の「垂井式」とが混同し、混乱を来すことが実際にあったことによる。

１．４　活用形アクセント

　動詞・形容詞の活用形アクセントの比較を行う。活用語アクセントについては、山口（1985、1988）に詳細な研究がある。山口は13の文節（活用形＋付属語）で比較しているが、本書では、動詞６種７活用形、形容詞２種３活用形の比較を行った。杉崎調査の赤坂、京都、山口論文の東京、名古屋のほか、参考として山口論文の浜松、垂井も含めて比較した。４種の動詞と２種の形

表3-6　動詞・形容詞活用形アクセントの比較

	地名	浜松	東京	名古屋	赤坂	垂井	京都
	ア型	外輪	中輪	内輪		近輪	近畿
書く	終止	1	1	1	1	1	L0
	命令	1	1	1	1	1	L0
	仮定	1	1	1	1	1	L2
	完了	1	1	1	1	1	L0
	打消	1	1	1	2	1	L2
	志向	1	2	2	2	2	L2
	否定	1	2	2	2	2	L0

	地名	浜松	東京	名古屋	赤坂	垂井	京都
	ア型	外輪	中輪	内輪		近輪	近畿
売る	終止	0	0	0	0	0	H0
	命令	0	0	0	0	0	H0
	仮定	0	2	2	2	2	H1
	完了	0	0	0	0	0	H1
	打消	0	2	2	2	2	H1
	志向	0	2	2	2	2	H2
	否定	0	0	0	0	0	H0

	地名	浜松	東京	名古屋	赤坂	垂井	京都
見る	終止	1	1	1	1	1	L0
	命令	1	1	1	1	1	L0
	仮定	1	1	1	1	1	L2
	完了	1	1	0	0	0	H1
	打消	1	1	1	1	1	H1
	志向	1	2	2		1	L2
	否定	1	1	1	1	1	L0

	地名	浜松	東京	名古屋	赤坂	垂井	京都
着る	終止	0	0	0	0	0	H0
	命令	0	0	0	0	0	H0
	仮定	0	2	2	2	2	H0
	完了	0	0	0	0	0	H1
	打消	0	2	2	1	1	H1
	志向	0	2	2	2	2	H2
	否定	0	0	0	0	0	H0

	地名	浜松	東京	名古屋	赤坂	垂井	京都
	ア型	外輪	中輪	内輪		近輪	近畿
赤い	終止	0	0	2	2	2	H1
	完了	0	0	3	3	3	L2
	打消	0	2	1	2	2	L2

	地名	浜松	東京	名古屋	赤坂	垂井	京都
	ア型	外輪	中輪	内輪		近輪	近畿
早い	終止	1	2	2	2	2	H1
	完了	3	1	3	3	3	L2
	打消	1	1	1	2	2	L2

容詞の活用形アクセントを比較すると、表3-6のようである。網掛けは赤坂と同じ型であることを示している。

　内輪式・中輪式は、動詞・形容詞とも近畿式の京都とは断層があり、外輪式の浜松とも差異が大きいのがわかる。内輪式の赤坂と近輪式の垂井はほぼ共通している。

　図系統樹[3]を使って、4方言の付属語アクセント[4]・活用語アクセントのデータの系統関係を示すと、図3-4～3-5のようである。枝の長さと枝の繋がり方が系統の近さ・遠さを表している内輪式の赤坂と名古屋の距離が近く、次いで中輪式の東京が近いことがわかる。活用語アクセントでは、中輪式の東京、内輪式の赤坂と名古屋、近輪式の垂井がまとまりをなしている。外輪式の浜松とは異なるグループといえる。

　対して、近畿式の京都は、付属語・活用語アクセントとも方言距離を反映する系統樹の枝（枝 a，枝 b）の長さが大きく、東京式アクセントの赤坂、名古屋、東京などとは大きな距離があることがわかる。

---

[3]　樹形としては無根の系統ネットワークである Neighbor Net を使用。SplitsTree4 を用いて作成した。

[4]　一部の方言で欠如のあるデータ（カラカス等）は、統計処理から除外した。

図3-4　付属語アクセントの系統関係　　　　図3-5　活用語アクセントの系統関係

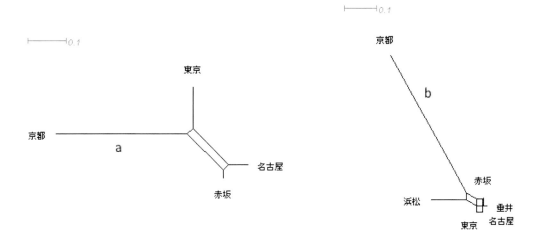

２．文法

２．１　品詞別の比較

　赤坂方言と三大方言を品詞別に比較していく。京都方言は楳垣（1946）、岸江・井上（1997）、中井（2002）、名古屋方言は あらかわ（1972）、寺川（1985）、東京方言は永田（1935）、秋永（2007）による。文法213項目を比較すると、表3-7〜3-10のようである。

２．１．１　動詞・形容詞

　共通語的な形式の割合が高く、差異は小さい。京都方言は新しい形式「イッタラ」「タカカッタラ」「タカイヤロ」がみられ、東京方言は動詞「ミロ」や形容詞の非音便形「タカク」「タカカッ」など東日本的な形式が特徴的である。赤坂方言と名古屋方言はほぼ共通である。

２．１．２　形容動詞・名詞

　名詞語尾（ヤ・ジャ：ダ）の境界線が美濃と尾張の間を通っているが、それに並行する形容動詞の語尾についても同様である。

　京都方言と赤坂方言の終止形語尾がヤ系であるのに対し、名古屋方言と東京方言はダ系である。推量形や完了形もこれに並行している。そのほかの近畿共通語として、ヤ終止〈シズカ-ヤ〉のほかにナ終止〈シズカ-ナ〉が使用されている点があげられる。推量形や完了形も同様、ヤ終止と並んでナ終止の形式もみられる。

　赤坂方言の特徴としては、ヤ系のほかに古態のジャ系も併用されている点、連用形や連体形に融合形〈ン〉がみられる点があげられる。東日本の名古屋方言と東京方言は共通していて、西日本の赤坂方言や京都方言と対立しつつ、赤坂方言は京都方言との距離もあることがわかる。

表3-7　4方言の動詞・形容詞・形容動詞・名詞の比較対照

五段動詞・一段動詞・形容詞

		京都	赤坂	名古屋	東京
五段動詞	未然形	イカ	イカ	イカ	イカ
	打消形	イカ	イカ	イケ	イキャ
	連用形	イキ	イキ	イキ	イキ
	終止形	イク	イク	イク	イク
	命令形	イケ	イケ	イケ	イケ
	志向形	イコ	イコ	イコ	イコー
	仮定形	イッタラ	イキャー	イキャー	イキャー
	完了形	イタ	イタ	イタ	イタ
	イ音便	サイタ	セァータ	サイタ	サイタ
	ウ音便	コータ	コータ	…	…
	促音便	…	イッタ	イッタ	イッタ
一段動詞	未然形	〃	〃	〃	〃
	打消形	〃	〃	〃	〃
	連用形	〃	〃	〃	〃
	終止形	ル	ル	ル	ル
	命令形	ー	ヨ	ヨ	ロ
	志向形	ヨ	ー	ー	ヨー
	仮定形	〃	ヤー	ヤ	ヤ
	完了形	タ	タ	タ	タ
形容詞	様態形	タカ	タカ	タカ	タカ
	連用形1	タコ(ー)	タコー	タコー	タカク
	連用形2	…	タコ	タコ	タカク
	終止形	タカイ	タカイ	タカイ	タカイ
	仮定形	タカケリャ	タカケァー	タカケリャ	タカケリャー
	推量形	タカカッタラ	タカカロ	タカカロー	タカカロー
	完了形	タカカッ	タカカッ	タカカッ	タカカッ

形容動詞・名詞

		京都	赤坂	名古屋	東京
形容動詞	連用形	シズカ-ニ	シズカ-ニ	シズカ-ニ	シズカ-ニ
	中止形	シズカ-デ	シズカ-デ／シズカ-ン	シズカ-デ	シズカ-デ
	終止形	シズカ-ヤ	シズカ-ヤ／シズカ-ジャ	シズカ-ダ	シズカ-ダ
	連体形	シズカ-ナ	シズカ-ナ	シズカ-ナ	シズカ-ナ
	仮定形	シズカ-ナラ	シズカ-ナラ／シズカ-ナ-ナラ	シズカ-ナラ	シズカ-ナラ
	推量形	シズカ-ヤロ	シズカ-ヤロ／シズカ-ナ-ヤロ	シズカ-ダロー	シズカ-ダロー
	完了形	シズカ-ヤッ	シズカ-ヤッ／シズカ-ナ-ヤッ／シズカ-ジャッ／シズカ-ナ-ジャッ	シズカ-ダッ	シズカ-ダッ
名詞	連用形	ハナ-ニ	ハナ-ニ／ハナ-ン	ハナ-ニ	ハナ-ニ
	中止形	ハナ-デ	ハナ-デ	ハナ-デ	ハナ-デ
	終止形	ハナ-ヤ	ハナ-ヤ／ハナ-ジャ	ハナ-ダ	ハナ-ダ
	連体形	ハナ-ノ	ハナ-ノ	ハナ-ノ	ハナ-ノ
	仮定形	ハナ-ナラ	ハナ-ナラ	ハナ-ナラ	ハナ-ナラ
	推量形	ハナ-ヤロ	ハナ-ヤロ／ハナ-ジャロ	ハナ-ダロー	ハナ-ダロー
	完了形	ハナ-ヤッ	ハナ-ヤッ／ハナ-ジャッ	ハナ-ダッ	ハナ-ダッ

表 3-8　4方言の助動詞の比較対照

類	区分	意味	助動詞	京都	赤坂	名古屋	東京
第1類	A	使役	イカ・ス	○	△	○	×
		使役	イカ・せル	×	○	○	○
		受身	イカ・レル	○	○	○	○
		可能	イカ・レル	○	△	×	×
		可能	イケ・レル	×	○	○	○
		強調	イカ・ラカス	×	○	○	×
		徹底	イキ・カラカス	×	○	○	×
		否定・予備	イカ・ン・トク	×	○	×	×
		丁寧	イキ・マス	○	○	○	○
	B	供与	イッ・タル	○	○	○	×
		受納	イッ・タゲル	○	○	○	○
		受納	イッ・テ・マウ	×	○	○	×
		完了	イッ・テ・マウ	×	○	○	×
		継続	イッ・トル	△	○	○	×
		結果	イッ・トル	△	○	○	×
		結果	イッ・タル	△	○	○	○
		予備	イッ・トク	○	○	○	×
		離遠	イッ・テク	○	○	○	×
		接近	イッ・テクル	○	○	○	×
	C	感情	イキ・タ・ガル	○	○	○	○
		希望	イキ・タイ	○	○	○	○
		様態	イキ・ソー・ヤ	○	○	○	○
第2類	A	否定	イカ・ン	○	○	○	×
		否定	イカ・せン	×	○	○	×
		否定	イカ・ヘン	×	△	×	×
		否定	イカ・ヒン	×	○	×	×
		否定	イカ・イ・デ	○	○	○	×
		否定・中止	イカ・ズ・ニ	○	○	○	×
		否定・中止	イカ・ズ・ト	×	△	○	×
		否定・仮定	イカ・ナ	×	○	○	×
		否定・過去	イカ・ナ・ン・ダ	○	○	○	○
			イカ・ヘ・ナ・ン・ダ	×	○	○	×
			イカ・せ・ナ・ン・ダ	×	○	×	×
			イカ・ヒ・ナ・ン・ダ	×	○	×	×
	B	完了	イッ・タ	○	○	×	○
		勧誘	イコ・メ・ァー	×	○	○	×
		推量	タカカカロ・メ・ァー	×	△	△	×
		否定・推量	イカ・メ・ァー	×	○	△	×
	C	回想	イキ・ヨッ・タ	×	○	△	×
		疑問	イク・ジャ	×	○	△	×
		勧告	イク・ヤ	○	○	△	○
		勧告	イク・ジャ・ヤ・ワ	×	○	△	×
			イク・ヤ・ワ	×	○	△	×
第3類		推量	ラシ・イ	○	○	○	○
		比況	ヨー(・ヤ)	○	○	○	○
		既定	ミ・テァー(・ヤ)	○	○	○	○
			ノ(・ヤ)	×	○	○	○
		推量	ジャ・ロ	○	○	×	×
			ヤ・ロ	○	○	×	×
		推量・丁寧	デッシ・ャ・ロ	×	○	○	×
		推量	カモ・シレ(・ン)	○	○	○	○
		疑問	カシ・ヤン	○	○	○	×
		伝聞	ゲナ	×	○	×	×
		丁寧	ソー(・ヤ)	○	○	○	○
		丁寧	デス	○	○	○	○

表3-9　4方言の待遇表現の比較対照

待遇派生動詞・動詞（存在・授受）

動詞区分		語形	京都	赤坂	名古屋	東京
動詞	存在	オイデル	○	○	×	×
		ゴザル	×	○	○	×
		ミエル	×	○	○	○
待遇派生動詞	存在	オーンサル	×	○	×	×
		オリーンサル	×	○	×	×
		オリーナハル	○	○	×	×
		オラーハル	×	○	×	×
		イリーヤース	×	○	○	×
		オイデーヤス	○	○	○	×
		オイジーヤース	×	○	×	×
		オイジーヤッサル	×	○	○	×
		ゴザリーヤッセル	×	○	○	×
		ゴザラーッセル	×	○	×	×
		ゴザラーッシャル	×	○	×	×
	授受	オクレーヤス	○	○	○	×
		オクリーヤッサル	×	○	○	×
		オクジーヤス	×	○	×	×
		オクジーヤース	×	○	×	×
		オクジーヤッシャル	×	○	×	×

待遇助動詞・待遇動詞

助動詞区分		語形	京都	赤坂	名古屋	東京
待遇助動詞	尊敬	イカ-レル	○	○	○	○
		イカ-ッセル	×	○	○	×
		イカ-ッシル	×	○	○	×
		イキ-ナサル	○	○	○	○
		イキ-ナハル	○	○	×	×
		イカ-ナハル	○	○	×	×
		イキ-ヤース	○	○	○	×
		イキ-ヤス	×	○	○	×
	親愛	イキ-ール	×	○	×	○
		イッテール	○	○	○	×
	罵倒	イキ-ヨル	○	○	○	×
		イキ-ヤガル	○	○	○	○
		イキ-ークサル	○	○	○	×
		イキ-サラス	○	○	○	×
		イッテケツカル	○	○	○	×
待遇動詞	授受	クダサル	○	○	○	○
		クダサレル	×	○	×	×
		クダシール	×	○	○	×
		チョーデァー	○	○	○	○
		チョー	×	○	○	×

表3-10　4方言の助詞の比較対照

大分類	意味	例	京都	赤坂	名古屋	東京
格助詞	主格 が	ガ	○	○	○	○
	目的格 を	ン	×	○	○	×
		オ	○	○	○	○
		ン	×	○	×	×
		φ	○	○	○	×
	方向 へ	イ	○	○	○	○
	場所 に	ニ	×	○	○	×
		ン	○	○	○	○
	場所 で	デ	×	○	○	○
	起点 から	カラ	○	○	○	×
副助詞	強調 だって	カッテ	×	○	×	×
		カデ	×	○	×	×
	疑問 か	ゾ	×	○	○	○
	限定 でも	デモ	○	○	○	○
	限定 さえ	サエ	×	○	○	×
	限定 しか	ホカ	○	○	○	×
	限定 ばかり	バッカ	×	○	○	×
	比較 より	ヨカ	○	○	○	○
	取立て は	ワ	○	○	○	○
	取立て も	モ	×	○	×	×
	程度 ぐらい	グレヤー	×	○	○	×
		ングレヤー	×	○	○	×
		ンタ	×	○	○	○
	例示 なんか	ンカ	×	○	○	×
	程度 ばかり	バカ	×	○	○	×
接続助詞	同時 ながら	ナガラ	○	○	○	○
	順接 と	キッテ	×	○	×	×
	理由 から	ト・セヤー・ガ	×	○	×	×
		デ	×	○	×	×
		ニ	×	○	○	×
	逆説 けれど	ケドモ	○	○	○	○
接続助詞	逆説 けれど	ケド	○	○	○	○
	例示 とか	タラ	○	○	×	×
	引用 と	ユーデ	○	○	×	×
		チューデ	○	○	×	×
終助詞	文接続	カ	○	○	○	○
		ケァー・カイ	×	○	○	○
		ワ	○	○	○	○
		ウェー・ワイ	×	○	○	○
		ゼ	×	○	○	×
		ゼー	×	○	○	○
		ゾ	○	○	○	○
		ゾヤ	○	○	×	×
		ガー	○	○	○	○
		ゲァー・ガイ	×	○	○	○
		ガナ	○	○	○	○
		ガヤ	○	○	○	○
		ヨ	×	○	○	×
		デ	×	○	×	×
		ニ	○	○	○	○
		イ	○	○	○	○
		イナ	×	○	○	×
		イノ	○	○	○	○
	禁止	ナ	×	○	○	×
	勧誘	ヤ	○	○	○	○
	命令	ニ	○	○	○	○
		ヨ	○	○	○	○
		ノ	×	○	×	×
	間投	ノ	○	○	○	○
		テー	×	○	○	○
		ナー	×	○	○	○
		ナン	○	○	×	×

２．１．３　助動詞

（１）第一類

　A群は、使役において近畿的な〈イカス〉と東日本的な〈イカセル〉の対立がみられる。強調〈イカ-ラカス〉と徹底〈イキ-カラカス〉は濃尾共通語と考えられる。B群は、ほとんどの助動詞が京都方言～名古屋方言で共通する西日本的な形式といえる。C群は、すべてが共通語的な表現である。赤坂方言の助動詞第一類は、名古屋方言とほぼ共通しているのがわかる。

（２）第二類

　A群は、京都方言～名古屋方言の西日本的な〈ン〉〈ヘン〉に対し、東国方言の系統を受け継ぐ東京方言の〈ナイ〉と大きく対立している。B群に相当するのは、共通語的な完了〈イッ-タ〉のみで、各方言とも使用している。

　C群は古態を示すもの、或いは独自に発展したものである。疑問〈イク-ヤ〉や勧告〈イク-ヤ-ワ〉は名古屋方言の〈イク-ダ〉〈イク-ダ-ワ〉と用法・意味が同じことから、濃尾共通語といえる。ただ、形式が異なることから、ここでは区別することにした。そのほかの助動詞C群についても、濃尾共通語が多く見られるのが特徴的である。

（３）第三類

　第三類は、共通語的な表現が多くみられる。その中にあって近畿共通語の推量〈ヤロ〉〈デッシャロ〉、濃尾共通語の疑問〈カシャン〉がみられる。

２．１．４　待遇表現

　待遇助動詞は、共通語的な３語を除き、すべてが西日本的な形式であることがわかる。特に罵倒表現は京都方言～名古屋方言で共通している。待遇動詞は、共通語・近畿共通語・濃尾共通語、そして赤坂方言独自の形式などがみられるなど、やや複雑な分布を示している。待遇派生動詞は、東京方言との共通点がまったくみられない点が注目される。京都方言との共通点も原形〈オイデヤス〉〈オクレヤス〉の２つに過ぎない。京都方言では〈ナハル〉が接続する存在動詞は「いる」であるが、待遇助動詞の形式が同じであるのでここに含めた。

　名古屋方言は、京都方言の原形から変化した〈イリャース〉〈オクリャース〉などが使用されていて、これらが濃尾共通語となっている。赤坂方言では、これらがさらに変化した〈オイジャース〉〈オクジャース〉などのほか、岐阜市方言の〈オンサル〉〈オリンサル〉も使用されている。

２．１．５　助詞

（１）格助詞・副助詞・接続助詞

　共通語的な形式が多くみられる中、赤坂方言で〈ガ〉〈オ〉〈ニ〉の異形態〈ン〉が現れるのが特徴的である。副助詞も共通語的な形式が多くみられる。それ以外は、近畿共通語・濃尾共通語・赤坂独自の形式などがみられて、複雑な分布を示している。接続助詞は、近畿共通語や濃尾共通

語が多くみられる。

（2）終助詞

　文に接続して疑問、告知などを表わす終助詞については、共通語的な形式を除くと、副助詞や接続助詞と同様、複雑な分布を示している。ザ行の終助詞は、京都方言では新しいダ行の終助詞が使用されている。そのほかは、西日本的な形式が多い。禁止を表わす〈ナ〉は共通語的な形式である。

　動詞志向形に接続して勧誘を表わす終助詞については近畿共通語〈ニ〉が、動詞命令形に接続する終助詞については濃尾共通語〈テ〉がみられるほか、赤坂方言独自の形式もみられる。

　間投助詞には、名古屋方言〈ナモ〉から変化した〈ナン〉が使用されるのが特徴的である。名古屋方言の〈ヨー〉はまったく使用されない。

２．１．６　まとめ

　4方言の文法における総合的な関係を系統樹で示すと、図3-6のようになる。真ん中の四角形は分岐が不確かなところで、付属語・活用語アクセントのようにはっきりと分岐していない。赤坂方言は名古屋方言や京都方言との距離が近く、東京方言とは距離が離れていることがわかる。

図3-6　文法の系統関係

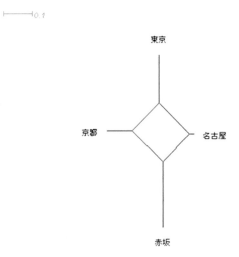

　以上より、赤坂方言は、アクセント面では名古屋方言・東京方言と距離が近いのに対し、文法面では名古屋方言・京都方言に近いということが、データ的にも裏付けされたわけである。

2．2　各形式の地理的分布

　次に、赤坂方言と共通するこれらの形式は、それぞれどのような地域的分布を示しているのか
をみていくことにする。そのことにより、赤坂方言を構成する諸形式がどのように赤坂方言（及
び、上位方言である大垣方言）に流入してきたのかを探っていくことにしたい（第4章）。

　赤坂方言と三大方言との関係から、形式の地域性を次の6つに分類した。

　　　（1）共通語的な形式　…　4方言すべてが使用する。
　　　（2）西日本的な形式　…　京都方言、赤坂方言、名古屋方言で使用する。
　　　（3）東日本的な形式　…　赤坂方言、名古屋方言、東京方言で使用する。
　　　（4）近畿共通語　…　京都方言と赤坂方言で使用する。
　　　（5）濃尾共通語　…　赤坂方言と名古屋方言で使用する。
　　　（6）赤坂方言独自の形式

　表3-8〜3-11の213項目を品詞別に地域的分布を示すと、図3-7のようである。

　（1）〜（6）の分類にはどうような形式が含まれているのかみていきたい。

（1）共通語的な形式

　共通語的な形式には、モダリティーを表わす助動詞第三類、動詞、格助詞、副助詞などが多く
みられる。

（2）西日本的な形式

　否定表現を表わす助動詞第二類Aにおいて、そのほとんどを西日本的な形式が占めている点が
注目される。そのほかに、アスペクトや授受関係を表わす助動詞第一類B群、待遇助動詞、終助
詞などがみられる。

（3）東日本的な形式

　ほかに比べると、非常に少ない。赤坂方言にはそれだけ東日本的な要素は少ないということが
いえる。京都方言だけに独自の形式がみられる歴史的な背景として、京都方言で新しい形式が発
生したため、赤坂方言以西の形式と差異が生じた点があげられる。例として、終助詞のゼ＞デ、
ゾ＞ド、動詞や形容詞などの仮定形〈〜タラ〉の発生、形容詞推量形〈タカカロ〉の縮退と〈タ
カイヤロ〉の発生などがみられる。

（4）近畿共通語

　近畿共通語として、ヤ終止とナ終止を持つ形容動詞、ヤ系の名詞、否定表現を表わす助動詞第
二類A群などがみられる。

（5）濃尾共通語

　濃尾共通語は、待遇表現や終助詞・接続助詞などに多くみられる。待遇表現をみてみると〈イ
カッセル〉〈イカッシル〉〈ゴザル〉〈クダレル〉〈チョー〉〈イリャース〉〈ゴザリャース〉〈ゴザラ
ッセル〉〈オクリャース〉など9形式にも及ぶ。

図3-7　品詞別にみた各形式の地域性

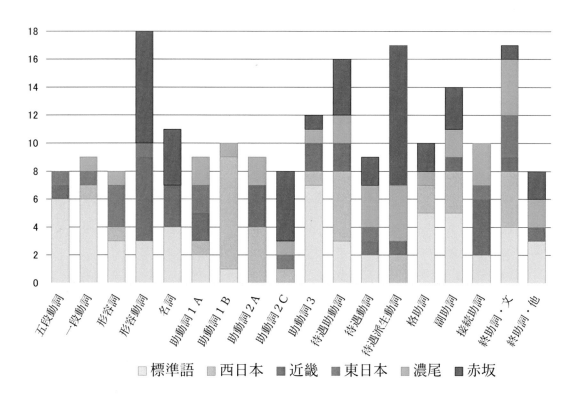

図3-8　赤坂方言独自の形式の地域性

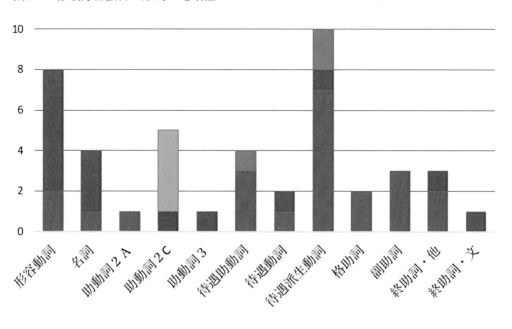

（6）赤坂方言独自の形式

　赤坂方言だけに独自でみられる形式が多いのが注目される。赤坂方言独自の形式は歴史的にみるとさらに次の４つに分類することができる（図3-8）。

　１）京都方言の古態を示すもの

　京都方言の形容詞語尾や名詞語尾は、以前はジャ系であったが、あたらしく発生したヤ系に取って代わられてしまった。赤坂方言のジャ系は、京都方言で消失した形式が未だに残っているものである。

　２）濃尾共通語

　接続・意味は名古屋方言の〈イクダ〉〈イクダワ〉とまったく同じであるが、赤坂方言と形式が異なるもの。名古屋方言の名詞語尾がダ系であるのに対し、赤坂方言ではヤ・ジャ系が使用されるために、〈イクヤ〉〈イクヤワ〉、〈イクジャ〉〈イクジャワ〉と異なった形式が使用されている。

　３）岐阜県共通語

　京都方言や名古屋方言とは共通していないが、岐阜県方言と共通している形式。〈オリンサル〉〈オンサル〉〈イキンサル〉など、いわゆる「ンサル系」の待遇表現である。

　４）大垣方言独自に形成された形式

　赤坂方言の上位方言である大垣方言で独自に形成された形式が、待遇表現に多くみることができる。独自に発音変化した〈オイジャース〉〈オクジャース〉〈イカハル〉、岐阜方言と名古屋方言の混交形〈イキャッサル〉〈オイジャッサル〉〈オクリャッサル〉〈オクジャッサル〉、近畿共通語〈イキール〉の類推から派生した〈イッテール〉〈クダシール〉など実に多様な形式がみられる。

　そのほかには、助詞の融合形が多くみられる。主格・目的格・場所を表わす〈ン〉、程度〈ンウレァー〉、例示〈ンタ〉などがあげられる。

３．おわりに

　赤坂方言と京都方言、名古屋方言、東京方言の三大方言との比較をしてみた。アクセントと文法に限るが、赤坂方言のだいたいの位置が確認できたかと思う。

　この考察の結果を参考に、2012〜2016年の４年間で、滋賀岐阜県境である彦根・長浜〜大垣間の31地点での臨地調査を行った。アクセント・語彙・文法のほかに文化的な項目など、多岐に渡る分野のデータを得ることができた。同時に京都市や名古屋市においても同様の調査を行い、滋賀岐阜県境の各地域が、京都方言や名古屋方言からどのような影響を受けているのかも明らかになった。県境調査の報告は、改めて行っていく予定である。

第4章　大垣方言の形成史

　赤坂を含む西美濃の中心である大垣が、近畿と名古屋の2大強文化圏から歴史的にどのような影響を受けてきたのか、そして、赤坂方言の上位方言である大垣方言が、これらの2大方言の間にあってどのように形成されてきたのかを簡単にみていくことにしたい。

1．大垣概説

　大垣は、奈良時代に東大寺領大井庄として開発されたのが始まりとされる。大垣の名は暦応3年（1340）の東大寺文書に「大柿」とあるのが初見で、当初は大垣と大柿が併用されていた。文安の頃（1444〜49）、大垣氏が砦を構えて東大寺城と称したが、後に大垣城と呼ばれるようになった。天文4年（1535）、美濃の守護土岐氏の家臣が城郭を増強し、天正13年（1585）には豊臣秀吉の命で天守閣が築城された。城下町としての形を整えていったのはこの頃からである。

　関ヶ原に代わり、大垣が東西交通の要衝としての地位を得るようになったのは関ヶ原の役（1600）以降のことである。寛永12年（1635）、譜代大名の戸田氏が10万石の大名として入封した。それ以後、移封することもなく戸田家治世は明治維新まで続いた。大垣はその安定した治世のもと美濃国最大の城下町として発展した。また、大垣は水陸の交通の便がよく、美濃路の宿場町・揖斐川水運の湊町としての機能も持ち、西美濃の経済的中心としても機能していた。

　明治初期は低迷していたが、明治33年（1918）の木曽川三川分流工事以降、頻発した水害も激減し、紡績工場が進出するなど近代工業都市へと変貌した。戦後は、主な産業を軽工業から重工業、情報産業へと移行しながら、引き続き工業都市として発展してきた。

　大垣は町制施行時、昭和初期、終戦直後、昭和42年の赤坂町合併、平成中期など、五期にわたる合併で市域を拡大し、それに伴い人口も増加してきた。現在の人口は15万9千人（平成30年10現在）で、県下第二の都市となっている。日本の東西交通の要衝にあることは今日も変わりなく、ＪＲ東海道新幹線・東海道本線、国道21号線、名神高速道路などが市内を通過している。

2．大垣と二大強文化圏

2．1　東西日本境界線の形成

2．1．1　「アクセント他律変化説」と関連諸学
　大垣方言の形成史について考察する際、大垣のすぐ西側にどうして東西方言境界線がある

のかという根本的な問題に突き当たる。東西方言境界線が形成された要因については、日本語学・方言学ではこれまでほとんど触れられてこなかった。方言資料はせいぜい中世までしか残っていなくて、日本語形成については無関心であったこと（徳川1990）、「日本語の系統と日本人の系統とを混同すべきでない」（服部1959）という言語学モンロー主義の伝統があって学際的研究がタブー視されてきたことがその要因として考えられる。

　一方、1990年以降の考古学、形質人類学、分子人類学などの関連諸学では、日本人や日本文化の地域差は日本人・日本文化の成立過程で発生したことが明らかにされている。日本語アクセントの形成に関しては諸説あるが、本書では山口（1998a）が提唱する「アクセント他律変化説（一型アクセント＝原始日本語アクセント説）」[1]の立場から述べていくことになる。それは当説が関連諸学の最新の科学的見地と整合性があると考えるからである[2]。

　最新の関連諸学の成果と山口の「アクセント他律変化説」、山口説を継承した小泉（1989・1998）などをもとに東西アクセント境界線の形成過程をまとめると、次のようである。

２．１．２　縄文期

　後期旧石器時代（３万年〜１万2000年前）、華北やシベリア方面から古モンゴロイド集団[3]が日本列島に上陸、拡散した。後に縄文人となる先住系ヒト集団である[4]。彼らの話す北東アジア系言語が、一型アクセントを持つ縄文日本語[5]になったと考えられる。

　縄文前期（6000年前）のヒプシサーマル期には、日本列島の植生が現在の植生と近いものになった。東日本にはナラ林帯が、西日本には照葉樹林帯が広がると同時に、それぞれの森に対応した文化圏が形成された。そしてこの時期に成立した境界線「敦賀湾-伊勢湾ライン」（以下、伊勢湾ラインと記す）が、現在まで続く東西日本の文化圏の境界線になる。

---

[1] 先住系言語の一型アクセントが日本列島を覆っているところへ、外部から声調アクセントの渡来系言語が進入して近畿アクセントが成立、周辺のアクセントはその影響で他律的に変化し、現代諸方言アクセントが形成されたとする説。

[2] 金田一（1954）が提唱する「アクセント自律変化説（アクセント進化説）」は、1980年代に関連諸学で否定されている「単一民族説」に依拠するもので、歴史的事実との整合性に欠けるとの問題提起をしてきた（杉崎2000・2003・2008）。

　崎谷（2009b）は、「言語接触による二次的変化の典型であるアクセントは、系統比較から最も遠いものである。国語学・方言学においては、音韻論に属すアクセントのみによって九州語・西日本語・東日本語の成立過程を見るという誤った方法（金田一1974）が克服されていない。つまり言語接触による二次的変化の結果の方しか見ていないのに、それを系統的変化の原因の方として誤ってみてしまったことを意味する」と指摘している。

[3] 特徴として、顔かたちが四角く長方形で彫が深く二重瞼、眉や髭が濃い。血液型O型・B型。

[4] 分子人類学によると、Y染色体ハプログループD2が多数派を占めるとされている（崎谷2009b）。

[5] 崎谷（2005）は、「縄文時代に居住区を拡大した集団はD2系統しかいないようであるから、日本語形成の中心的役割はこのD2系統集団に帰すことの方が科学的整合性がある仮説と思われる」としている。

　東日本のナラ林帯が重要な食糧資源に恵まれ人口密度が高かったのに対し、西日本の照葉樹林帯はこのような食料資源に恵まれず人口密度が低かった。このように縄文文化の中心は東日本にあったのである（佐々木1991）。

２．１．３　弥生期
　弥生時代初頭（2300年前）、春秋戦国時代の戦乱を逃れた新モンゴロイド集団[6]が中国大陸の江南地方から渡来、山口県・北部九州に上陸しわずか数十年の間に瀬戸内海・近畿を経て伊勢湾ラインまで到達した。これが弥生人となる渡来系ヒト集団である[7]。少数の集団として数次に渡って渡来したことから、渡来系集団に言語交替が起こり、ここに、声調アクセント言語を基層とする声調アクセントの弥生日本語が形成されたと考えられる[8]。
　弥生人は、縄文文化の中心地である東日本へ侵入することができず、伊勢湾ラインで停止した。その理由として、「縄文人の抵抗」「東日本の冷涼な気候が稲作に適していなかった」と考えられている（佐々木1991、安田1980）。地政学的にみると、地峡は地域を分断しやすく、「本州中央に地峡が形成されたから、日本列島に東の勢力と西の勢力が生れ（た）」とされている（内藤2019）。
　このように伊勢湾ラインをはさんで、西に弥生人、東に縄文人という差異がこれ以後100年の間続いた。そして、渡来系弥生人が伊勢湾ラインの西側で100年間留まった結果形成されたのが近畿アクセント圏である。

２．１．４　水神平文化〜第三の文化
　弥生人が伊勢湾ラインで停滞している間、東海地方では「水神平文化」が発展していた（図4-1）。岡本は（1993）は、水神平文化を「弥生文化でもなく、縄文文化でもなく、第三の文化」とした上で、「水神平文化は、東日本の縄文文化ではなく、西日本の三万田文化が弥生文化の成立により影響を受けて変容したものであり、弥生文化に大半の分布領域を奪われたことにより、東海西部から東方に押し出されるように分布を広げ、中部地方と弥生文化の間で独自の位置を占める」としている。弥生中期になると水神平文化は、東海地方から伊那谷・木曽谷を経て中部高地・関東西部にかけて広がったが（図4-2）、文化だけでなく人の移動もあったと考えられている。
　中部地方に弥生人が最初に出現し、水神平文化と接触したのは朝日遺跡[9]に代表される尾張平野

---

[6] 特徴として、顔かたちが丸く楕円形で彫は浅く平坦で一重瞼、眉や髭が薄い。血液型Ａ型。

[7] 分子人類学によると、Y染色体ハプログループO2b,O1a,O2aなどとされている（崎谷2009b）。

[8] 最新の分子人類学では、声調アクセントを持ち込んだ渡来系の集団は、長江文明を担っていたO2b系統のオーストロアジア系言語集団と推定されている（崎谷2005・2008）。

[9] 縄文系、西日本弥生系、それらの折衷型、伊勢湾地域南部など、出自の異なる複数の系統の土器が使用されていたことから、さまざまな出自の人によって集落が営まれていたとされている（「あいち朝日遺跡ミュージアム・解説パネル」より）。

図4-1　弥生初期の遺跡分布　　　　　　　図4-2　弥生中期初頭の遺跡分布

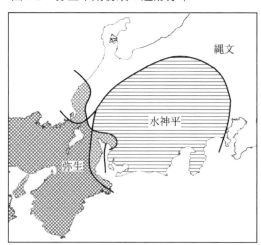

岡本（1993）をもとに作図

部であった。琵琶湖まで達した弥生人は伊吹山系を越えて岐阜県域へは進出してこなかったことから、太平洋側における弥生人と「水神平」人との最初の接触は尾張平野部に限られてくることになる。両者の間で交流がみられたことから、水神平文化を担う集団の言語が弥生語の影響を受けて形成されたのが、近畿アクセントでもなく、一型アクセントでもない、第三のアクセント「東京アクセント」である可能性も考えられる。

　弥生人が海岸線に沿って東遷したのに対し、「水神平」人は木曽谷や伊那谷に沿って中部高地・関東西部へと広がった。内陸部に広がった水神平文化圏と現在の東京アクセント圏（内輪・中輪）がほぼ一致している点が興味深い。

　山口（1998a）は、東京アクセントの成立に関して、一型アクセントの縄文人が近畿アクセントの弁別習慣を段階的に習得した結果、形成されたとしている。縄文人は、近畿アクセントの「上昇・下降」という調型のうち、「下降」のみを習得したけれど、「上昇」は最後まで習得できなかったわけである。山口（1984）は、東京アクセントが成立した時期には言及していないが、「現在の中部地方すなわち岐阜・愛知・長野が本来の（東京アクセントの）『本場』であった可能性が高い」としている。

２．１．５　伊勢湾ラインの固定化

　弥生中期中庸（2050年前）になると、伊勢湾ラインで停滞していた弥生人は再び東遷を開始し、短期間に太平洋側では利根川まで、日本海側では信濃川まで到達している。しかし、伊勢湾ラインをはさんだ文化圏の対立はそれ以降も続いた。伊勢湾ラインは今日も東西日本の境界線として知られている。文化人類学者の大林（1990）は、「文化圏は一度成立してしまうと継続して固定化する傾向にあり、境界線が一度できてしまうと、その後の伝播もなかなかこの境界線越えていくことができなくなる」と指摘している。

２．１．６　人類学と日本語アクセントの関連

　先住系ヒト集団の縄文人の中に、渡来系ヒト集団の弥生人が侵入し周辺部に拡散した結果、図4-3〜図4-5にみられるようなヒト集団・アクセントの地域的差異が形成された。各図とも濃い部分が渡来系の、薄い部分が先住系の特徴であることを示している。

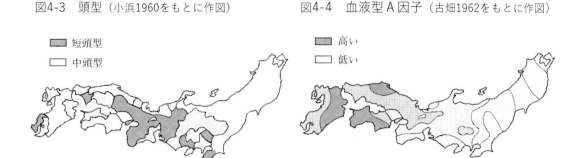

図4-3　頭型（小浜1960をもとに作図）
　■ 短頭型
　□ 中頭型

図4-4　血液型Ａ因子（古畑1962をもとに作図）
　■ 高い
　□ 低い

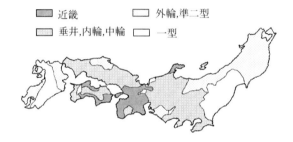

図4-5　アクセント（山口1998bをもとに作図）
　■ 近畿　　　□ 外輪,準二型
　▨ 垂井,内輪,中輪　□ 一型

　生物的特徴とアクセントの分布を比較すると、列島中央部の福井・静岡・熊野に先住系の特徴がみられること、列島周辺部の石川・愛媛に渡来系の特徴がみられることなどが共通している。これらはいずれも、渡来系ヒト集団の東進の痕跡ということで説明することができる（杉崎2000）。

　図4-4のような血液型の地理的勾配は、岐阜市あたりを境にＡ因子の頻度の異なる集団があり、約2000年前にこの両集団で遺伝子の交流がはじまり、一世代（約25年）で20キロ移住すると今日のような分布になると考えられている（青木・尾本1980）。このことは弥生人の第二波及期の始まりの状況とほぼ一致している。

　「東京アクセントが近畿アクセントから分離したのは鎌倉・室町時代で、音便の定着に原因があった」（柳田1994）とする言語学モンロー主義では、上記のような生物的特徴を含む列島の地域的差異を説明することはできない。

　以上、東西アクセント境界線である伊勢湾ラインの形成過程をみてきた。伊勢湾ラインは弥生初期、先住系ヒト集団の縄文人と渡来系ヒト集団の弥生人がこの境界線をはさんで100年間対峙した結果として形成されたものである。そして、大垣方言の形成史を考察する上で重要な点は、現在の大垣周辺は境界線の東に位置していたことである。

146

２．２　畿内・近畿

２．２．１　古代

　６c頃の古代国家は、畿内に基礎を置く「畿内国」というべき性格を持っていた。その勢力圏は、環瀬戸内海圏およびその延長上の琵琶湖、すなわち近江以西の西日本に限られていた。美濃以東の東日本は、「外国（げこく）」「原則として国家の外に置かれた特殊未開地域」と位置づけられていた。646年、畿内と東国（アヅマ）を隔てる境界線（図4-6のＡ）上には、鈴鹿関・不破関・愛発関の三関が置かれた。関を有する伊勢・美濃・越前の三国は特に「関国」とされていた。

　大和朝廷の東国経営の進展に伴い、西よりの東国と東よりの東国とが区別されるようになった。境界線Ｂ以西の現在の中部地域は「内国としての東国（内東国）」、Ｂ以東の現在の関東地域は「外国としての東国（外東国）」とされ「辺鄙中の辺鄙」と考えられていた（高橋1972、網野1990）。

　大野（1957）は、『万葉集』の東歌・防人歌をもとに、東国を言語学的に３つの地域に分類している。「第一のアヅマ」は外東国とほぼ一致した地域である。その言語的特徴としてチとシ、キとクの混同、命令形「起きロ」、否定形「ナフ（ない）」などを挙げている。「第二のアヅマ」は、ほぼ内東国の外側の地域（甲斐・信濃・駿河・遠江）である。特徴として、エ音とオ音の混同、命令形「起きロ」などを挙げている。「第三のアヅマ」は、内東国の内側の地域（飛騨・美濃・尾張・三河）に当たる。『万葉集』の東歌にはこの地域からの収録はみられず、詳細は不明である。

　弥生期に伊勢湾ラインをはさんだ「弥生人：縄文人」の対立は、律令期に至っても「畿内：東国」のように継承されていたのがわかる。この境界線は、今日も東西アクセントの境界線（図4-7のＡ２）として継承されていると考えられる。

　国家経営が進む時期においても、縄文系の狩猟採集を営む「山人」が、全国にわたって山間部にいたと考えられている（国分1992）。『古事記』『日本書記』によると、奈良期の九州や関東甲

図4-6　古代の境界線

図4-7　日本語アクセントの境界線

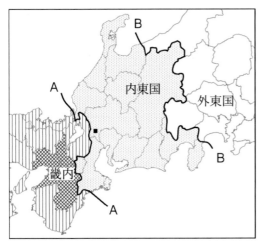

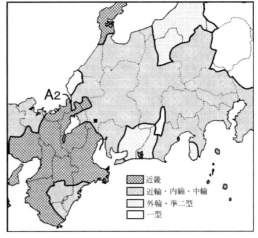

山口（2003）をもとに作図

信越、近畿の吉野には、背が低く手足が長い、竪穴式住居に住まう「土蜘蛛、国栖」と呼ばれる集団がいたとされる。これらは古モンゴロイドの特徴に他ならない。奈良期に至っても「土蜘蛛、国栖」や東北の「蝦夷・毛人」のように、大和朝廷に吸収されることなく周辺部には縄文の末裔が居住していたわけである。

　平安期にも、このような縄文人の末裔についての記述がみられる。菅原道真は『類聚国史』において、大和民族と異質のものとして風俗部を置き、国栖、隼人、蝦夷などをあげている。大和朝廷の知識人は、このような集団を「異人種」として意識していたと考えられている（福島1971）。

　「関国」とされていた美濃・尾張は、早期より畿内からの人・文化の流入があったため、関東甲信越のような東国語の特徴や、「土蜘蛛、国栖」についての記述もみられない。早い時期に弥生化がかなり進んでいたと考えられる。

２．２．２　中世

　鎌倉期（12ｃ末）ともなると、中部諸国の西国化は一層進んでいった。図4-8の境界線Ｃ以東が鎌倉幕府の直轄地域、以西は六波羅探題（西国の行政裁判所）の管轄地域であり、ここが当時の西国と東国を隔てる境界線とされていた。東西を隔てる境界線はＡからＣへ移動したことから、古代の「関国」であった美濃は、東国の西限から西国の東限へと変化していったわけである。

　室町期（14ｃ中）には、境界線はさらに東のＤへと移動している。以西は、室町幕府の管轄、以東は鎌倉府（関東幕府）の管轄となっている。これは古代の境界線Ｂとほぼ一致するもので、中部諸国の西国化がより一層進んでいったことを示している。この時期には、越後・信濃・駿河などが、西国と東国の「国境」の国と意識されていた（高橋1972）。

　このように、中部地域の歴史は、西からの絶え間ない侵食の歴史であったと言える。現在の文法をもとにした図4-9からもその経過を見て取ることができる。境界線ＡからＤ付近まで幾多の文法境界線が見られるが、この事象は文法面でも、西からの絶え間ない侵食があったことを示している。

　アクセントについても同様である。山口（2003）は、東海地方（濃尾～西三河）の外輪式アクセントが、南北朝期（14c）には西からの上方アクセントの影響を受け入れて中輪式に変化し、濃尾地方は江戸初期、さらに内輪式に変化したと想定している。

　同様に山口は、関東の中輪式は1590年の家康の関東移封に伴い、家康の家臣団が西三河の中輪式を江戸に持ち込み、江戸から伊豆や埼玉に拡散したものとしている。現在の共通語アクセントである。この事象は、軍事的あるいは政治的支配者の言語が広まっていく「エリートドミナンス」の典型であろう。

148

図4-8 中世の境界線

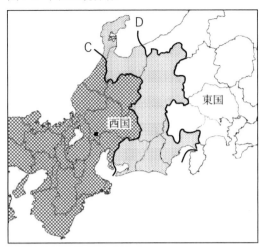

図4-9 日本語語法の境界線

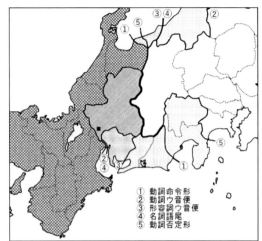

森下・大野（2001）をもとに作図

図4-10　2拍名詞からみた内輪・中輪式

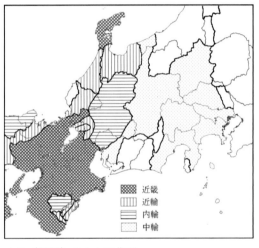

図4-11　文節アからみた内輪・中輪式

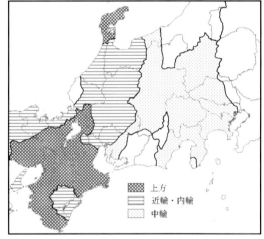

山口（2003）をもとに作図

２．２．３　近世〜戦前

　大垣は、江戸期から戦前にかけても近畿、中でも京阪との商業的な結びつきは依然強く、人的交流もみられた。江戸期には大垣の老舗の創業者が京阪で修行をしてきているし、明治中期から大正にかけては大阪への進学・就職が多く[10]、大垣から大阪に嫁ぐ人も多くみられた。また、江戸期に著された『新撰美濃志』が「（岐阜大垣あたりの風俗は）京大坂風の風儀をまねぶかたも見えたり」と指摘しているように、文化的にも京阪の影響が強かったようである。

---

[10]　赤坂地区の老人クラブで行った調査（回答者22名、複数回答）によると、明治中期〜昭和初期の主な奉公先は、大阪6、京都8、滋賀1、大垣3、岐阜3、名古屋8、東京1のようであった。

２．３　名古屋

２．３．１　名古屋の成立

　名古屋は慶長15年（1610）、徳川家康により尾張藩62万石の城下町として新しく造成された街である。当初は、大坂の豊臣方に対する防御地点の性格が強かったが、次第に政治的・経済的都市へと発展していった[11]。尾張を初め、伊勢・美濃・三河からも人口流入がみられ、元禄期（17 c末）には、人口が10万に達し、江戸、大坂、京に次ぐ大都市となった。

　名古屋方言は、清洲時代の尾張方言を基盤に、上方語や周辺域のことばが融合しつつ、明和から幕末（18 c 中期〜19 c 中期）にかけて完成した。上層町人が住む基盤割地域に「上町ことば」が完成したのも、同時期である。文化期（19 c 初頭）から明治期にかけて優勢となった終助詞「ナモ」は、その「上町ことば」の代表的なことばとされている（芥子川1971b）。

２．３．２　名古屋と美濃〜江戸期

　尾張藩は、尾張国内だけでなく、美濃国内にも12万石の領地を有していて、美濃国総奉行的な役割を果たしていた。美濃国内の尾張藩領には、羽島・岐阜・美濃・美濃加茂・恵那・中津川など、尾張に隣接する平野部が含まれていた（図4-12）。名古屋と美濃の結びつきは経済的にも強く、大垣・岐阜・太田・大井・中津川・多治見との商取引が行われていた。

　人的交流も盛んであった。江戸期から明治期にかけて、名古屋上町の大商店の住込店員や女中は、ほとんど美濃と三河の出身者に限られていた。美濃各地から名古屋へ奉公に来て、名古屋方言を身につけたそれらの人が、名古屋方言を美濃各地にもたらした。また、尾張商人が美濃奥地に行商に行った際、名古屋方言を美濃奥地に運んでいった。

　名古屋方言はこのように、名古屋上町から美濃の主要都市へ、さらにそれぞれの持つ小さな商圏へと漸次伝播し、美濃全域に拡散したであろうと考えられている（芥子川1971a）。名古屋上町で発生した「ナモ」も、幕末から明治期に掛けて尾張・美濃の全域に拡散していった（図4-13）。

２．３．３　名古屋と大垣〜明治期以降

　明治中期以降の特筆すべき点として、工業の発展とともに、交通網の整備が挙げられる。明治20年（1887）、名古屋と大垣が鉄道で結ばれた。明治末には、名古屋と四日市や中津川との間にも鉄道が開通し、名古屋を拠点とする交通網が整備されていった。

---

[11] 尾張周辺の北伊勢・美濃・三河では、大坂城包囲網の一角だった津藩 32 万石、桑名藩 11 万石、大垣藩 10 万石を除き、数万石以下の小藩・天領・旗本知行地などが混在する分断統治が行われた。これは、幕府の政策により、小藩分立によってこれらの地域での経済的基盤の確立を阻止するためであった（青野1969）。

150

図4-12　江戸期の藩領　　　　　　　　図4-13　ナモの分布域

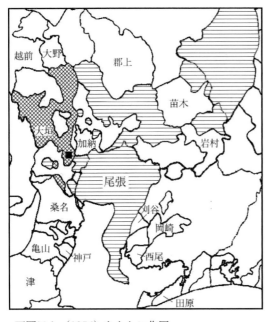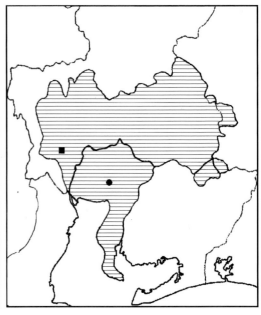

西岡ほか（1956）をもとに作図　　　　芥子川（1956）をもとに作図

　大垣と名古屋との関係においては、もうひとつの重要な出来事を指摘することができる。同22年（1989）の大垣における遊郭の再開である。大垣では明治5年（1872）に一旦、遊郭が廃止され、多くの遊女が東京・名古屋・京都などの県外の遊郭に流出している。再開時には、名古屋・岐阜の遊郭からも出店している。

　大垣藩最後の家老・初代大垣町長であった戸田鋭之助の長男、戸田直温（1963・67）は、明治中期になると町人や百姓のことばに大量の名古屋方言・岐阜(市)方言が流入してきたと指摘している。大垣方言最初の語彙集である『郷里方言集』（明治35年刊）にも、そのような語彙が多くみられるという。これらの時期が一致していることから、鉄道の開通や遊郭の再開が原因で、名古屋方言が大垣方言に流入するようになった可能性が考えられる。

２．３．４　中京圏・名古屋都市圏の成立〜現在

　名古屋が中京圏の核心都市としてさらにその中心性を強めていったのは、人口が100万人を突破した昭和9年（1934）ごろになってからのことである。

　江戸期以降、日本の経済中心地は大坂（大阪）と江戸（東京）にあり、それぞれ西日本と東日本を商圏として支配していた。名古屋は当初、大阪の下請けに過ぎなかったが、大都市的成長に伴い、大阪の勢力圏を切り取ることにより独自の勢力圏を確立するようになった。ただし、東京と大阪の両勢力圏が強大であるだけに、名古屋の勢力圏は狭く、愛知・岐阜・三重の3県に過ぎない。

　現在の名古屋都市圏の特徴として、次の2点があげられる。

　第一に、その規模である。名古屋は都市圏を形成してきたのが比較的新しいため、東京や大阪の中心性とは比較にならないほど弱体である[12]。したがって、名古屋の周辺諸都市に対する支配力や影響力も弱い。

　第二に、拠点都市の名古屋の周囲に衛星都市群が配置されている「多核的構造」となっている点である。名古屋周辺の衛星都市は工業的性格が強く、産業的に独立性を確保している。いずれも独自の都市圏を形成していて、名古屋一辺倒の都市がない。厳密な意味での名古屋は都心から15〜20km程度の拡がりしか持たないが（1969年当時）、名古屋を取り巻くこれらの中小衛生都市圏の上に名古屋の影響力がオーバーラップしていることによって名古屋都市圏が成立しているのである。

　昭和31年（1956）の名古屋都市圏の状況を見てみよう（図4-14）。中核都市である名古屋を多くの拠点都市が取り囲んでいる様子がみてとれる。名古屋依存率10%線内の名古屋都市圏には、三重県桑名、岐阜県では西濃南部や東美濃の一部が含まれている。三重県四日市、岐阜県岐阜（市）・大垣・関・美濃加茂・多治見・土岐などは名古屋都市圏外に位置し、桑名や東美濃などよりも名古屋への依存率が低いことがわかる。

図4-14　1956年の名古屋都市圏　　　　　図4-15　2005年の名古屋都市圏

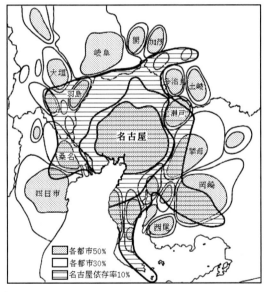

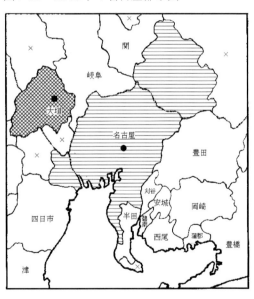

青野（1969）をもとに作図　　　　　　　三菱ＵＦＪリサーチ&コンサルティングをもとに作図

---

[12] 平成12年（2000）における、3大都市への通勤・通学のための流入人口を比較してみると規模の差異がよくわかる。東京特別区部・大阪市・名古屋市への流入人口はそれぞれ、345万人、132万人、54万人。周辺県からの通勤・通学率は、8割、4割、2割となっている。埼玉県や神奈川県から東京特別区部への流入人口が90万人超であるのに対し、岐阜県から名古屋市へは6万人に過ぎない（統計局2000・ウェブ）。

図4-15はその50年後、平成17年（2005）の名古屋都市圏の状況である。50年前と比較すると、名古屋都市圏は東濃へと大きく伸張し、多治見や土岐を超え、瑞浪までもその勢力圏に取り込んでいるのがわかる。反対に、大垣は岐阜(市)や四日市と共に依然、名古屋都市圏の外に位置している[13]。

これより、大垣は広義の中京圏に含まれるが、名古屋都市圏には含まれていないことがみてとれる。大垣は近畿圏と中京圏の外縁に位置しながらも、現在に至るまで独自の都市圏を維持してきたのである。

２．４　まとめ

以上より、大垣方言の形成史を推測すると、次のようである。

①　縄文文化圏の大垣近辺

弥生初期、伊勢湾ラインをはさんで、渡来系弥生人と先住系縄文人が対峙する伊勢湾ラインが形成された。現在の大垣近辺は伊勢湾ラインの東側に留まったことから、大垣周辺の言語の基層は先住系縄文語であり、その痕跡が非声調アクセントであると考えられる。

濃尾は既にこの時期から、西の弥生文化と東の縄文文化の接触により文化の混交がみられ、その結果として水神平文化が形成されている。水神平文化は中部地方へと拡がり、弥生文化と縄文文化の緩和地帯となった。

②　東国としての美濃

律令期、西日本から伊勢湾ラインまでが律令国家であり、境界線以東は「国家の外に置かれた特殊未開地域」である東国と位置づけされていた。美濃の言語は東国語に属し、畿内の言語とは大きく対立していたと考えられる。弥生期に形成された伊勢湾ラインをはさんだ東西の対立は、律令期にも継承されていたわけである。

③　畿内（近畿）の影響

畿内に近い美濃は、古代より（さらに言うなら弥生期より）その影響を受け続けることにより、鎌倉期ともなると西国化するに至った。美濃と近畿との結びつきは江戸期になっても依然強く、明治期を経て戦前までその影響を受け続けた。

否定表現〈ン〉は律令期以前から美濃で使用されていることが明らかになっているが、そのほか、様々な形式が畿内語（近畿方言）から大垣方言に流入したと考えられる。

---

[13] 昭和46年（1971）から平成3年（1991）にかけての、西濃から名古屋への通勤通学率（人口）を見てみると、4.0%（5.100人）から5.3%（8.600人）に増加している。一方、東濃西部は7.1%（2.800人）→15.5%（8.900人）、北伊勢は7.1%（15.000人）→9.9%（26.000人）へと急増している（中京都市圏総合都市交通計画協議会 1993）。

　特に、大垣は街道を通じて京阪に直結していたこと、商業都市でもある城下町は言語の位相差が大きいことなど、京阪から放射された待遇表現を受容し得る環境にあった点も見落とすことができない。

　また、近畿の外縁部に位置していたことから、伝統的な大垣方言の中には、近畿方言では使用されなくなった古態を示す形式が多く残存している。形容動詞語尾・名詞語尾の〈ジャ系〉や待遇表現の〈イキール〉などもその代表的なものの一つである。

④　名古屋の影響

　江戸期になると、東海地方の唯一絶対の政治的・経済的中心地としての名古屋が新しく形成され、尾張藩の勢力を背景にその影響を美濃にも及ぼすようになった。明治中期には、大垣は名古屋と鉄道で結ばれ、名古屋の影響をより一層強く受けるようになった。名古屋は、大都市として発展した昭和初期になると、大阪商業圏から独立して、名古屋を中心とした中京圏を確立するに至った。

　江戸後期からは新たに名古屋方言の影響も受けるようになっていった。特に、明治中期、鉄道を通じて大量の名古屋方言が大垣方言に流入した。伝統的な大垣方言の中にもその痕跡を見出すことができる。待遇表現の〈イリャース〉〈オクリャース〉〈チョー〉、終助詞の〈ナモ〉から変化した〈ナン〉などである。

⑤　岐阜(市)の影響

　明治中期には、名古屋方言と同様、鉄道を通じて大量の岐阜(方)市言が大垣方言に流入した。〈イキンサル〉〈オンサル〉などのほか、名古屋方言と岐阜(市)方言の混交形〈イキャッサル〉〈オイジャッサル〉なども発生した。

⑥　大垣の勢力圏の保持

　古代から常に畿内（近畿）の影響を受けてきた大垣は、名古屋の発展につれて次第に中京圏に取り込まれていった。大垣方言も、近畿方言、名古屋方言、岐阜(市)方言などが流入する過程で長い時間を掛けて形成されていった。

　しかし、江戸期は10万石の城下町[14]、明治期以降は工業都市・岐阜県下第二の都市として発展してきたことにより、その人口規模・経済的基盤を背景に、近畿圏と中京圏の狭間で独自の勢力圏を維持することができた。待遇表現の〈イッテール〉〈クダシール〉などのように、大垣方言の中で独自に再生・発展していった形式もみられたことから、自律的な変化もあったといえる。大垣は、一定の人口規模・経済的基盤の上に独自の文化圏・言語圏を維持してきたことが、その背景にあると考えられる。

⑦　まとめ〜大垣方言の重層性

---

[14] 江戸期の大名領は一つの独立国家のようなものであったとされる。ただし、1万石から数万石ていどの小藩の多くは、自藩独自の文化をつくるのではなく、江戸のものや近隣の有力藩の文化を受け入れたと考えられている（武光 1999）。

　以上より、大垣方言の重層性を図式化すると、図4-16のようになる。参考のために、近畿・名古屋・関東の方言の構造も単純化して示した。

図4-16　大垣方言の重層性

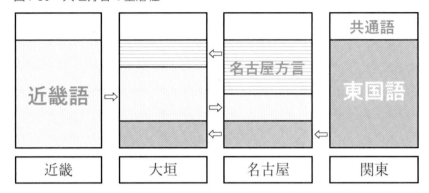

　大垣方言の土台は、非近畿アクセントの縄文語・東国語であり、その上に近畿語が被さっている。このような二階建て構造が、大垣方言の大きな特徴となっている。さらにその上に名古屋方言と共通語が被さっている。「エセ関西弁」とは、変なイントネーションの関西方言とされている。大垣方言話者は、関西弁を無理に真似しているような印象を他方言話者に与えているようであるが、大垣方言の重層性が誤解を生む要因となっているわけである。
　「中途半端な方言」とされるのも上記と同様の理由である。アクセントは関東式、文法は関西式であることから、方言区画の際、研究者によって西日本に含まれたり、東日本に含まれたりしている。東條案はアクセント、都竹案は文法が基準となっている（図4-17、図4-18）。

図4-17　東條案（東條1953）

図4-18　都竹案（都竹1949）

参考文献

1、言語学関係

青木博史（1998）「カス型動詞の消長」『国語国文』67-7

赤坂町史編纂委員会/編（1953）「赤坂の方言」（『赤坂町史』赤坂町役場）

秋永一枝/編（2007）『東京都のことば』明治書院

あらかわそおべえ（1972）『ナゴヤベンじてん』自家版

伊藤信（1930）「大垣方言集」（『大垣市史・分科志編』大垣市役所）

井上史雄（1984）「音韻研究法」（飯豊毅一ほか編『講座方言学2　方言研究法』国書刊行会）

井上史雄（1989）「子音の発音の変化」（杉藤美代子編『講座日本語と日本語教育2　日本語の音声・音韻（上）』明治書院）

井上史雄（1994）「鶴岡方言の音韻」（国立国語研究所編『鶴岡方言の記述的研究』秀英出版）

井上史雄（1999）「敬語の西高東低〜現代敬語の動き」『言語』28-11

植川千代（1993）「大正時代まで使われた方言（1〜12）」『美濃民俗』308〜320

植川千代（1994）「大垣界隈あいうえお方言」『美濃民俗』335〜400

楳垣実（1944）「近畿方言の形容詞」『方言研究』10

楳垣実（1946）『京言葉』高桐書院

楳垣実/編（1962）『近畿方言の総合的研究』三省堂

大西拓一郎（1994）「鶴岡市大山方言の用言の活用」（国立国語研究所編『鶴岡方言の記述的研究』秀英出版）

大野晋（1957）『日本語の起源』岩波書店

大橋勝男（1993）「[書評] 六合村教育委員会編『群馬県吾妻郡六合村の方言』ほか」『国語学』174

奥村三雄（1966）「言葉の関ヶ原は?」『美濃民俗』2

奥村三雄/編（1976）『岐阜県方言の研究』大衆書房

筧大城（1982）「滋賀県の方言」（飯豊毅一・日野資純・佐藤亮一/編『講座方言学2・近畿地方の方言』国書刊行会）

加藤毅/編（1998）『日本の真ん中岐阜県方言地図』岐阜県方言研究会・岐阜県老人クラブ連合

金子弘（1996）「文法」（佐藤武義編著『展望 現代の日本語』白帝社）

亀山孝一/編（1980）『木花方言辞典』木花方言辞典刊行会

河辺周矩（1981）『高鍋ことば』鉱脈社

岸江信介・井上文子（1997）『京都市方言の動態』近畿方言研究会

岸田浩子（1974）「近世後期上方語の待遇表現〜命令表現を中心に」『国語国文』43-3

木部暢子（1983）「付属語のアクセントについて」（『国語学』134）

清瀬義三郎則府（1988）「日本語の膠着的性格（上）」『言語』17-3

金田一春彦（1954）「東西両アクセントのちがいが出来るまで」『文学』22-8

金田一春彦（1967）『日本語音調の研究』東京堂出版

金田一春彦（1973）「愛・三・岐・県境付近の方言境界線について」『国語国文学論集（松村博司教授定年退官記念）』

金田一春彦（1974）『国語アクセントの史的研究〜原理と方法』塙書房

久野真（1984）「京都市方言の音韻」（平山輝男博士古稀記念会/編『現代方言学の課題・2　記述的研究編』明治書院）

芥子川律治（1956）『なごやことば』名古屋市文化財調査保存委員会

芥子川律治（1971a）「街道とことば」（名古屋市教育委員会/編『名古屋の街道』名古屋市教育委員会）

芥子川律治（1971b）『名古屋方言の研究』名古屋泰文堂

小泉保（1989）「比較言語学の立場から見た日本語の系統論」『季刊　邪馬台国』'89春

小泉保（1998）『縄文語の発見』青土社

国立国語研究所/編（1994）『鶴岡方言の記述的研究』秀英出版

斎藤成也（2020）「ゲノムデータと言語データの関係」（長田俊樹/編『日本語「起源」論の歴史と展望』三省堂）

坂倉篤義（1946）「接尾語の一考察」『国語国文』15－11

佐藤虎男（1995）「音便形に見る大阪弁の動態」（徳川宗賢・真田信治/編『関西方言の社会言語学』世界思想社）

佐藤大和（1989）「複合語におけるアクセント規則と連濁規則」（杉藤美代子/編『講座日本語と日本語教育』2　、明治書院）

柴田武（1962）「音韻」（国語学会/編『方言学概説』武蔵野書院）

城田俊（1998）『日本語形態論』ひつじ書房

杉崎好洋（1994）「大垣における親愛表現『行きーる』の活用法と成立過程〜近世後期上方語および他方言との比較を通じての考察」『名古屋・方言研究会会報』11

杉崎好洋（1996）「岐阜県大垣市赤坂方言の音韻〜岐阜県大垣市赤坂方言の記述的研究（1）」『名古屋・方言研究会会報』13

杉崎好洋（1997）「岐阜県大垣市赤坂方言の動詞〜岐阜県大垣市赤坂方言の記述的研究（2）」『名古屋・方言研究会会報』14

杉崎好洋（1998）「岐阜県大垣市赤坂方言の形容詞・形容動詞〜岐阜県大垣市赤坂方言の記述的研究（3）」『名古屋・方言研究会会報』15

杉崎好洋（1999）「岐阜県大垣市赤坂方言の助動詞〜岐阜県大垣市赤坂方言の記述的研究（4）」『名古屋・方言研究会会報』16

杉崎好洋（2000a）「人類学、考古学は日本語アクセント分布とどう関わるか」『名古屋・方言研究会会報』17

杉崎好洋（2000b）「『行ってーる』考」『美濃民俗』399〜400

杉崎好洋（2001）「岐阜県大垣市赤坂方言の待遇表現〜岐阜県大垣市赤坂方言の記述的研究（5）」『名古屋・方言研究会会報』18

杉崎好洋（2002）「大正期の旧大垣城下にみられた言語の位相差」（山田達也先生喜寿記念論文集編集

委員会/編『地域語研究論集〜山田達也先生喜寿記念論文集』港の人）

杉崎好洋（2003）「人類学、考古学は日本語アクセント分布とどう関わるか（2）」『名古屋・方言研究会会報』20

杉崎好洋（2004）「岐阜県大垣市青野方言の談話資料」『名古屋・方言研究会会報』21

杉崎好洋（2005）「岐阜県大垣市赤坂方言の付属語アクセント〜岐阜県大垣市赤坂方言の記述的研究（6）」『名古屋・方言研究会会報』22

杉崎好洋（2008）「人類学、考古学は日本語アクセント分布とどう関わるか（3）」（山口幸洋博士の古希をお祝いする会/編『方言研究の前衛　山口幸洋博士古希記念論文集』桂書房）

杉崎好洋（2009）「『お行きる』の系譜と分布域の形成〜城下町における受容と再生」『名古屋・方言研究会会報』22

杉崎好洋（2011）「大都市圏言語の影響による地域言語形成の研究〜大垣編」（岸江信介/編『大都市圏言語の影響による地域言語の研究』徳島大学日本語学研究室）

杉崎好洋・植川千代（2002）『美濃大垣方言辞典』美濃民俗文化の会

関ケ原町（1993）「関ケ原の方言」（『関ケ原町史　通史編別巻』関ケ原町）

瀬戸重次郎（1934）『岐阜県方言集成』大衆書房

高橋太郎（1974）「標準語の動詞と京都弁の動詞」『言語生活』270

高橋徳雄・高橋八重子（1993）「関ケ原の方言」（『関ケ原町史　通史編別巻』関ケ原町）

竹中誠一/編（1980）『旧青野ヶ原方言考』大衆書房

田中佳廣（1993）「アクセント論と付属語のアクセント解釈」『都大論究』30

田中佳廣（1995）「付属語アクセントの記述方法〜信州大町方言の名詞接続の付属語を例として」『都大論究』32

田中佳廣（1996）「京都方言付属語アクセントの記述的研究」（平山輝男博士米寿記念会/編『日本語研究諸領域の視点』下、明治書院）

田中佳廣（2000）「同系のアクセント体系を持つ方言間の付属語アクセントの比較〜東京方言と信州大町方言を比較して」『国語学研究』40

田中佳廣（2003）「東京方言付属語アクセントの記述的研究」『国語学研究』42

田中佳廣（2005）『付属語アクセントからみた日本語アクセントの構造』おうふう

垂井町史編纂委員会（1969）「方言」（『垂井町史・通史編』垂井町）

陳常好（1987）「終助詞〜話し手と聞き手の認識のギャップをうめるための文接辞」『日本語学』6-10

都竹通年雄（1949）「日本語の方言区分けと新潟県方言」『季刊国語』3-1

都竹通年雄（1965）「『お行きる』という言い方の歴史と分布」（近代語学会/編『近代語研究』1）

寺川みち子（1985）「西春日井郡師勝町大字高田寺」（『愛知のことば〜愛知県方言緊急調査報告書』愛知県教育委員会）

東条操/編（1953）『日本方言学』吉川弘文館

徳川宗賢（1990）「日本の方言〜日本語の形成とのかかわり」（崎山理/編『日本語の形成』三省堂）

戸田直温（1963）「大垣藩中のことば」『大垣ものがたり』2

戸田直温（1967）「大垣言葉の系統」『美濃民俗』4

中井幸比古（2002a）『京都府方言辞典』和泉書院

中井幸比古（2002b）『京阪系アクセント辞典』勉誠出版

中條修（1984）「連母音の融合に関する諸相の考察～静岡市方言を中心として」（平山輝男博士古稀記念会/編『現代方言学の課題・2 記述的研究編』明治書院）

中條修（1989）『日本語の音韻とアクセント』勁草書房

永田吉太郎（1935）「旧市域の音韻語法」（斎藤秀一/編『東京方言集』斎藤秀一）

永田高志（1987）「東京におけるガ行鼻濁音の消失」『言語生活』430

長野県/編（1992）『長野県史 方言編』長野県史刊行会

仁田義雄（1982）「助詞類各説」（日本語教育学会/編『日本語教育辞典』大修館書店）

仁田義雄（1991）「述べ立てのモダリティと人称現象」（『日本語のモダリティと人称』ひつじ書房）

日本語方言研究会/編（1990）『日本方言研究の歩み 論文編』（角川書店）

丹羽一彌（1982）「稲沢市方言の構造～文法」（『新修稲沢市史研究編六社会生活 下』新修稲沢市史編纂会事務局）

丹羽一彌（1985）「豊橋市伊古部町」（『愛知のことば～愛知県方言緊急調査報告書』愛知県教育委員会）

丹羽一彌（1990）「文法と表現」（『長久手町史資料編四民俗・言語』長久手町史編さん委員会）

丹羽一彌（2005）『日本語動詞述語の構造』笠間書院

野村正良（1959）「愛知県西春日井郡北里村」（国立国語研究所『日本語方言の記述的研究』明治書院）

服部四郎（1959）『日本語の系統』岩波書店

服部四郎（1984）『音声学』岩波書店

彦坂佳宣（1991）「東海西部地方における尊敬語の分布と歴史～あなたはどこに行くのか』を例に」『国語学』166

平田勉/編（1968）『岐阜県百科事典』岐阜日日新聞社

平山輝男（1968）『日本の方言』講談社

平山輝男（1974）「方言体系の記述」（『方言体系変化の通事論的研究』明治書院）

平山輝男ほか/編（1992-94）『現代日本語方言大辞典』明治書院

藤原与一（1978）『方言敬語法の研究』春陽堂

藤原与一（1979）『方言敬語法の研究 続篇』春陽堂

藤原与一（1982-86）『方言文末詞〈文末助詞〉の研究』上・中・下、春陽堂

ボビン・アレキサンダー（2002）「縄文時代から上代までの日本列島：言語は何語？」『日文研』27

前川喜久雄（1989）「母音の無声化」（杉藤美代子/編『講座日本語と日本語教育2 日本語の音声・音韻（上）』明治書院）

牧村史陽/編（1979）『大阪ことば事典』講談社

真野久（1976）「西美濃方言」（奥村三雄/編『岐阜県方言の研究』大衆書房）

南不二男（1962）「文法」（国語学会/編『方言学概説』武蔵野書院）

南不二男ほか（1989）「日本語」（亀井孝ほか/編『言語学大辞典第2巻 世界言語編（中）』三省堂）

村木新次郎（1984）「『滋賀県湖東方言の動詞の形態論』素描」『あたらしい方言文法（国文学解釈と鑑

賞49-1）』

森山卓郎（1994）「京都市方言の丁寧融合型尊敬形式『お～やす』」『阪大日本語研究』6

森山卓郎（2000）「基本叙法と選択としてのモダリティ」（『モダリティ・日本語の文法3』岩波書店）

森田正（1984）「岐阜市を中心に使われている過失等を表わす言葉について」『言語生活』387

矢島正浩（1994）「近世前・中期上方語における形容動詞文～ナ終止・ジャ終止の表現性をめぐって」『国語学』176

柳田征司（1994）「母音優位・子音優位」『国語学』178

山口幸洋（1984）「愛知・岐阜のアクセント（1）」『名古屋・方言研究会会報』1

山口幸洋（1985a）「方言体系」（新居町史編さん委員会/編『新居町史　風土編』新居町）

山口幸洋（1985b）「東京式諸方言の文節アクセント体系」『国語学』142

山口幸洋（1987）「岐阜県下のアクセント（1）～愛知・岐阜県下のアクセント（後編）」『名古屋・方言研究会会報』4

山口幸洋（1988）「垂井式諸アクセントの性格」『国語学』155

山口幸洋（1998a）「日本語一型アクセントの特質～もう1つの原始日本語」『日本語学』17-4

山口幸洋（1998b）『日本語一型アクセントの研究』ひつじ書房

山口幸洋（2003）『日本語東京アクセントの成立』港の人

山田達也（1976）「派生語尾'らかす'の意味分析～名古屋方言」『名古屋市立大学教養部紀要・人文社会研究』20

山田達也（1987）「名古屋方言における動詞活用形のアクセント（1）」『名古屋・付言研究会会報』4

山田達也（2002）「名古屋方言における動詞活用形のアクセント（2）」『名古屋・付言研究会会報』19

山田達也（2003）「名古屋方言における形容詞の変化とアクセント」『名古屋・付言研究会会報』20

山田敏弘（2001）「岐阜県方言の終助詞について～岐阜県方言文法体系記述への足がかりとして」『岐阜大学教育学部研究報告・人文科学』50-1

吉田金彦（1959）「口語的表現の語彙『－かす』」『国語国文』28-4

和田實（1979）「辞アクセントの記号化」（田邊博士古稀記念国語学論集編集委員会『田邊博士古稀記念国語助詞助動詞論叢』桜楓社）

ＮＨＫ放送文化研究所/編（2001）『ＮＨＫ日本語発音アクセント辞典』日本放送出版劦

2．地理・歴史関係・その他

青木健一・尾本恵市（1980）「日本におけるABO式血液型遺伝子頻度の地理勾配の分析：移住モデル」『人類學雜誌』88-2

青野壽郎ほか/編（1969）『日本地誌12～愛知県・岐阜県』二宮書店

赤坂町史編纂委員会/編（1953）『赤坂町史』赤坂町役場

網野善彦（1990）『日本論の視座』小学館

大垣市/編（1977）『大垣市史・青墓編』大垣市

大垣市/編（2013）『大垣市史・通史　自然・原始～近世』大垣市

大林太良（1990）『東と西 海と山〜日本の文化領域』小学館

岡本孝之（1993）「攻める弥生、退く縄文」（小林達夫ほか編『古代の日本7〜中部』角川書店）

小浜基次（1960）「生体計測学的にみた日本人の構成と起原に関する考察」『人類学研究』7

「角川日本地名大辞典」編纂委員会/編（1980）『角川地名大辞典21 岐阜県』角川書店

岐阜県教育会/編（1923）『岐阜県教育五十年史』岐阜県教育会

岐阜県記録課/編（1881a）『安八郡各町村略史』岐阜県

岐阜県記録課/編（1881b）『不破郡各村略史』岐阜県

岐阜県記録課/編（1881c）『池田郡各村略史』岐阜県

国分直一（1992）『日本文化の古層〜列島の地理的位相と民族文化』第一書房

斎藤成也（2017）『核DNA解析でたどる日本人の源流』河出書房新社

崎谷満（2005）『DNAが解き明かす日本人の系譜』勉誠出版

崎谷満（2008）『DNAでたどる日本人10万年の旅〜多様なヒト・言語・文化はどこから来たのか？』昭和堂

崎谷満（2009a）『DNA・考古・言語の学際的研究が示す新・にほん列島史〜日本人集団・日本語の成立史』勉誠出版

崎谷満（2009b）『新日本人の起源〜神話からDNA科学へ』勉誠出版

佐々木高明（1991）『日本の歴史1〜日本史誕生』集英社

清水春一（1985）「船町・赤坂の水運」『西美濃わが街〜西美濃の水運』100

高橋富雄（1972）『日本史の東と西』創元社

竹村公太郎（2013）『日本史の謎は地形で解ける』PHP研究所

中京都市圏総合都市交通計画協議会（1993）『第3回中京都市圏パーソントリップ調査書』

内藤博文（2019）『日本史は地政学で読み解くと面白い』河出書房新社

西岡虎之助・服部之総/監修（1956）『日本歴史地図』全教図

福島好和（1971）「土蜘蛛伝記の成立について」『人文論究』21-2

古畑種基（1962）『血液型の話』岩波書店

安田喜憲（1980）『環境考古学事始〜日本列島2万年』日本放送出版局

【ウェブ】

三菱ＵＦＪリサーチ＆コンサルティング『2005年国勢調査に基づく都市雇用圏について』
　　http://www.meti.go.jp/committee/materials2/downloadfiles/g81225c07j.pdf

統計局（2000）『3大都市への流入人口』　http://www.stat.go.jp/data/kokusei/2000/jutsu1/00/02.htm

【図版出典】

〈表　紙〉「木曽海道六拾九次之内赤坂　五拾七」　国立国会図書館デジタルコレクション

〈裏表紙〉「木曽路名所図会　赤坂」を一部改変　埼玉県立図書館デジタルライブラリー

　図2-2　「1/20000垂井・大垣　明治24年測量」　時系列地形図閲覧ソフト「今昔マップ3」（(C)谷謙二）により作成

　図2-3　「天保国絵図　美濃国」を改変　国立公文書館デジタルコレクション

索引

西美濃方言文献目録

明治以降に発表された西美濃方言の文献を一覧にまとめたものである。形式は、『日本方言研究のあゆみ　文献目録』に準ずる。発行年は西暦に改めた。＊は不明であることを示す。

1.　方言書目
1. 1　西美濃地方

No	編著者	書名	発行所	発行年月	判	頁
1	養老郡教育会	養老方言集	養老郡教育会	1903・1	菊	84
2	海津郡役所	方言調査書類	海津郡役所	1915・＊	＊	132
3	安八中町中学校	大垣方言	安八中町中学校	1930・＊	＊	＊
4	桑名正通	大垣地方の方言萬集	＊	＊	＊	10
5	服部俊三	城山村を中心とした方言集	海津郡城山尋常高等小学校	1934・8	菊	65
6	加納智枝子	安八郡神戸町方言調査	加納智枝子	1948・3	A 4	28
7	大久保甚一	岐阜県揖斐郡春日中のことば	揖斐郡春日中学校	1967・12	B 5	16
8	奥村三雄	岐阜県不破郡垂井町岩手方言〈方言録音資料シリーズ 4〉（テープ付）	国立国語研究所話しことば研究室	1968・3	B 5	89
9	奥村三雄	揖斐郡徳山村方言〈郷土資料 1〉	岐阜大学教育学部	1969・12	B 5	180
10	竹中誠一	美濃のじゃ言葉	じゃこめてい出版	1976・4	B 5	81
11	大垣北高等学校新聞部	西濃のことば〜ふるさとのひびきをたずねて〜	大垣北高等学校新聞部	1977・10	A 4	100
12	大垣北高等学校新聞部	西濃のことば〈別冊〉〜ふるさとのひびきをたずねて〜	大垣北高等学校新聞部	1977・10	A 4	18
13	田辺円三	大垣市赤坂地区方言集	田辺円三	1979・8	B 5	74
14	渡辺隆	府中の方言・訛言	府中郷土史研究会	1980・3	A 4	58
15	竹中誠一	旧青野ヶ原方言考（岐阜県不破郡）	大衆書房	1980・7	B 5	217

No.	著者	書名	発行	年月	判型	頁
16	山口幸洋	岐阜県揖斐郡徳山村戸入方言〈方言文資料記録6〉	山口幸洋	1983・*	B5	72
17	不破のあゆみ民俗部会	不破の方言～関東ことばと関西ことばの出合い～	不破のあゆみ編集委員会	1983・4	B5	77
18	今須地区自治会	ふるさと今須の方言集	今須地区自治会	1986・5	A4	33
19	米山英一	ふるさと不破のコトバ～不破の方言地図～	不破出版文化協会	1996・3	B5	108
20	西泉寿会高齢者教室・高橋俊示	ふるさとの暮し（3）～方言について～	久瀬村	1996・3	A5	180
21	久野マリ子ほか	否定・仮定表現の変容～西美濃大垣市における動態と方言イメージ～	國學院大學日本文化研究所	1996・3	A4	381
22	渡辺隆	郷土のことば～垂井町平尾地域の方言・俚言・訛言～	渡辺隆	1996・4	B5	82
23	辻下栄一	上石津のことば～ふる里のことば～	上石津町教育委員会	1997・9	B5	142
24	関西大学方言研究会	岐阜県大垣市周辺〈郷言34〉	関西大学方言研究会	1998・12	A4	192
25	野部博子	たぁばぁちゃんの昔がたり～増山だぁづ子・旧徳山村の昔話～（CD付）	インテグラ・ジャパン	2000・9	CD	47
26	杉崎好洋・植川千代	美濃大垣方言辞典	美濃民俗文化の会	2002・10	A5	430
27	南濃町教育委員会	南濃町の方言つれづれ	南濃町	2003・1	A5	251
28	野部博子	たぁばぁちゃんの昔がたり・2～増山だぁづ子・旧徳山村の昔話～（CD付）	インテグラ・ジャパン	2004・9	CD	
29	山田敏弘	ぎふ・ことばの研究ノート（10）～西濃方言資料に見られる文法項目～	山田敏弘	2011・2	B5	107
30	はびろネット	滋賀・岐阜県境を越えた方言ハンドブック	はびろネット	2016・7	A5	31

1.2 岐阜県・東海地方（西美濃方言について言及しているもの）

No.	著者	書名	発行	年月	判型	頁
1	松平静	岐阜県方言	岐阜県師範学校	1903・5	菊	68
2	佐藤貞治郎	岐阜県の方言	岐阜県小学校長会	1933・6	菊	88
3	瀬戸重次郎	岐阜県方言集成	大衆書房	1934・6	菊	359
4	簀五十里	岐阜県方言研究の概観	岐阜県方言研究の概観	1950・*	*	36
5	簀五十里	岐阜県方言の概観	国立国語研究所	1951・*	*	34
6	加藤毅	岐阜県方言地図〈会誌1〉～滅びゆく言語を尋ねて～	岐阜県国語学研究会	1968・12	A4	103

No.	著者	タイトル	出版社	年・月	判型	ページ
7	奥村三雄	岐阜県方言の研究	大衆書房	1976・1	B5	467
8	加藤毅	滅びゆく方言を尋ねて〜美濃と飛騨〜	岐阜県方言研究会	1976・6	A5	383
9	竹内俊男	東海のことば地図	六法出版社	1982・10	A5	279
10	山田達也・山口幸洋・鏡味明克	東海の方言散策	中日新聞本社	1992・11	A5	271
11	真田信治	彦根－岐阜間グロットグラム調査報告書〈1990年度文部省科研費報告書〉	大阪大学文学部社会言語学講座	1991・3	B5	124
12	加藤毅	日本のまん中1〜岐阜県方言地図〜	岐阜県方言研究会	1994・6	B5	359
13	加藤毅	日本のまん中2〜岐阜県方言地図〜	岐阜県方言研究会	1996・8	B5	370
14	下野雅昭・鏡味明克・加藤毅	岐阜県のことば〈日本のことばシリーズ21〉	明治書院	1997・12	A5	206
15	神田卓朗	岐阜弁笑景　Special	サンメッセ	1997・12	A5	193
16	加藤毅	日本のまん中・3〜岐阜県方言地図〜	岐阜県方言研究会	1998・10	B5	983
17	松尾一	岐阜弁やて！	まつお出版	1998・11	A5	133
18	神田卓朗	岐阜弁笑景 Special part 2	サンメッセ	2000・12	A5	193
19	岐阜新聞社・岐新会	美濃弁飛騨弁	岐阜新聞社・岐新会	2001・10	新書	157
20	岐阜新聞社	美濃弁飛騨弁〜私の好きな古里の言葉〜（『美濃弁飛騨弁』の再版）	岐阜新聞社	2003・7	A4	241
21	山田敏弘	ぎふ・ことばの研究ノート（3）〜方言談話資料とその分析①〜	山田敏弘	2004・2	A4	149
22	山田敏弘	ぎふ・ことばの研究ノート（4）〜岐阜大学生のことばの統計的分析①〜	山田敏弘	2005・2	A4	117
23	山田敏弘	岐阜県方言辞典Ⅰ〜ぎふ・ことばの研究ノート（11）	山田敏弘	2012・3	A4	179
24	山田敏弘	岐阜県方言辞典Ⅱ〜ぎふ・ことばの研究ノート（12）	山田敏弘	2012・6	A4	241
25	山田敏弘	岐阜県方言辞典Ⅲ〜ぎふ・ことばの研究ノート（13）	山田敏弘	2012・10	A4	231
26	山田敏弘	岐阜県方言辞典Ⅳ〜ぎふ・ことばの研究ノート（14）	山田敏弘	2013・9	A4	229
27	山田敏弘	岐阜県方言辞典Ⅴ《文法》〜ぎふ・ことばの研究ノート（15）	山田敏弘	2014・1	A4	177
28	山田敏弘	岐阜県方言辞典 改訂増補統一版	山田敏弘	2017・3	A4	221
29	山田敏弘	岐阜県方言辞典 〜岐阜県・愛知県　方言地図〜	岐阜大学	2017・12	A4	470
30	神田卓朗	岐阜弁まるけ	風媒社	2019・9	A5	256

2. 方言論文

No	編著者	論文名	所収雑誌[単行本]名	発行所	発行年月	頁
1	大垣青年会	郷里方言集（1）	大垣青年会誌23		1902・7	7
2	大垣青年会	郷里方言集（2）	大垣青年会誌24		1902・8	6
3	大垣青年会	郷里方言集（3）	大垣青年会誌26		1903・8	5
4	高橋俊示	西美濃地方に於ける地形発達とアクセントとの関係	地理教育12-4		1931・*	*
5	伊藤信	大垣方言	[大垣市史・分科志編]	大垣市役所	1931・2	11
6	奥田義雄	方言・訛言調査	[府中村誌]	府中尋常高等小学校	1935・4	6
7	瀬戸重次郎	大垣	[岐阜県方言集成]	大衆書房	1935・6	20
8	柴田武	揖斐川上流のアクセント	[文字と言葉]	刀江書院	1942・4	26
9	赤坂町史編纂委員会	赤坂町の方言	[赤坂町史]	赤坂町役場	1953・1	12
10	郷土史編集委員会	伝承（民話、方言、習俗）	[ふるさと揖斐]	揖斐郡教育振興会	1957・12	7
11	高瀬徳雄	関ヶ原方言における待遇表現の助動詞について	国文学攷27		1962・3	4
12	奥村三雄	西濃揖斐郡北部のアクセント	岐阜大学研究報告（人文科学）11		1962・12	6
13	奥村三雄	西濃揖斐地方の言語	[揖斐川上流総合学術調査報告書]	岐阜県教育委員会	1963・3	14
14	戸田直温	大垣藩家中のことば（「美濃民俗」411〜412に再録）	大垣ものがたり2		1963・10	7
15	森義一	方言	[平田町史] 下	海津郡平田町役場	1964・12	34
16	真野久	西濃方言のアクセント〜アクセント境界地域の型の認定〜	三重県方言21		1966・6	11
17	奥村三雄	言葉の関ケ原は？	美濃民俗2		1966・9	1
18	日本放送協会	岐阜県揖斐郡久瀬村西津汲	[全国方言資料] 3	日本放送協会	1966・12	30
19	戸田直温	大垣言葉の系統	美濃民俗4		1967・1	1
20	加藤毅ほか	西濃方言	[岐阜県百科事典]	岐阜日日新聞社	1968・2	3
21	加藤毅ほか	関ケ原方言	[岐阜県百科事典]	岐阜日日新聞社	1968・2	2
22	真野久	東西両アクセントの交渉〜西濃方言のアクセント〜	岐阜大学国語国文学4		1968・2	5

番号	著者	表題	掲載誌・書名	出版者	年月	頁
23	横山文四郎	方言	[長瀬誌～明治百年記念]	谷汲村長瀬財区	1968・4	12
24	日比俊明	不破郡関ケ原町今須の文法体系	岐阜大学国語国文5		1969・2	5
25	垂井町史編纂委	方言	[垂井町史・通史編]	不破郡垂井町員会	1969・11	7
26	岩間隆義・亀井登	方言	[揖斐川町史・通史編]	揖斐郡揖斐川町	1971・9	6
27	海津町	方言・訛言	[海津町史・民俗編]	海津郡海津町	1972・3	7
28	久瀬村	方言	[久瀬村史]	揖斐郡久瀬村	1973・3	29
29	堀弘之	美濃のじゃ言葉	美濃民俗79		1973・11	1
30	大牧富士夫	方言	[徳山～民俗資料緊急調査報告書]	岐阜県教育委員会	1973・3	16
31	大牧富士夫	方言	[徳山村史]	大衆書房	1973・3	51
32	芥子川律治	中山道～美濃国・青墓	[ことばの旅]〈東海叢書18〉	東京出版企画	1974・4	4
33	宇留生小学校同窓会編集委員会	方言	[わたしたちのふるさと]	宇留生小学校	1974・6	13
34	竹中誠一	大垣西部方言～岐阜県方言への動向～	美濃民俗101		1975・10	3
35	真野久	西美濃方言	[岐阜県方言の研究]	大衆書房	1976・1	67
36	野村正良	岐阜県揖斐郡徳山村戸入方言の記述的報告及び成立過程に就いての一、二、三の考察	名古屋大学文学部研究論集70		1977・3	15
37	植川千代	大正初期の母と子と客との対話（大垣地方の方言）	美濃民俗126		1977・11	3
38	伊藤茂樹	方言	[大垣市史・菁莪篇]	大垣市	1977・11	5
39	久保田岩男	方言	[池田町史・通史編]	揖斐郡池田町	1978・3	13
40	養老町	方言	[養老町史・通史編 下]	養老郡養老町	1978・3	20
41	山田達也	揖斐川上流域における基礎語彙について	名古屋市立大学教養部紀要人文社会研究22		1978・3	33
42	山口幸洋	西濃地方にみられるアクセント分布の解釈	日本方言研究会第26回研究発表会発表原稿集		1978・5	10
43	居原義一	大垣弁	美濃民俗145		1979・6	2
45	野村正良	戸入方言の入破音と東国語系方言の祖語再考のための一試論	京都産業大学国際言語科学研究所所報1・3		1980・6	178

	著者	題名	掲載誌・書名	発行所	発行年月	頁
46	植川千代	大正初期の子供の対話	美濃民俗167		1981・4	2
47	ふる里青墓編集委員	方言	[ふる里青墓]	大垣市立青墓小学校	1981・4	2
48	荒川好男	方言	[輪之内町史]	安八郡輪之内町	1981・5	15
49	山口幸洋	アベョの語源がわかった～岐阜県徳山村戸入で～	[方言から見た東海道]	秋山書店	1982・7	7
50	南濃町	方言	[南濃町史・通史編]	海津郡南濃町	1982・8	18
51	藤橋村史編集委員会	方言	[藤橋村史] 下	揖斐郡藤橋村	1982・11	27
52	山口幸洋	徳山村塚の方言について	ゆるえ4		1983・6	7
53	山田達也	動物名に付く「メ」について～岐阜県揖斐部の場合～	名古屋・方言研究会会報1		1984・3	6
54	安八町教育委員会	方言	[ふるさと安八町]	安八町教育委員会	1984・3	14
55	山口幸洋	アクセント分布における徳山方言の位置	[徳山村～その自然と歴史と文化] ブックショップ「マイタウン」		1984・5	24
56	山口幸洋	岐阜県徳山村戸入方言のアクセント体系	日本方言研究会第39回研究発表発表原稿集 ※山口(2003)『日本語東京アクセントの成立』に再録		1984・*	*
57	養老町教育委員会	方言	[のびゆく養老町]	養老町教育委員会	1984・10	10
58	久保田恵	岐阜県徳山村8集落による自然会話	名古屋・方言研究会会報2		1985・3	11
59	大野町	方言	[大野町史・通史編]	揖斐郡大野町	1985・3	27
60	植川千代	大垣地方の方言	美濃民俗216		1985・5	2
61	山口幸洋	徳山の方言について	[徳山村～その自然と歴史と文化] 2 ブックショップ「マイタウン」		1985・9	48
62	久保田恵	岐阜県徳山村方言の文法における sprouting 現象	方言研究年報28		1985・12	14
63	太田有多子	揖斐郡徳山村8集落間の共通度	名古屋・方言研究会会報3		1986・4	14
64	山口幸洋	岐阜県下のアクセント（1）	名古屋・方言研究会会報4		1987・4	15
65	山口幸洋	岐阜県下のアクセント（2）	名古屋・方言研究会会報5		1983・6	12
67	坂内村教育委員会	坂内の地域語	[坂内村誌・民俗編]	揖斐部坂内村	1983・6	71

	著者	表題	掲載誌	発行者	年月	頁
68	山田達也	揖斐川上流域における基礎語彙について	名古屋市立大学教養部紀要人文社会研究22		1983・*	*
69	山口幸洋	岐阜県下のアクセント（3）	名古屋・方言研究会会報6		1989・6	13
70	井上史雄・太田有多子	方言の地域差・個人差の多変量解析～岐阜県徳山村～	計量国語学17-2		1989・*	15
71	高橋俊示	遺しておきたいくらしの方言	美濃民俗278		1990・7	2
72	山口幸洋	岐阜県下のアクセント（4）	名古屋・方言研究会会報7		1990・9	22
73	堀弘之	美濃のドことば	美濃民俗281		1990・10	2
74	江端義夫	岐阜県不破郡関ケ原町今須方言における祝言のあいさつ	方言資料叢刊1		1991・4	7
75	荒川町史編集委員会	荒川の方言	[私たちの町　荒川]	荒川町自治会	1992・3	3
76	江端義夫	岐阜県不破郡関ケ原町今須方言における身体感覚を表わすオノマトペ～	方言資料叢刊2		1992・4	7
77	江端義夫	岐阜県不破郡関ケ原町今須方言の比喩語について	方言資料叢刊3		1993・4	8
78	植川千代	大正時代まで使われた方言（1～15）	美濃民俗308～362		1993・1	15
79	高橋徳雄・高橋八重子	方言	[関ケ原町史・通史編]　別巻	不破郡関ケ原町	1993・1	25
80	大橋清	輪之内町の話し言葉	美濃民俗310		1993・2	2
81	久保田恵	岐阜県徳山村方言の特色音節について	名古屋・方言研究会会報10		1993・5	14
82	宮島貞雄	方言	[ふるさといまむかし～船着村史稿]	宮島貞雄	1993・11	3
83	植川千代	続・方言あとがき	美濃民俗321		1994・2	1
84	*	西濃地方における方言使用の社会言語学的研究	岐阜大学教育学部卒業論文		1994・3	*
85	杉崎好洋	大垣における親愛表現「行き～る」の活用法と成立過程～近世後期上方語および他方言との比較を通じての考察～	名古屋・方言研究会会報11		1994・5	18
86	久野マリ子	否定表現と方言イメージ～大垣方言のンからヘ～	國學院大學日本文化研究所所報183		1995・3	5
87	植川千代	大垣界隈あいうえお方言（1～24）	美濃民俗335～383		1995・4	20
88	久野眞	岐阜県大垣市方言の否定の表現	方言資料叢刊5		1995・4	9
89	久野眞	東西境界地帯の方言意識～大垣	[変容する日本の方言]〈言語24-12〉		1995・11	12

No.	著者	タイトル	掲載誌	出版社	年月	号/頁
90	＊	西濃地方の言語研究	岐阜大学教育学部卒業論文		1996・3	＊
91	山口幸洋	岐阜県揖斐郡徳山村戸入・昔話三題	名古屋・方言研究会会報13		1996・5	6
92	杉崎好洋	岐阜県大垣市赤坂方言の音韻〜赤坂方言の記述的研究（1）	名古屋・方言研究会会報13		1996・5	12
93	松岡浩一	西濃地方最近の方言集について〜『ふるさとのコトバ』	美濃民俗354		1996・11	2
94	久野マリ子	大垣方言の男女差と年代差からみた表現と言語生活意識〜	國學院雑誌98-7		1997・7	24
95	杉崎好洋	岐阜県大垣市赤坂方言の動詞〜赤坂方言の記述的研究（2）	名古屋・方言研究会会報14		1997・10	20
96	杉崎好洋	大垣市赤坂地区方言の地域差（1〜5）	美濃民俗365〜371		1997・10	5
97	下野雅昭	県内各地の方言〜美濃西縁圏・西美濃圏	[岐阜県のことば]	明治書院	1997・12	5
98	杉崎好洋	岐阜県大垣市赤坂方言の形容詞・形容動詞〜赤坂方言の記述的研究（3）	名古屋・方言研究会会報15		1998・5	19
99	杉崎好洋	大垣弁講座（1〜6）	美濃民俗375〜381		1998・8	8
100	古蔵孝一	垂井の方言	垂井の文化財23		1999・3	8
101	杉崎好洋	岐阜県大垣市赤坂方言の助動詞〜赤坂方言の記述的研究（4）〜	名古屋・方言研究会会報16		1999・5	24
102	杉崎好洋	大垣弁講座（7〜11）〜「行き〜る」考〜	美濃民俗384〜388		1999・5	5
103	杉崎好洋	大垣弁講座（12〜13）〜「行って〜る」考〜	美濃民俗399〜400		1999・8	4
104	坂巻紀子	西美濃地方における岐阜方言の使用実態	愛知淑徳大学文学部卒業論文		2000・3	＊
105	佐信貴仁	南濃町における言語地理学的研究	愛知学院大学卒業論文		2001・3	＊
106	杉崎好洋	岐阜県大垣市赤坂方言の待遇表現〜赤坂方言の記述的研究（5）	名古屋・方言研究会会報18		2001・5	20
107	山田敏弘ほか	西濃北部地方方言〜岐大生の一日を西濃北（揖斐弁）で染めよう‼〜	ぎふ・ことばの研究ノート（2）		2002・3	19

No.	著者	題目	掲載誌	年月	頁
108	山田敏弘ほか	西美濃南部地域〜西美濃弁講座〜		2002・3	13
109	杉崎好洋	大正期の旧大垣城下にみられた言語の位相差〜封建意識と武家ことば〜	港の人 [山田達也先生喜寿記念方言研究論集]	2002・7	20
110	水谷あゆみ	岐阜県海津郡海津町における方言追跡調査	愛知学院大学卒業論文	2003・3	*
111	真野　久	岐阜県揖斐郡久瀬村小津のアクセントの実態	名古屋・方言研究会会報21	2004・6	10
112	杉崎好洋	岐阜県大垣市青野方言の談話資料	名古屋・方言研究会会報21	2004・6	20
113	加納恵美	西美濃地方の岐阜県方言の使用実態	愛知学院大学卒業論文	2004・3	*
114	山口幸洋	岐阜県揖斐郡坂内村広瀬の方言的特徴	名古屋・方言研究会会報22	2005・6	29
115	真野　久	東西アクセント境界地域、岐阜県南濃町南部の特色	名古屋・方言研究会会報22	2005・6	8
116	杉崎好洋	岐阜県大垣市赤坂方言の付属語アクセント〜赤坂方言の記述的研究（6）〜	名古屋・方言研究会会報22	2005・6	13
117	山口幸洋	岐阜県徳山村戸入方言資料	名古屋・方言研究会会報23	2006・6	4
118	山川裕加	岐阜県大垣市の敬語表現〜名古屋大都市圏における地方都市言語の消長 地域言語18		2006・10	*
119	真野　久	岐阜県南濃町北部、養老町南部の中間アクセント	名古屋・方言研究会会報24	2007・10	10
120	杉崎好洋	大都市圏言語の影響による地域言語形成の研究〜大垣編〜	徳島大学日本語学研究室	2011・3	54
121	小野原彩香	岐阜県旧徳山村におけるアクセント様相と交通状況との関係性〜ネットワーク分析を用いたアクセント分布と交通状況の類似性の算出〜	じんもんこん2011論文集 8	2011・11	6
122	小野原彩香	揖斐川上流域の語彙に関する系統推定	人文科学とコンピュータ・2012-5	2012・5	6
123	吉田健二ほか	三重・愛知・岐阜境地域の言語使用と言語意識	愛知淑徳大学国語国文40	2017・3	36
124	Mila Molarius	Gifun Länsi-Minon alueen nuorten käyttämä murre pikaviestikeskusteluissa	〜ルシンキ大学修士論文	2018・10	139

あとがき

　本書の出版をふと思いついたのは、2020年春からのコロナ渦で現地での方言調査が延期となり自宅で過ごす時間が増えたからです。これまで執筆してきた記述的研究の論文は、いつか一冊にまとめておきたいと思いつつ、気が付いたら執筆から二十数年が過ぎ、還暦を迎える年齢になっていました。今回は過去の研究を見つめ直すいい機会だったと思っています。

　二十数年前の原稿を引っ張り出して来て改めて読み直してみると、いつも方言調査の相手をしてくれた祖父母のことが想い出されました。もう話されなくなった現在の岐阜県大垣市赤坂の古い言葉も、とても懐かしく感じました。

　大垣方言の記述的研究と歴史的研究が一段落した10年前から、「大垣方言は、周辺の方言とどう異なるのか?」の「問い」を追求するために、大垣の周辺域に調査に出向いています。大垣の西側の滋賀県彦根市、米原市や岐阜県関ケ原町、垂井町、東側の岐阜県岐阜市、美濃市で調査をする機会をいただき、筆者の親の世代の方々に当地の伝統的な方言をご教示いただきました。大垣方言との差異も明らかになったと同時に、まだまだ豊かな伝統方言が残されていることに感動しました。

　記述的研究の重要性は繰り返し述べられてきました。各地の自治体史の『方言編』が相次いで発表された30年近く前、『国語学』の書評（大橋1993）に、「地域語を、あるがままに、総合的かつ体系的に細述・記録することは、誠に意義深い。特に、日本の国の諸方面にわたる激動・激変の中で言語の多様化と画一化との著しい今日においてこそ、このような地道で基礎的な作業の重要性と意義とは、極めて大きいものがある」とあります。

　伝統方言の記述をするにはもう遅すぎると言われ続けてきましたが、まだまだ間に合うと実感しています。記述的研究が不十分と言われている岐阜県（大橋1993）でも、各地域の方言の調査・記述が進むことを希望しています。

　最後になりましたが、アマチュアである筆者をご指導下さり、発表の場を与えて下さった「名古屋・方言研究会」の先生方、毎年方言調査にご協力いただきました、当時の赤坂老人クラブ連合会会長の加藤錠尋氏、青墓老人クラブ連合会会長の遠藤至氏、および老人クラブ会員の皆さま、京都・名古屋・東京の話者の皆さま、系統樹の作成をご教示くださいました小野原彩香氏に厚くお礼申し上げます。

　専門は違うけれど私の研究に当初より助言をしてくれる島根大学教授の兄、そして私の大垣方言の一番の先生である亡き祖父母にこの場を借りて感謝します。

初出一覧

　収録した論文・随筆の初出は以下のようである。いずれの論文・随筆も大幅に加筆・修正した。

赤坂概説
　　書き下ろし
第1章　赤坂方言の記述的研究
　1．音韻
　　「岐阜県大垣市赤坂方言の音韻〜岐阜県大垣市赤坂方言の記述的研究（1）」『名古屋・方言研究会会報』13　1996年5月
　2．アクセント
　　自立語アクセント
　　　書き下ろし
　　付属語アクセント・活用語アクセント
　　　「岐阜県大垣市赤坂方言の付属語アクセント〜岐阜県大垣市赤坂方言の記述的研究（6）」『名古屋・方言研究会会報』22　2005年6月
　3．動詞
　　「岐阜県大垣市赤坂方言の動詞〜岐阜県大垣市赤坂方言の記述的研究（2）」『名古屋・方言研究会会報』14　1997年10月
　4・5．形容詞、形容動詞・名詞
　　「岐阜県大垣市赤坂方言の形容詞・形容動詞〜岐阜県大垣市赤坂方言の記述的研究（3）」『名古屋・方言研究会会報』15　1998年5月
　6．助動詞
　　「岐阜県大垣市赤坂方言の助動詞〜岐阜県大垣市赤坂方言の記述的研究（4）」『名古屋・方言研究会会報』16　1999年5月
　7．待遇表現
　　「岐阜県大垣市赤坂方言の待遇表現〜岐阜県大垣市赤坂方言の記述的研究（5）」『名古屋・方言研究会会報』18　2001年5月
　8．助詞
　　［引用］『美濃大垣方言辞典』（美濃民俗文化の会）　2002年10月
　9．語彙
　　書き下ろし
　10．談話資料
　　「岐阜県大垣市青野方言の談話資料」『名古屋・方言研究会会報』21　2004年6月
第2章　赤坂地区方言の地域差

174

「大垣市赤坂地区方言の地域差（1〜2）〜方言意識からみた地域区分」『美濃民俗』365-366　1997年10-11月

「大垣市赤坂地区方言の地域差（3）〜動詞ウ音便からみた地域差」『美濃民俗』368　1998 年 1 月

「大垣市赤坂地区方言の地域差（4〜5）〜動詞否定表現からみた地域差」『美濃民俗』370-371　1998年3-4月

第3章　赤坂方言と三大方言の比較

「大都市圏言語の影響による地域言語形成の研究〜大垣編」（岸江信介編『大都市圏言語の影響による地域言語の研究』徳島大学日本語学研究室）　2011年3月

第4章　大垣方言の形成史

「人類学、考古学は日本語アクセント分布とどう関わるか」『名古屋・方言研究会会報』17　2000年 5 月

「人類学、考古学は日本語アクセント分布とどう関わるか（2）」『名古屋・方言研究会会報』20　2003年 6 月

「人類学、考古学は日本語アクセント分布とどう関わるか（3）〜イデオロギーとしての〈自律変化説〉」（山口幸洋博士の古希をお祝いする会/編『方言研究の前衛　山口幸洋博士古希記念論文集』桂書房）　2008年 9 月

「大都市圏言語の影響による地域言語形成の研究〜大垣編」（岸江信介編『大都市圏言語の影響による地域言語の研究』徳島大学日本語学研究室）　2011年3月

［著者紹介］

杉崎好洋

　1960年岐阜県生まれ。岐阜県立大垣東高等学校卒業。愛知大学法経学部経済学科（現経済学部）卒業。会社員。方言研究者。

　20代中頃から独学で方言研究を始め、30代で名古屋・方言研究会に入会後、先生方の指導を受けながら大垣方言の論文を書き始める。研究テーマは、大垣方言の形成。主な著作は、共著／『美濃大垣方言辞典』（美濃民俗文化の会、2002）　主要論文／「大正期の旧大垣城下にみられた言語の位相差」（『地域語研究論集山田達也先生喜寿記念論文集』港の人、2002）。

　趣味は、城郭・街道歩き・万博・ビッグバンド（BSax）など。

岐阜県大垣市赤坂方言の記述的研究

2021年4月10日　　初版発行
2022年3月24日　　第2刷発行

著者　杉崎　好洋

発行所　株式会社　三恵社
〒462-0056 愛知県名古屋市北区中丸町2-24-1
TEL 052 (915) 5211
FAX 052 (915) 5019
URL http://www.sankeisha.com

ISBN978-4-86693-383-2